孙吴县烈士陵园

抗日暨自卫解放战争中牺牲烈士纪念碑

苏联红军烈士纪念碑

胜山要塞日军碉堡

胜山要塞日军兵营宿舍

陈列馆门前的胜利广场

陈列馆门前的和平广场

辰清镇汉麻加工车间

正阳山乡双山村汉麻加工厂精梳麻车间

辰清镇汉麻喜获丰收

孙吴县大果沙棘之乡

沿江乡哈达彦农机合作社

正阳山乡岩峰牧业养猪场

清溪乡鑫宇牛业肉牛育肥

辰清镇宝泉村林下鸡、鹅养殖基地

哈达彦村民利用黑龙江水捕鱼增收

孙吴县老区建设促进会2015年荣获国家减贫贡献奖

孙吴县老区建设促进会2016年荣获省宣传工作先进单位

孙吴县老区建设促进会2017年荣获市宣传工作先进单位

孙吴县革命老区发展史

孙吴县老区建设促进会　编

黑龙江教育出版社

图书在版编目（ＣＩＰ）数据

孙吴县革命老区发展史 / 孙吴县老区建设促进会编
. -- 哈尔滨：黑龙江教育出版社，2021.5
ISBN 978-7-5709-2225-3

Ⅰ．①孙… Ⅱ．①孙… Ⅲ．①孙吴县－地方史 Ⅳ.
①K293.54

中国版本图书馆CIP数据核字(2021)第074661号

丛书主编　杜吉明
副 主 编　白亚光　张利国　李　勃

孙吴县革命老区发展史
Sunwuxian Geming Laoqu Fazhanshi
孙吴县老区建设促进会　编

责任编辑	宋　菲　高　璐
封面设计	朱建明
责任校对	杨　彬
出版发行	黑龙江教育出版社
地　　址	哈尔滨市道里区群力第六大道1305号
印　　刷	哈尔滨博奇印刷有限公司
开　　本	787毫米×1092毫米　1/16
印　　张	17.25
字　　数	240千
版　　次	2021年5月第1版
印　　次	2021年5月第1次印刷

书　　号　ISBN 978-7-5709-2225-3　　　定　价　38.00元

黑龙江教育出版社网址：www.hljep.com.cn
如需订购图书，请与我社发行中心联系。联系电话：0451-82533097　82534665
如有印装质量问题，影响阅读，请与我公司联系调换。联系电话：0451-51789011
如发现盗版图书，请向我社举报。举报电话：0451-82533087

《孙吴县革命老区发展史》
编委会

主　　　任	张　明	

副　主　任　王翠霞

委　　　员　张建华　任献义　孟小宝　金　欣
　　　　　　　余慎康　王殿收　谷继成　曲冬梅
　　　　　　　李春雷　景慧明

主　　　编　王翠霞

副　主　编　孟小宝　金　欣　余慎康

文 字 撰 稿　孟小宝　金　欣　余慎康　王殿收
　　　　　　　孟　欣

图 像 制 作　金　欣

办 公 室 主 任　孟小宝

总　序

　　在举国欢庆新中国成立70周年前夕，中国老区建设促进会王健会长请我为《全国革命老区县发展史》丛书作序，作为一名在老区战斗过并得到老区人民生死相助的老兵，回首往事，心潮澎湃，感慨万千，深感义不容辞，欣然应允。

　　中国革命老区，是以毛泽东为代表的中国共产党人在领导人民推翻帝国主义、封建主义和官僚资本主义三座大山，争取民族独立和人民解放伟大斗争中建立的革命根据地，在这片红色的土地上，诞生了无数可歌可泣的革命英雄儿女，为后人树起了一座不朽的丰碑。她是新中国的摇篮，是党和军队的根。

　　在艰苦卓绝的战争年代，老区人民把自己的命运与中华民族的命运紧紧地联系在一起，与中国共产党和人民军队的命运紧紧地联系在一起，他们生死相依，患难与共。我曾亲历过战争年代，并得到过老区红哥红嫂的救助，切身感受到发生在身边的一幕幕撼天动地的革命故事，在那极其艰难的条件下，老区人民倾其所有、破家支前，不怕艰难困苦，不怕流血牺牲。"最后一碗米送去做军粮，最后一尺布送去做军装，最后一件老棉袄盖在担架上，最后一个亲骨肉送去上战场"，这是当时伟大的老区人民为建立新中国做出巨大牺牲的真实写照，它将永远镌刻在中国共产党、中国人民解放军、中华人民共和国的历史丰碑上。他们的光辉业绩永载史册，他们的革命精神必将影响一代又一代的革命新人，造就一代又一代的民族脊梁。

在社会主义革命和建设时期，革命老区和老区人民响应党的号召，面对落后的面貌、脆弱的经济、恶劣的生态环境，他们本色不变，精神不丢，自力更生，艰苦奋斗，干一行爱一行。始终坚持"革命理想高于天"，自觉做共产主义远大理想的坚定信仰者和忠实实践者，勇于向恶劣的自然环境和贫穷落后宣战，他们在各条战线上为国建功立业，用平凡的双手创造了一个又一个不平凡的奇迹，彰显了老区人的崇高精神和人格力量。

在改革开放的伟大进程中，老区人民解放思想，勇于创新，发奋图强，攻坚克难，老区的经济社会建设取得了辉煌成就。特别是在改变中国的面貌、中华民族的面貌、中国人民的面貌、中国共产党的面貌的伟大实践中发挥了至关重要的作用。老区人民既是改革开放的参与者，也是改革开放的推动者。

艰苦练意志，危难见精神。老区人民在近百年的革命战争、社会主义建设和改革开放的伟大实践中，孕育形成了伟大的老区精神：爱党信党、坚定不移的理想信念；舍生忘死、无私奉献的博大胸怀；不屈不挠、敢于胜利的英雄气概；自强不息、艰苦奋斗的顽强斗志；求真务实、开拓创新的科学态度；鱼水情深、生死相依的光荣传统。这是党和人民宝贵的精神财富、丰厚的政治资源，是凝心聚力、振奋民族精神的重要法宝，也是社会主义核心价值观的重要内容。

中国老区建设促进会怀着强烈的政治责任感和历史使命感，组织全国各地老促会人员克服困难，尽心竭力编纂《全国革命老区县发展史》丛书，记录老区的光辉历史和辉煌成就，传承红色基因，弘扬老区精神，是功在当代，利及千秋的一件大事。手捧这部丛书的部分书稿，读着书中的故事，倍感亲切，深感这部丛书具有资政、育人、存史的社会功能，有着重要的时代和历史价值。它是不忘初心、牢记使命的源头活水，是赞颂共产党、讴歌老区人民的一部精品力作，是弘扬老区精神、传承红色记忆的丰厚载体，是一项继承优秀传统文化、弘扬革命文化、发展社会主义先进文化，坚定"四个自信"的宏大文化工程。它必将成为一种文化品牌，为各界人士了解老区宣传老区支持老区提供一部有价值的研究史料。希望读者朋友们能从中了解并牢记这些为党和民族的利益不断奉献的老区人民，从中得到教益，汲取人生奋斗的精神动力。

新时代赋予新使命，新起点开启新征程。让我们更加紧密地团结在以习近平同志为核心的党中央周围，坚持以习近平新时代中国特色社会主义思想为指导，增强"四个意识"，坚定"四个自信"，做到"两个维护"，弘扬老区精神，铭记苦难辉煌。为实现"两个一百年"奋斗目标，实现中华民族伟大复兴的中国梦做出新的更大的贡献！

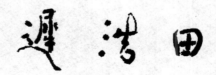

2019 年 4 月 11 日

编写说明

  2017年6月，中国老区建设促进会组织全国各地老促会启动编纂《全国革命老区县发展史》丛书，按照"建立中国共产党、成立中华人民共和国、推进改革开放和中国特色社会主义事业"三大里程碑的历史脉络，系统书写革命老区百年历史，深入挖掘革命老区红色文化资源，这对于充实丰富中国革命史籍宝库、在新时代传承红色基因、弘扬革命精神、强固根本，对于激励人们在新的历史条件下夺取中国特色社会主义伟大胜利，实现中华民族伟大复兴的中国梦具有重要意义。

  丛书编纂以习近平新时代中国特色社会主义思想为指导，以《中国共产党历史》《中国共产党的九十年》等重要文献为基本依据，以党的领导为核心，以老区人民为主体，以老区发展为主线，体现历史进程特征，突出时代发展特色，坚持辩证唯物主义和历史唯物主义相统一、历史真实性与内容可读性相统一的原则，书写革命老区从站起来、富起来到强起来的光辉革命史、不懈奋斗史、辉煌成就史，把老区人民的伟大贡献、伟大创造、伟大成就、伟大精神充分展示出来，形成一部具有厚重历史特征和鲜明时代特色的精品力作。这是一部培根铸魂、守正创新，既为历史立言，又为时代服务，字里行间流淌着红色血脉、催生着革命激情的传世之作。丛书的编纂出版将成为讴歌党讴歌人民讴歌时代、传播红色文化、为革命老区和老区人民树碑立传的重要载体。丛书按照编年体与纪事本末体相结合、以编年体为主的编写体例确定框架结构；运用时经事纬、点面结合的方式记述史实；坚持人事结合、以事带人的原则处理人与事的关系；采取夹叙夹议、叙论结合以叙为主的方法展开内容。做到史料与史论、历史与现实、政治与学术统一，文献性、学术性、知识性相兼容。

为编纂好《全国革命老区县发展史》丛书，打造红色文化品牌，中国老区建设促进会认真组织积极协调，提出政治立场鲜明、史料真实准确、思想论述深刻、历史维度厚重、时代特色突出、编写体例规范、篇目布局合理、审读把关严格、出版制作精良的编纂出版总要求，力求达到革命史籍精品的精神高度、思想深度、知识广度、语言力度，增强丛书的权威性和社会影响力。各省（区、市）、市（州、盟）、县（市、区、旗）老促会的同志，以强烈的使命感、责任感和紧迫感，勇于担当，积极作为，认真实施，组织由老促会成员、专家学者等参加的十余万人编纂队伍。编纂工作主体责任在县，省、市组织协调、有力指导、审读把关。各方面人员以高度负责的精神和科学严谨的态度，满腔热情地投入工作，为丛书编纂出版做出了重要贡献。丛书编纂工作还得到了党和国家有关部委、地方各级党委政府及有关部门的大力支持和积极参与，社会各界也给予了热情帮助。中共中央政治局原委员、中央军委原副主席、原国务委员兼国防部长迟浩田上将，对老区人民怀有深厚感情，对革命老区建设发展十分关注，欣然为《全国革命老区县发展史》丛书作总序。

　　丛书由总册和1 599 部分册（每个革命老区县编纂1部分册）组成，共1 600 册。鉴于丛书所记述的史实内容多、时间跨度长和编纂时间紧，不妥之处，敬请批评指正。

中国老区建设促进会

目　录

序言 ·· 001

第一章　宝地孙吴　人杰地灵 ···················· 001

第二章　孙吴古考　名称由来 ···················· 004

第三章　侵占孙吴　黑暗黎明 ···················· 007

　　第一节　日军入侵孙吴县 ······················ 007

　　第二节　日军七三一细菌部队 ················· 008

　　第三节　孙吴胜山要塞 ·························· 013

　　第四节　"平顶树机场惨案" ··················· 016

第四章　抗日烽火　熊熊燃烧 ···················· 019

　　第一节　东北抗联在孙吴的战斗 ·············· 019

　　第二节　抗联小分队遇险记 ··················· 022

　　第三节　抗联英雄 ······························ 024

　　第四节　人民群众与抗联部队鱼水情深 ······· 031

　　第五节　抗日战火中的沿江乡 ················· 034

　　第六节　"三进孙吴"　建立红色政权 ········· 036

　　第七节　孙吴保卫战 ···························· 040

第八节 奇袭腰岭 ······················· 044

第九节 大桦林子战斗 ·················· 047

第十节 曾家堡战斗 ···················· 048

第十一节 东北抗联精神宣传队 ········· 049

第十二节 烈士陵园落成 ··············· 050

第五章 苏军出兵 驱逐日军 ············· 053

第六章 支前参战 剿匪斗争 ············· 055

第七章 土地革命 当家做主 ············· 057

第八章 革命老区 砥砺前行 ············· 063

第一节 革命老区奋斗乡 ··············· 063

第二节 革命老区正阳山乡 ············· 069

第三节 革命老区清溪乡 ··············· 073

第四节 革命老区哈达彦村 ············· 078

第五节 革命老区四季屯村 ············· 091

第六节 革命老区辰清村 ··············· 097

第七节 革命老区宝泉村 ··············· 102

第八节 孙吴县老促会组织沿革 ········· 104

第九节 孙吴县老促会取得的成绩及荣誉 ··· 113

第十节 改革开放40年老区绘就新画卷 ··· 117

第九章 党的领导 老区发展 ············· 124

第一节 农业种植篇 ···················· 124

第二节 畜牧养殖篇 ···················· 130

第三节 农机带动篇 ···················· 137

第四节 林下经济篇 ···················· 152

第五节 新村建设篇 ···················· 163

第六节 文化繁荣篇 ···················· 175

第七节 绿叶培育篇 ···················· 193

第十章　脱贫攻坚 老区巨变 ·························· 212

　第一节　县领导关心老区脱贫致富 ·············· 212

　第二节　党委重视，加大力度，推进老区脱贫致富 ······ 214

　第三节　精准扶贫，彰显亮点 ················· 221

　第四节　扶贫荟萃 ······················ 236

　第五节　落实《指导意见》精准扶贫施策 ·········· 238

　第六节　实施整村搬迁，加快脱贫致富 ·········· 244

　第七节　展望明天，更加辉煌 ················· 247

序　言

　　孙吴县革命老区，风景秀丽，人杰地灵，有着丰富的发展资源，不同层面的典型经验，独特的抗日光荣史话，激励、鼓舞着人们奋力前行。

　　为了贯彻落实习近平总书记关于"发扬红色资源，深入进行党史、军史、老区革命史优良传统教育，把红色基因代代传下去"的指示，和中办发【2015】64号文件中提出的"积极支持老区精神挖掘整理工作，扶持创作一批反映老区优良传统，展现老区精神风貌的优秀文艺作品和文化产品"，更好地铭记历史，铭记老区，不忘初心，我们编撰了此书。革命老区，是新中国的摇篮，是中国特色社会主义大厦的根基，是中国人民心中的圣地。老区辉煌历史，永远照耀着人民前行，要永远铭记，永远珍惜，从红色记忆中汲取力量，开拓前进。

　　英雄的老区人民，无论是战争年代，还是新的历史时期，老区人民为中国革命和建设事业都付出了巨大牺牲，做出了重大贡献，老区人民在长期革命斗争中，孕育形成了老区精神，是宝贵的精神财富和丰厚的政治资源，要永远传承和弘扬。

　　《孙吴县革命老区发展史》，记述了孙吴县的自然风貌、乡土风情、侵华罪证、党的领导、抗日行动、苏军作战、土地革命、艰苦创业、砥砺前行、老区巨变等丰富的动人故事及致富典型，很感人，很生动，具有鉴戒性、催进性、可学性，是新时代学习老区人民精神的具有真实价值和可读性的一本好书。在县委、县政府的正确领导下，在老区人民的辛勤建设下，在社会各界的大力支持下，孙吴老区的明天一定会更加富饶、美丽、灿烂、辉煌！

　　编撰《孙吴县革命老区发展史》，得到了县委、县政府的大力支持，得到了社会各界的广泛参与，在此表示衷心感谢！由于历史时间跨度长，资料搜集难度大，加之编者水平有限，错误在所难免，敬请读者多提宝贵意见。

孙吴县老区建设促进会

2019年4月

第一章　宝地孙吴　人杰地灵

　　孙吴县地处黑龙江省北部、小兴安岭北麓、黑河市中部，北临爱辉区，南接五大连池市，西连嫩江县，东与逊克县毗邻，是黑河市的重要交通枢纽。边境线长35公里，与俄罗斯阿穆尔州的康斯坦丁诺夫卡区隔黑龙江相望。全县总面积4 318.9平方公里，辖2个镇9个乡（含1个民族乡），94个行政村，2个国有农牧场、7个国有林场。总人口10.5万人（其中：城镇3.8万人、农村5.5万人、国营农林场1.2万人），有满、达斡尔、俄罗斯、鄂伦春等19个少数民族。位于东经126°40′—128°，北纬48°59′—49°42′，属寒温带大陆性季风气候，横跨四、五、六三个积温带，年平均气温为–0.6℃，平均日照2 551.5小时，平均降雨量400—650毫米，平均降雪期为215天，有效积温在1 800℃—2 200℃之间，无霜期为80—120天，大于等于5级风平均日数为103.1天，风能资源丰富。孙吴铁路、公路、水运交通网络纵横交错，哈黑铁路、吉黑高速纵贯全境，县城北距黑河口岸飞机场、东临逊克口岸均百公里，是黑河地区大宗商业物资的重要中转地。孙吴县外向型经济发展潜力较大，拥有对外开放的国家一类水运口岸，沿黑龙江上行可达黑河、漠河等边境市县，下行可达佳木斯、哈尔滨等大中城市，沿黑龙江入海口可通往太平洋沿岸各大港口，具有发展江海联运的后发优势。近年来，先后与俄罗斯的布拉戈维申斯克、洁雅、希马诺夫斯克等城市建立了友好关系，对俄经贸活动日益广泛。

孙吴俗称"六山一水一草二分田"，地势西南较高、东北较低。全县耕地面积176万亩，土质以草甸黑土、暗棕壤为主，主要盛产大豆、小麦、马铃薯、汉麻、沙棘果、北药等多种农副产品，土肥地广，物产丰富，适宜机械化连片耕作，是黑龙江省超早熟大豆生产基地之一。全县草原面积81.9万亩，宜牧草原达60万亩，水肥草茂，草质优良，具有较大的畜牧业发展空间；林地面积379万亩，主要有柞树、桦树、杨树等树木30余种，活立木蓄积量678万立方米，沙棘苗木基地960亩、种植基地8万亩，森林覆盖率56.9%；辖区内已发现煤、铁、金、铜、钼、石油等矿藏20余种，2007年被纳入"伊春、延寿、孙吴"有色金属成矿区。目前，探明储量较大的有正阳钼矿和四季屯煤炭资源，估算储量在2万吨和2亿吨以上；有逊别拉河、辰清河、茅兰河等大小河流34条，泡泽270多个，天然水面18.6万亩，宜渔水面3万亩。

孙吴山川秀美，风景迷人。1932年，日本入侵孙吴，日本侵略者曾在这里苦心经营，修工事、筑要塞，屯兵10万，使之成为扼制四方交通咽喉的军事重镇，称"大大的孙吴，小小的哈尔滨"。孙吴是北国特色净土观光带，现有文物保护点24处，一级、二级旅游资源9处，"胜山要塞"被评定为国家森林公园和3A级旅游景区，"二战"遗址、遗迹，原始森林山地，正阳山杜鹃石海等旅游景点，星罗棋布，满达文化积淀形成的界江民俗景观，悠久厚重。被黑龙江省纳入"哈尔滨——五大连池——黑河"旅游线路的重要节点。

孙吴县素有"边城明珠"的美誉，是全省重要的商品粮基地和国家级公益林建设示范区，被中国经济林协会命名为"中国大果沙棘之乡"。被中国亚麻协会命名为"中国汉麻之乡"。目前，孙吴县正集中作"汉麻""安格斯肉牛""食品大豆"3篇文章，绘就老区发展新画卷。

第二章　孙吴古考　名称由来

在孙吴县这块美丽富饶的土地上，生活着汉族、满族、回族、达斡尔族、朝鲜族、蒙古族、壮族、土家族、瑶族、俄罗斯族、鄂伦春族、鄂温克族等19个民族、其中汉族占93.8%，共同组成孙吴县各民族和睦团结的大家庭。

早在1400年前，我们的祖先就在这里繁衍、生息。省文物普查工作队1976年曾在孙吴县沿江乡胜利屯考古发现了一批骨匕、陶罐、石网坠等遗物，据鉴定认为属于绥宾冈仁类型遗址，相当于南北朝时期（420—589年），这些考古发现正与我国史书的肃慎族的后裔，后来的满族先世勿吉人的情况一致。黑龙江省文物普查队同时在沿江乡的大桦树林子和西霍尔漠津屯也发现了金代（1127—1279年）人的居住遗址，发现的遗物有夹沙陶片，轮制灰陶上面有席纹、堆纹，有刮、棱、罐残片，树叶花纹。黑河地区文物普查队亦于1976年6月在沿江乡西霍尔漠津屯发现元代古城遗址一座。这些古物的发掘考证，足以说明我们的祖先早就在这里繁衍、生息。

孙吴古属瑷珲一部、因地处外疆，地广人稀，多为少数民族游牧、狩猎之地。唐朝属黑水府管辖，元朝时属于黑龙江卫地，明朝时为索伦、达斡尔二部所居，精属考郎兀卫，清朝时逊河以南属吉林崇古尔库（今吉林大通县）管辖，逊河以北属黑龙江将军管辖。

17世纪中叶，沙俄开始向中国黑龙江流域侵略，清康熙帝为了抵御外国侵略，于1685年命令彭春带领军队从水陆两路进攻侵占雅克萨的沙俄侵略军。1686年康熙帝又命令萨布素率官兵千余人，从吉林宁古塔、盛京（沈阳）再次挥师北上、讨伐沙俄侵略军，经浴血奋战，俄军首领布尔津被击毙，清军获胜。两次雅克萨战争中的有功官兵，领取了皇帝俸禄后留居屯垦戍边。其中有满族人、汉族人、鄂伦春族人、鄂温克族人、达斡尔族人，他们沿黑龙江两岸定居下来，世代绵延。孙吴县境内的四季屯、大桦林子屯、东霍尔漠津屯、西霍尔漠津屯和哈达彦屯都是在这个时期先后建立起来的。

1931年9月18日，日本侵略者发动了蓄谋已久的侵华战争，随即霸占了整个东北。1932年秋日本侵略者的魔爪伸到了孙吴，并在孙吴驻一守备队。1935年，日军为了准备北侵苏联，加强经济掠夺和控制国境，开始修建北黑铁路，同年2月12日，设孙吴驿（孙吴火车站）。

1937年12月1日，日本帝国主义一手扶植的伪满洲国傀儡政府决定，以孙吴驿为中心，划瑷珲县、奇克县、龙门县各一部分组建孙吴县。孙吴县因孙吴驿而得名。

"孙吴"，县名由来，众说纷纭，莫衷一是。从多方面调查、研究、考证，有以下说法。1932年以前，孙吴镇周围10里之内，灌木丛生、野兽出入、荒无人烟，在现兴北乡一屯附近、逊别拉河北岸，有一户名叫吴双全的先辈开了一个地营子，逊别拉河南岸有一户名叫孙相林的先辈也开了一地营子。孙、吴两家隔河相望，相依为邻。1932年秋日本侵略军到此，按孙、吴两家的姓氏，以中国《百家姓》的顺序，定名"孙吴"，并将1935年建的火车站定名为孙吴驿。其二说似有传讹，不太确切。一说日本当年定名时是因崇尚中国的孙子兵法，中国历史有两位著名的军事家，一位叫孙武，一位叫吴起，都是春秋战国时代的人，取孙武、吴起的姓而得名。另一说是根据我国历史三国时期孙权建立吴国而来。这就是孙吴县名由来的三说。但这些皆属讹传。最为贴切、合理的说法是，日军沿"龙逊官道"首进吴家堡河南的"逊河设治局五号驿站"，这里简称"逊五"，用其谐音，读成"孙吴"。况且，片假名中"孙""逊"基本不分，"逊五"音转"孙吴"遂成自然。

第三章　　侵占孙吴　　黑暗黎明

第一节　日军入侵孙吴县

　　1932年秋天，古"龙逊官道"失去了往日的平静，滚滚烟尘中刺刀在秋阳中闪着寒光。一队荷枪实弹的日本侵略者沿"龙逊官道"的龙门首站北进，经过西逊别拉河和腰逊别拉河，在吴家窝堡安营扎寨。那时候，吴家堡的全称叫"龙逊官道逊河设治局第五号驿站"，简称"逊五"。早在1919年，黑龙江省陆军混成第三旅就有一个排驻于此地，此后又建立了警察派出所和地方保卫团。当然，这些兵力在入侵者面前是不堪一击的。从1931年9月18日"九一八"事变开始，到1932年2月5日哈尔滨被占领4个多月时间，日本帝国主义就侵占了辽、吉、黑三省的主要城市和铁路沿线。就在这一年的3月，又拼凑了伪满洲国傀儡政权。

　　日本侵略者在逊河五号站停留之后，立即派出一支守备部队过丘陵、越沼泽，穿行在荆棘丛生的荒野，沿着日夜流淌的逊别拉河两岸寻觅着理想的屯兵之地。

发源于黑河大岭南山沟的逊别拉河，全长268公里。远古年代，在大河上下游渔猎、农耕的满族先民，每当太阳升起的时候，首先看到的就是逊别拉河欢腾着朝东方的太阳奔去的壮丽景色，满族人称太阳为"逊"，称河为"别拉"，"逊别拉"，就是满族人给这条大河明亮、温暖的雅号。如今，入侵者带来的是寒天冻地、日月无光的蒙尘岁月。

到了12月，日军终于看中了逊别拉中段的一处小平原，这里离哈尔滨500多公里，北距瑷珲100公里，东北方向50公里处与苏联隔江相望，有35公里长的边境线可以和苏联实行军事对峙。这里四面环山，森林茂密，资源丰富，人稀地阔，凭山据险，可攻可守。当把调查、勘测的结果上报军部之后，关东军四军首脑确定，开始在孙吴县实施北部正面军事重镇建设，强征中国劳工，大搞军事设施，先后建成胜山要塞、曾家堡机场、平顶树机场、西山仓库等一大批军事设施。屯兵10万，妄想长期占领孙吴。

第二节　日军七三一细菌部队

日本关东军满洲七三一细菌部队，是20世纪40年代世界上规模最大的研究和准备细菌战的秘密军事机构。"九一八"事变后不久，日本陆军省和参谋本部就在我国东北建立了由关东军领导的细菌实验所，由日本著名细菌战思想家、日本中将军医石井四郎主持。1935年至1936年，根据日本天皇的命令，正式组建"关东军防疫给水部"，1941年苏德战争开始后，密称为"第七三一部队"，对外总称为关东军第六五九部队。

七三一部队设有八个部，只有第三部进行给水和防疫工作，其余几个部全部从事准备和进行细菌战。七三一部队培养的细菌有：鼠疫、霍乱、坏疽、炭疽、伤寒、副伤寒以及其他细菌。在研制过程中，不仅使用动物，而且用活人进行实验。据前关东军总司令官山田乙三供称：日本军国主义集团研究和准备大规模发动细菌战的主要目标是"中国、蒙古、苏联、英国、美国及其他国家"。推行细菌战争，是这一侵略集团，要把世界上一部分人口消灭，而把另一部分人口完全征服的手段。

第七三一部队下设4个支队及1个靶场，它们分别是孙吴支队、海林支队、林口支队、海拉尔支队和专用活人做实验的安达靶场。

1940年9月，七三一部队孙吴支队细菌试验基地动工修建，调集大量劳工，劳工们在皮鞭、刺刀下日夜劳动，工程进度很快，当年12月房屋建造工作就完成了。孙吴支队对外番号为"六七三部队"，位于孙吴县城西南方向约8华里的1个土山丘上。建有青灰砖楼房和平房300余间，有15间饲养试验用动物，其余为支队本部官员办公室、化验室、训练室，守卫部队营房、食宿房、仓库、汽车间、锅炉间等。安装大型锅炉1台、同时建有环山公路、电力、电讯、自来水管线等设施，形成规模完整的细菌试验基地。

孙吴支队初建时期的部队长是佐佐木少佐，1942年由西俊英中佐接任，西俊英中佐同时兼任七三一本部训练部部长。支队工作人员初期30多人，第二年增加至80多人，到日本投降时已达120人。按职务分为军医、药剂师、卫生军官、技术军官、工兵、教官下士军医官、卫生兵、财务人员、文职人员等。其中金泽少尉专门培训学员，每年两期，每期训练15名，1944、1945两年培训50多名学员。在孙吴支队管理劳工的叫"金子"、管理水泵的叫"一条"、管理锅炉的叫"大熊"、管理车库的叫"多井"。

和七三一部队本部一样，孙吴支队试验基地主要培育与繁殖供散布细菌用的寄生虫。伪满时期，关东军在孙吴多次强迫群众交田鼠，学生停课捕捉老鼠。孙吴支队的15间鼠舍中，每间地下都有1个食物窖，共收养老鼠1 000多只，还有10多只黄色的老鼠，俗名"大眼贼"，是属于松鼠科鼠类的原宗。还有江猪200只，兔子50多只，羊3只，每周从动物身上抽一次血。

除七三一部队孙吴支队之外，还有1个早于1938年即动工兴建的细菌试验基地，番号为二六四五部队。化验室和附设制药厂15间，养鼠室有房屋10间，饲养试验动物有小白鼠、灰鼠300只，兔子40多只以及麻雀、江豚等。据资料记载，中村少尉负责的化验室有5名工作人员，养鼠班有7名工作人员。七三一本部乃至孙吴支队成立之前，细菌试验就在孙吴开始进行。据远东军事法庭审判前日军战犯起诉书说，早在日本侵占我东北地区之后不久，日军参谋本部和日本陆军省即在伪满洲境内建立了1个细菌试验所，专门从事研究使用烈性传染病菌进行细菌战的方法。实验所的负责人就是以后晋升为中将军医的石井四郎。石井的罪恶之手伸向孙吴，还可以用一件事实来证明，这就是1934年8月发生在北黑铁路辰清车站附近的细菌扩散事件。以下引述事件参与者之一，卫生上士中村文三供词中的一段：

"1934年8月29日，在北黑线辰清附近掩埋用炭疽菌杀死的中国马百余匹。此系细菌战犯石井四郎为研究细菌而进行实地试验所造成的。我接受消灭罪证任务后，亲督农夫10到15人，于5天内完成了掩埋工作。为了制造和扩大疫情，又将1匹死马故意扔在站北的河内（辰清河）制造河流下段的疫情。当时在河里有一日军钓鱼1条，吃后不日死亡。"

七三一部队孙吴支队和二六四五部队试验基地，在细菌研制过程中，不仅使用动物，而且用活人进行实验，七三一本部从1940年起到日本投降止，在不到六年时间里，共杀害我抗联和八路军被俘指战员、进步人士、劳动者、学生以及苏联情报人员3 000多人。这些无辜者从被关进特种监狱，就用号码代替名字，日本人称他们为"马路大"，翻译成中文即为"木头"，"马路大"一词在部队内是指"实验材料"的意思。实验对象的另一个代名词是"满洲猴"。日本作家森村诚一在他著述的《魔鬼的乐园》第三部里提供了一个情况，在七三一部队的技师层里，前金泽医大细菌学教研室的二木秀夫博士是核心人物。自1938年以来，他便在七三一部队所定的研究课题——"关于探索'孙吴热'病原体的研究"上，一直执刀宰杀"满洲猴"，干得相当利落。日本《真相》杂志（1950年4月1日发行的第40期）曾做过如下的记述：

研究班陆续到满洲所有的国境地带，对凡是被视为同病源有关的老鼠、跳蚤、壁虱、虱子、臭虫、蟑螂等都做了采集，并对强迫受疫患者，即"满洲猴"做了彻底的解剖。对上述提到的猴，也就是"满洲猴"的含义，现今在国内预防卫生研究所病理学研究室工作的某博士解释得非常清楚，他说："凡是提到'猴'的地方，只管把它理解成人就是了。"

1939年10月，孙吴发生的病原不明的热性病，引起了七三一本部的注意，部队立即派出由渡边军医少佐（熊本医专医学博士）率领的调查班，赶赴孙吴考察。调查班成员山内丰纪药剂大尉（一名山之内忠重，金泽医大药理博士）后来供认，他在孙吴陆军医院工作了3个星期，收集各种材料，进行研究。这种病原不明的热性病，被日本研究人员定名"孙吴热"，（即现在的"出血热"）。

1940年9月，孙吴发生鼠疫。当时在石井部队任技手、在渡边主持的菌苗班工作的山内丰纪有随石井四郎来孙吴，日夜不停紧急制造鼠疫菌苗。据森村诚一先生著《魔鬼的乐园——关东军细菌战部队战后秘史》披露："在用鼠疫菌进行细菌战时，是不能让我方的士兵受到感染的。为了防止鼠疫菌的感染，七三一部队担负的最重要研究课题就是要研制出一种可做预防用的免疫菌苗，他们从那些得了鼠疫，正在发高烧的活人身上抽血，为制造这种疫苗采集大量血清。"

从试验动物身上抽血，同时也大量抽取人血供做试验和生产菌苗。建于孙吴二六四五部队（东仓库）的细菌试验基地就曾以验血检查身体为名，抽取3 000多名劳工的鲜血，源源不断地送到七三一第四部（即生产部）。据这个部的部长川岛少将证实，在一个生产周期内他们至少能培养出3万万亿微生物，用做各类细菌武器。

日本关东军七三一部队不仅研究细菌战武器，也在战场上使用过细菌武器，在张鼓峰事件和诺门汉事件里使用过，1940年在宁波一带，1941年在常德地区，1942年在华中、金华，都在空中和地面撒布过伤寒、霍乱等带菌物，由传染病引起的死亡、伤残无以计数。

1944年5月，关东军司令官山田乙三大将收到陆军省下达的训令，命令关东军增加细菌武器的生产，以满足日军统帅部准备在亚太地区大规模推行细菌战的需要。随即为七三一部队增发了最完善的可供连续生产细菌的新设备，孙吴、海林、林口等支队也建立了培育细菌的生产系统，这样，本部的生产设施一旦在战争中被毁掉，细菌生产工作仍不至于停顿。日军统帅部策划的一场消灭人类的秘密计划，正在紧锣密鼓地进行着。

但是，中国人民和世界各国人民反法西斯斗争已取得决定性胜利，在粉碎德、意法西斯军事集团之后，日本的败局已定。1945年8月，关东军总司令山田命令第七三一部队和第一零零部队立即破坏各自的一切实验室和贵重设备，并撤往汉城。8月9日，也就是苏军发动进攻的当天，石井部队长乘飞机去了新京（今长春）。在那里他用关东军司令部的电话指示孙吴、林口、海拉尔等各支队，要立即行动销毁细菌战的罪证。8月11日到12日，孙吴支队在支队长监督下焚烧了文件、图书和所有饲养的动物，由大熊带领4名士兵在锅炉里烧毁。另据第七三一部队训练部长兼孙吴支队长西俊英中佐供述，8月14日遵照他的命令，孙吴支队发给全体队员（120人）每人一剂毒药，要他们被苏军和东北抗日联军俘虏时即服毒自尽。可是他本人，即使在被俘、预审甚至被拉上国际军事法庭的时候，也没有动用那一剂毒药。七三一部队培植的老鼠，传播细菌较快，孙吴县一度出现鼠疫传播的"出血热"现象，造成人员大量死亡，这一罪行对孙吴人民的身体健康伤害极大，并后患无穷。

第三节　孙吴胜山要塞

军事要塞是在一地构筑永久性军事工程，长期固守的国防战略要地，通常配有先进武器装备，战斗力强悍的守备部队，形成独立防御体系。从军事要塞的外延作用看，要塞的构筑是为了防御。

　　侵华日军在伪满与蒙古、伪满与苏联国境地带修筑了17个堡垒要塞，自诩为"东方马其诺"防线。在当时最高规模的，除了防核之外，还防毒、防水、防化学，是一个步、炮、工、化学、装甲等合成兵种联合作战，永久性攻防兼备的要塞。修筑的要塞，不但规模大，而且功能齐备，既能防御，又能进攻，是针对苏军防御阵地构筑的。各要塞正面防御分别为50至100公里，纵深10至40多公里，各要塞筑垒地域分别由3~7个火力支撑点组成，这些抵抗枢纽部和火力支撑点通常构筑在制高点上，相互联结成网。侧翼一般以能通过的山地或森林沼泽地为依托，形成一个庞大的人造工程与天然屏障相结合的工事体系。抵抗枢纽部与火力支撑点之间，有地下坑道相连，蜿蜒曲折，四通八达，并可直接通向地面部队的兵营。有的要塞地下通道长达10公里。

　　日军孙吴胜山（霍尔漠津）要塞遗址，从远处看到的是日军胜山要塞第五守备队的一座营房。房舍长55米，宽为9米，面积约495平方米，分为10多个房间，每个房间约60平方米，上下吊铺，可住日军一个守备中队。墙体是钢筋水泥浇筑而成，厚度达80厘米，步枪、机枪子弹无法穿过这样厚的墙体。营房周围是纵横交错的战壕，战壕的沟壁用混凝土浇筑。战壕与战壕相连，战时便于隐蔽和运动，地下坑道和掩体相通，遇飞机空袭轰炸和炮击时，可沿着地上战壕快速撤到地下坑道。

　　日本第五守备队地上营房往东南方向500多米处，是胜山（霍尔漠津）要塞的主峰。主峰上有一棵大柞树，站在柞树下，可以清楚地看到滔滔东去的黑龙江。当年日军第五守备队，在胜山要塞主峰上架设的高倍望远镜，可探视到苏联纵深30多华里地带。胜山要塞主峰下面，是当年日军第五守备队的地下指挥部。从入口进去，往下经水泥台阶20~40台阶不等，用钢筋混凝土修筑的各条通道两侧，有粮食弹药贮存库、地下医院、军用物资仓库、发电室、居兵室、卫兵室。从卫兵室往上走20多个水泥台阶，是胜山要塞地下指挥室，指挥室到居兵室的地下坑道是相通的。为防备飞机轰炸和大口径重炮轰击，地下要塞从坚硬的岩石山林中部或底部开掘，洞口顶部和四周浇灌混凝土，一般是1~2米厚。距离日军胜山要塞主峰西北约200米处，是日军亚镭重炮阵地，炮口直指苏联康斯坦丁·诺夫卡区沿江地带。在亚镭重炮阵地的南面，是日军高炮阵地，担负日军胜山要塞整体军事工程的防空。

胜武屯日军辅助军事工程，是日军胜山要塞后勤保障和休闲场所。方圆4平方公里，战壕和交通壕纵横交错，军事掩体和碉堡分布在附近的山坳里。外围有防坦克壕，防坦克壕后面是数道铁丝网，铁丝网内岗哨林立，当年流动巡逻的日军，牵着狼狗不时往返于胜山要塞和西山防御阵地之间。这里驻扎着日军第五守备队村上大队本部，有备用弹药库、军需物资仓库、日本军官宿舍、给水塔、军械修理部、汽车库、电影院、慰安所等，并有军用公路通往西山的防御阵地，军用公路取名为"金光大道"，用以掩盖其军事目的。在胜山要塞右侧的东南方，距要塞3华里左右，是日军第五守备队茅兰屯重机枪野战阵地。这里是山峦之间的平缓地带，在10几个山腰的斜坡上，日军修筑了200多个永久性的机枪掩体，密集的机枪火力可以封锁各山口，封锁山与山之间的开阔地和草原，从其右翼保证胜山要塞主峰的安全。阵地内火力点之间有永久性的交通壕连接，并通往胜山要塞。机枪掩体和以班排为单位的碉堡，分布在茅兰屯野战阵地和各个山头和山坡前。阵地四周铁丝网密布，以轻重机枪辅之火炮组成的火力交叉网十分密集，战时将给敌方造成重大杀伤。

日军四不漏子野战阵地，位于龙逊官道孙吴和逊克的交界处。10多华里的龙逊官道两侧的山坳里，为防范苏军从逊克出兵，在龙逊官道背后威胁日军胜山要塞，日军在四不漏子龙逊官道的两侧，构成了200多个交叉火力点。密集的火力点，死死扼守住了龙逊官道。碉堡和掩体、交通壕和防坦克壕遍布各个山头前沿阵地，其防御军事工程的构成，是永久性的钢筋混凝土结构，形成网络性的交叉火力，地下秘密通道和要塞连接，达到了"铜墙铁壁"一般。

第四节 "平顶树机场惨案"

日本关东军第四军第一二三师团进驻孙吴后，先在曾家堡修建了一个军用飞机场，但以后不够用，于1937年初又在平顶树修建了第二个军用飞机场。平顶树——靠近孙吴县城和日军司令部，距中苏边境仅50余公里，交通方便，附近丘陵起伏，灌木丛生，是日军理想的修建军用机场的地方。

日军为了加紧进攻苏联的步伐，从各地强征2 000多名劳工来修建平顶树机场。劳工们风餐露宿，无衣少食，在刺刀、棍棒的监督下被迫服苦役，过着非人的生活。日本侵略者却草菅人命，肆意残害劳工。

平顶树机场的2 000多名劳工，在日军的淫威之下，表面似乎平静地在忍辱负重，但满腔的反抗怒火却如活火山一般随时可能爆发。劳工们大磨洋工，搞小罢工，借以发泄对侵略者的愤恨。

过了不久，机场工地来了1位自称老王的劳工，找到把头说："为了混个饭碗，想找点活干。"把头求之不得，满口答应，并编入平顶树山下的工棚里干活。这个老王30多岁，中上等个头，一副和善坚毅的面孔。他白天和别的劳工一样干活，并不时和一起干活的劳工唠嗑，晚上找个借口到邻近的工棚去串门。很快，老王就交了一些劳工朋友，劳工们也愿意和老王在一起，有事也喜欢找老王商量，并私下里给老王取了个外号叫"三挂车"。由于劳工的伙食很差，终日只吃发霉的高粱米、盐水汤，吃不饱、病号多。老王就在劳工中鼓动向日本人提出要求改善伙食。他领着劳工找到把头，经过说理斗争，终于迫使把头答应让劳工吃饱。后来老王又打听到原来日本人是给劳工发点微薄的工资的，但被各级把头层层克扣了。老王又领着劳工找到日本人和把头要求发工资，双方各不相让，争吵起来。老王乘机鼓动并领头打了日本人和把头。后来日本人找闹事的带头人，没有发现他，老王跑到平顶树山上又混到劳工中干活去了，接着，他又领着工人闹了几次小罢工。

1937年农历八月，日本人接连两次无故杀掉没有给日本哨兵行礼的赶车老板和一个正在干活的劳工。劳工们在老王的带领下，利用这两名劳工无故被杀害的事情，带领全场2 000多名劳工，发动了一场大罢工以示反抗。

就在日本侵略者无故打死两名中国劳工后，大约第5天早晨，晶莹的露珠含泪欲滴，微风吹着秋天的凉意，袭得劳工抱着肩膀发抖，整个场地像死一般的沉寂。就在这时，日本人按惯例，拉响了上工的警报。但是，老王所在的工棚几十名劳工都躺着不上工，只有少数几个工棚的劳工，拖拖拉拉没精打采地向工地走去。日本人见状，又拉了好几次警报，最后一次足足拉了10分钟。尽管日本人急如星火连拉几次上工警报，可全工地的2 000多名劳工，大部分都不去上工。已经走向工地的劳工，一看这种情形，也坐在那里不干了。整个机场工地像条冻僵的蛇一样，躺在那里不动了。直到这时，日本人才警觉劳工们是在罢工了。于是日本人调来大批军警，把机场包围起来，强令所有劳工集合，以枪毙活埋等手段，威胁劳工说出这次大罢工的带头人。从早晨八九点钟一直折腾到下午三四点钟，才从2 000多名劳工中抓出6名所谓罢工的煽动犯。为了镇压吓唬劳工不再闹罢工，日本人将其中的4名劳工，当场用刺刀杀死。日本人将最先罢工的几十名劳工，调往其他工地，那些劳工后来也下落不明了。

日本侵略者以为经过这次血腥残暴镇压，可以威慑住劳工不再反抗了。可是中国人民是杀不尽、吓不倒的。就在这场大罢工遭到血腥镇压后没过几天，近600名劳工利用吃午饭休息的机会，带着行李集体逃跑了。当逃到腰岭河边时，将全部行李扔在河的右岸，过河向西北方向逃去。日军看到劳工集体大举逃跑，更是惊慌失措，急忙调兵遣将，前堵后追，一方面命令驻黑（河）、嫩（江）线上的日军沿线堵截，一方面派出日军步骑跟踪追捕，这时近600名劳工已过腰岭河，四散逃命，各奔他乡。日军疲于奔命，一直到黑嫩线上的二站和大岭之间，才截获了200多人。其余的劳工，连老王在内，都远走高飞。

修建平顶树机场的日军被劳工的集体逃跑事件震惊了，对抓回来的近300名劳工实行了惨绝人寰的集体大屠杀。就在当天晚上，这近300名劳工，在平顶树山下，逊别拉河畔，含恨死在日军的屠刀下了。日本侵略者急于修建的平顶树机场，也因劳工的集体逃跑被迫暂时停工。这就是当时震惊国境线的"平顶树机场惨案"。

第四章　抗日烽火　熊熊燃烧

第一节　东北抗联在孙吴的战斗

　　东北沦陷时期，在孙吴一带活动的抗日队伍是东北抗日联军第三路军第三支队。抗联三支队成立于1940年，支队长王明贵，参谋长（同时任政治部主任）王钧，宣传科长陈雷。抗联三支队主要在辰清、清溪、小兴安一带和铁路沿线车站袭击敌人。茅栏顶子深山老林曾是抗联战士的宿营地。

　　1941年3月，东北抗日联军第三路军总指挥李兆麟指示三支队冲破敌人重重围剿，挺进到伪嫩江省、兴安东省（今内蒙古扎兰屯市），开展抗日游击战争。3月初的一个夜晚，三支队通过冰封的黑龙江，从孙吴县哈达彦和霍尔漠津之间进入日本"国防工事"区，向南面的茅栏顶子进军，拂晓时被敌人暗哨发现，向三支队喊话。由于抗联战士着一色日军服装，加之风声很大，日军哨兵以为是他们的队伍，部队平安通过敌人的边境线，踏上逊河通往孙吴的公路。过四不漏子小桥后离开公路，跨过逊河，沿着茅栏河道艰辛跋涉4天，到达茅栏河上游的茅栏顶子，尔后向北黑线小兴安火车站方向前进，在小兴安东边的东兴山炭窑窝棚向几个烧炭工人了解敌情。在炭窑窝棚，支队长王明贵和参谋长（同时任政治部主任）王钧召集八大队长许宝和、七大队长白福厚等召开干部会议，研究敌我形势，改变马上向嫩江平原进军的计划，决定攻打辰清，解决部队急需的粮食和马匹问题。

3月上旬的一个夜晚，抗联三支队在奔袭辰清的途中，在辰清东10公里的公路上与辰清开往茅栏顶子大本营的日军马爬犁运输队遭遇，双方展开激战。三支队居高临下，将敌人击溃。战斗中七大队长白福厚不幸牺牲。七大队下属部队指导员姚世同撤退时与部队走散，他一人撤到东兴山炭窑窝棚。第二天，大批敌人突然将他包围，姚世同凭炭窑窝棚作掩护，临危不惧，沉着应战，他在暗处，敌人在明处，上来一个打死一个。当敌人发现他只是一个人时，为了活捉，向他喊话劝降，姚世同机智地回答："上来一个当官的，可以谈判。"敌人以为可以活捉抗联战士回去报功领赏，走上前去，姚世同满腔怒火，一枪将其击毙。敌人疯狂地开枪射击，抗联英雄姚世同誓死不做俘虏，用最后一颗子弹结束了自己年轻的生命。

这场遭遇战破坏了抗联部队夜袭辰清的计划，为摆脱敌人的围追堵截，尽快获得给养，王明贵、王钧、许宝和、杨利荣（七大队中队长）重新制定"截马夺粮"作战方案。次日天黑，部队顺着杜德河东岸通往孙吴的马爬犁道，行军20多公里，于天亮时出其不意地迂回到孙吴东10公里日军木营附近。这里每天早晨有从县城出来的200多张马爬犁，到东山木营往回运木材。东山木营有粮食和物资仓库，数百名工人在这里做工，只有少量日军把守。三支队埋伏在山脚下两座山包后面的河汊里，天亮时，日本伐木公司100多张马爬犁顺着山路钻进抗联部队埋伏圈，被我军截获，卸下马匹。然后，抗联部队按照爬犁老板（穷苦劳工）指引的山路，进军东山木营。20余名守敌闻风而逃，只剩下200多名劳工和一座无人把守的粮食仓库。抗联部队一枪未发，冲进木营打开仓库，获得许多大米、白面、豆油、食盐等，每人带3袋粮食，骑马向辰清方向迅速撤离。部队行进10公里离开公路，进入原始森林，边走边在雪地里挂手榴弹。下午，追击的敌人被炸撤回。

3月中下旬，抗联三支队在茅栏顶子露营，等待战机突出重围。为保存战斗力，部队决定除每人留下一匹坐骑外，杀掉其余马匹食用，节省粮食给马做饲料，同时派人打野兽充饥。

1941年4月，抗联三支队又一次夜袭辰清。当时，辰清伪警察所有50余名伪警察，火车站有10几名伪站警，伪警察村公所有几名伪武装警卫。抗联三支队的作战方案是由七大队进攻辰清火车站，八大队进攻警察所，利用夜间隐蔽接近目标。出发前部队召开动员大会，宣布杨利荣为七大队队长。

天黑时，部队在离辰清1公里远的地方打好马桩子，按照战斗方案分头行动。八大队奔向伪警察所，经过紧张战斗，40多台伪警察做了俘虏。八大队缴获了40多条枪和数千发子弹。在这次战斗中三中队副官吴法川不幸受了重伤。在辰清火车站，七大队以同样的战术，将10几个伪站警堵在屋里，全部缴了械，同时还顺利地占领了辰清伪村公所，那里的几个伪警卫也一个个束手被擒，并缴获了部分伪币和10 000份大烟。在辰清伪警察所的拘留所里，解救了被关押的"犯人"。鄂伦春族青年莫桂林和汉族青年姜海波，被解救后自愿参加抗联。撤离辰清时，按政策释放了俘虏。

部队胜利离开辰清，计划西渡辰清河奔向后方基地朝阳山，但由于桃花水下来了，辰清河无法徒涉，只好转向东，重返茅栏顶子。次日清晨，支队副官吴法川因伤势过重在担架上停止了呼吸。

抗联三支队袭击辰清后，孙吴和北安的日军分南北二路夹击而来。日军会师辰清后，顺着抗联的足迹扑向茅栏顶子。拂晓，三支队正在吃早饭，日本的马队追上来，部队立即撤离宿营地，向密林深处转移。由王钧在前面带路，王明贵和任德福带领10几人断后。为掩护先头部队通过一块200多米宽的开阔地，王明贵指挥10几名战士，两挺机枪埋伏在开阔地边缘的大树干后，向追击的敌人猛烈射击。敌人下马还击，但由于树林太密，双方无伤亡。这时，三支队先头部队已通过开阔地，王钧指挥部队在一座小山包后布置四五挺机枪伏击敌人。不一会儿敌人进入伏击圈，三支队机枪突然向敌人开火，日军纷纷中弹落马，死亡足有100人，敌人被迫放弃追击。

1941年4月，三支队在挺进朝阳山之前又迂回到辰清以西的小兴安东山附近，在这里派李国军、李俊等几名同志去北安东边的南北河地区寻找九支队。在此两个月前，三路军总指挥李兆麟曾决定，调宣传科长陈雷到三支队做政治工作，并参加支队党委会，指示在适当时机派人去九支队接陈雷。李俊是电报员，因辰清遭遇战后电台失灵，来九支队检修的。王明贵与李国军约定，一个月后在朝阳山某地接头。之后，部队在辰清河上游涉水过河，向北黑铁路上的小兴安火车站逼近。夜晚，三支队悄悄地接近目标，一个冲锋，占领小兴安火车站，俘虏了几名站警，然后带上缴获的粮食，穿过北黑铁路向朝阳山进发。日军闻讯，马上用火车运送200多日军步兵在后面紧追不舍。第二天下午，抗联三支队越过科勒河，甩掉追击的敌人，胜利挺进朝阳山。

第二节 抗联小分队遇险记

1940年的夏季，一支由队长姜立新带领的5人抗联侦察小分队（原黑龙江省政协副主席李敏同志就是队员之一）从绥棱出发，经北安、五大连池、龙镇、龙门到孙吴一带的日军军事重地侦察敌情，绘制地图，探查路线。一天傍晚他们来到了辰清西面10多里地的一处炭窑(此处原为辰清南炭窑，现为孙吴县辰清镇宝泉村)。窑场有一排房子，南开门，院子里有很多木材。炭窑窝铺里住着3个人，两个年龄大一些的，一个年轻的，都是山东人。有一个岁数大的姓王。由于一路上他们带的干粮快吃完了，剩下的也都捂长毛了。到屋里以后说明了身份，老乡很热情地给熬了些小米粥，拿出橡子面干粮给他们吃，就让他们住在了那里。由于日本人限制不准存放多余的粮食，炭窑也没有粮食了，姜队长提出让炭窑的老乡去辰清帮着给买点小米，然后姓王的和另一个小伙子拿着抗联给的钱就去了辰清，说天亮前就能赶回来。

　　山里的夜黑沉沉的，还有很多雾气，后半夜一两点钟李敏出去解手，进屋后，李敏发现去买小米的其中一个人回来了，也就是那个姓王的，李敏问他买回小米了吗？姓王的说另一个人在走家串户买米，等天亮后才能回来，他就先回来了。但他的神情不对头，十分紧张，且在屋里走来走去，李敏再问他："大爷，出啥事了？你怎么了？"他说："别提了，咱们中国人完了！"又说"咱们中国人都像你们这样抗日不就好了吗？"李敏把姜队长叫起来说："出事了"。姜队长再问姓王的怎么回事，他说："别问了，你们赶紧走吧！"这时姜队长一看情况不好，就马上把睡觉的几个抗联战士叫起来，说：不好了，日军马上就来了。大家赶紧拿起东西手忙脚乱就往外跑，出屋就奔向了后山，由于烧炭盖房子，大树都砍光了，刚进小树林，就听到小路上马蹄声嗒嗒地响，敌人果然来了，不到两分钟就听到机关枪的扫射声，打得大树哗哗直落树枝。抗联战士直接往山上跑了两三里路，隐蔽了起来。上山后，一会天就亮了。他们在山上看到一轮太阳露出了红光，雾气弥漫，也不知是在哪里，这时发现有一条"龙"

瞪着亮亮的眼睛在雾气中从西北往东南方向"飞"来，大家都喊："这是啥呀？是龙来了吧？"姜队长说那是火车，哪是龙啊！结果真是一列火车开了过去。接着他们就往东走，继续去执行侦察任务。

第三节　抗联英雄

白福厚，辽宁省辽阳县人，后到黑龙江省绥滨县安乐屯。年幼受尽了地主的凌辱和欺压。困苦的生活经历使白福厚成长为一个吃苦耐劳、具有反抗精神的少年。

白福厚1932年加入抗日自卫军之后，即加入中国共产党领导的地下革命组织。1937年8月参加东北抗日联军。1938年12月加入中国共产党。1941年3月，在孙吴县辰清南面的山岭上，与日军激烈战斗而牺牲。

1933年秋，白福厚受地下党负责人邹大鹏同志的派遣，打入佳木斯地区萝北伪军三十八团炮兵连，初当兵，后任班长。1936年，日军佳木斯司令部怀疑伪军三十八团与抗日联军有联系，便调该团到依兰驻防，同时经常派日本宪兵以调查为名进行监视，对于不顺眼的士兵施以各种体罚。一天，一名伪军因晚上外出回来迟了，被日军抓住，当场打得半死，引起广大士兵不满。每遇战斗，日军总在后面督阵，强迫伪军打冲锋，落在后面的遭受日军毒打，甚至枪毙；跑在前面的被抗日联军密集的火力打得死伤惨重，广大伪军普遍感到没有出路。日伪双方常常发生冲突。

依兰地下党组织通过白福厚等人加强对伪三十八团的"策反"工作。号召不当亡国奴，枪口对外，"中国人不打中国人"，"驱除日军出中国",一部分士兵提高了觉悟。经过周密的准备,于1937年8月31日,伪军三十八团迫击炮连和机枪连119名官兵在白福厚的率领下,携带迫击炮一门,重机枪一挺,轻机枪4挺,步枪100余支,子弹10 000余发举行起义。在起义的同时,还把依东地区最顽固的大地主,王治安的自卫团全部缴械。以白福厚为首的起义部队在抗日联军第六军一师政治部主任徐光海、师长马德山率领下,冲破了日军在依兰东部、南部纵横百里的围追堵截,并在宝清鲍家南山脚下打死打伤20余名日军,胜利脱险,安全转移到群众基础较好的安邦河游击根据地。9月5日,抗联六军一师党委决定将起义部队编为一师六团,白福厚任团长,李云峰(原六军一师三团政治部主任)为政治部主任。从此,白福厚在党的领导下又投入到激烈的抗日游击战争的最前线。

1938年5月1日,中共北满临时省委决定抗联三、六、九、十一军冲出敌人包围,向松嫩平原转移。为了牵制敌人,支援西征,省委决定六军一师部分指战员暂留在富锦、宝清、桦川坚持抗日游击战争。白福厚团接到牵制敌人的任务后,率领所属部队和兄弟团配合,采取机动灵活,打一下即走的战术吸引敌人的主力,待敌人跟踪尾随后即进入山区,以密林、山岭为掩护,和敌人捉迷藏打伏击,有效地牵制了敌人,保证了抗联部队顺利突出重围,粉碎了敌人塑造的"威力圈"的神话。

抗联西征部队离开下江后,三江平原的抗日斗争形势日趋恶化。日伪军集中兵力向松花江下游两岸的依兰、勃利、桦川、富锦、密山等地进行疯狂的"讨伐",实行"三光政策"(杀、烧、抢光),我党在下江地区的革命组织也同时遭到日伪军、警、宪、特机关严重破坏。抗联部队常常遭到多于自己几倍甚至几十倍敌人的疯狂进攻。抗日斗争进入了十分艰苦的时期。

进入冬季,部队的处境更加险恶。抗联部队的生活是:"天大的房子，地大的炕，火是生命，森林是家乡，野菜树皮是食粮。"为了获得粮食，许多战士在战斗中牺牲了。有的战士作打油诗说："枪不响吃不上饭，衣服粮食拿命换。"这正是抗联部队生活的写照。白福厚与战士们同甘共苦，吃饭时，战士不吃饱他也不吃；饭少，他就不吃宁可自己饿着。他说："我身体好，饿一天没关系。"当有的战士情绪低落时，他常常说："我们今天受苦，就是为了明天人民的幸福。我们今天流血牺牲打日本人，就是为了明天人民的解放。请大家相信只要我们中国人民团结起来，日本侵略者及其走狗总有一天会跪在我们脚下，我们今天受苦就是为了这一天的到来。到那时，我们中国人民再不用受侵略者的欺凌，我们扬眉吐气自由自在大街上行走，再不用向日本人低头哈腰；我们的孩子吃得饱、穿得暖，天天背着书包上学；人人过上好日子……"在白福厚的鼓舞下，战士们始终保持着旺盛的革命斗志。1940年4月，在南北河经东北抗日联军第三路军总指挥张寿钱、政治委员冯仲云主持的会议上，白福厚所部编入第三支队第七大队，白福厚担任队长职务。从此部队在他的带领下，转战在孙吴、德都、嫩江、讷河等地，避实就虚，杀得日军胆战心惊，广大群众深受鼓舞。

1941年3月初，白福厚所在的三支队在黑夜和风雪的掩护下越过冰封的黑龙江，从孙吴县的哈达彦和霍尔漠津之间顺利越过日军的国防工事区。当部队来到孙吴县境小兴安火车站东边的东兴山上时，王明贵、王钧、白福厚等三支队的干部根据部队的处境，分析敌情，做出"攻打辰清火车站、截马夺粮"的作战方案。当部队前进到离辰清约20里地的时候，先头部队突然遭遇一队乘坐马爬犁的日军讨伐队。雪夜里，白福厚带领先头部队抢占有利地形，同日军展开激战。白福厚一人打死日军多人。战斗中，白福厚率领几名战士向敌人包抄时，不幸中弹牺牲，年仅28

岁。白福厚的鲜血洒在抗日民族解放的道路上，他的英名与兴安岭同在，万古流传。

战马的嘶鸣声把抗联三支队第八大队指导员姚世同从昏迷中惊醒。他本能地握紧枪机警地搜索四周，天已放亮，眼前满是高大的白桦树、柞树；马正在啃树皮、拣拾柞树叶子吃，因饥饿或是寻找同类，马不时地叫两声。他趴在马爬犁上，身体很是虚弱。他动动双腿，左腿已经不能动了，日军罪恶的子弹把大腿打断，殷红的鲜血浸过用狍皮做的棉裤，正一滴一滴往下淌，马爬犁走过的路上，撒下了点点血渍。他清晰地想起昨晚与日军的激烈战斗：

姚世同与抗联三支队的战友于1941年3月初从苏境回到国内后，在孙吴县境的日军事区内巧妙穿插，打击敌人，使日军驻孙吴司令部日夜不得安宁。因日军在孙吴驻有关东军10万余人，敌人力量强大，抗联三支队领导决定乘深夜奇袭孙吴县境内的辰清火车站，获取马匹和粮食后，穿过北黑线挺进到朝阳山以西的嫩江平原开展游击战争。当他们走到离辰清车站还有20里的公路上时，突遇一队乘马爬犁的日军，双方展开了激战。姚世同凭经验判断，这是一队装备精良、非常狡猾、战斗力很强的日军。如果不迅速将日军击退，长时间打阵地战，日军的后续部队上来，对我军非常不利。姚世同率领两名战士从侧翼向日军阵地包抄过去。当走到日军阵地侧后面时，发现了日军马爬犁。借着月光，他发现只有两名日军看守。姚世同与两名战士向看守日军一人扔出一颗手榴弹，趁着烟雾，一人夺取一副马爬犁，边向看守日军射击，边打马奔往我军阵地。战斗中，两名战士在日军密集的火力截击下，先后牺牲。姚世同腿部中弹，战马也被子弹打伤，马受惊后拉着姚世同沿着山间林路狂奔起来。等到马被拢住，回头去找部队时，阵地已经一片沉寂，我军已经撤离了。日军也因严重受损，深夜未敢反击撤回据点去了。姚世同只好独自一人赶着马爬犁奔向抗日联军经常站脚的小兴安岭东边的东兴山炭窑窝棚。忍着剧痛，赶着马爬犁走了半夜，离炭窑窝棚不远时，因失血过多，不知不觉昏迷过去了。此刻醒后，他思念部队想念战友，决心养好伤，继续打日本人。他赶马终于来到炭窑窝棚。炭窑工人听见后，把他抬到屋内，听说是抗日联军，热情地给他做饭，并替他包扎伤口。

这炭窑窝棚内共有15人。大把头郭柏雷是日本人的忠实追随者，此人奸懒馋猾品行不端。被雇的工人都是各地招来的劳工，都非常痛恨郭把头，暗地都叫他"郭败类"。这"郭败类"为了邀功请赏，当天偷偷地跑到孙吴城内向日本宪兵队报告去了。

第二天时近中午，大批日伪军将东兴山炭窑窝棚包围。姚世同凭借炭窑窝棚作掩护，拖着残腿，拿着长枪，敌人一露头就射击，接连打死6名日伪军。时近傍晚，长枪子弹打没了，手枪也只剩下两粒子弹了。姚世同感到为民族解放捐躯的时刻到了。在这最后时刻，他也许想到他辽宁家乡在日军铁蹄下挣扎的父老乡亲；也许想到许许多多同胞及战友死在日军的屠刀下；也许想到他新婚不久的贤惠妻子被日军糟蹋致死的情景……也许他什么也没想，只是满腔的怒火，恨不得将这些害人的"猛兽"一下子赶尽杀绝。姚世同此刻心情异常平静，意志异常坚定。当敌人再次向他喊话劝降时，姚世同机智地回答说："上来一个当官的可以谈判。"敌人为了活捉抗联战士，领到大批奖赏，信以为真。一个当官的走上前去，姚世同推开屋门，怀着满腔仇恨，一枪将其击毙。敌人如梦初醒，发疯似地向姚世同射击；然后号叫着蜂拥而上，跳进屋内将姚世同包围。姚世同誓死不做俘虏，从容地用最后一颗子弹结束了自己年轻的生命——时间是1941年3月10日。

　　姚世同的英雄事迹通过炭窑工人的传颂，像一股春风传遍日军统治下的北满大地。1945年8月日军投降后，那个向日军告密的"郭败类"据说被劳工们抓住活活打死了。后人赞颂姚世同说："忠心如明月，浩气冲龙江。宁可抗日死，绝不屈膝降。英雄姚世同，万古美名扬。"

　　吴法川，山东人。1934年参加东北抗日联军，1935年加入中国共产党。1940年4月任东北抗日联军第三路军第三支队副官。中等个头，身体健壮，性格直爽，憨厚淳朴。他以部队为家，把战友看成是自己的亲兄弟。行军时，总是抢着把身体弱和有病的战士的枪支、食袋背在自己身上。在缺粮的日子里，他常把分给他的一点点口粮让给别的同志。每次战斗总是冲锋在前，撤退在后，把个人的生死置之度外，深受抗联三支队全体指战员的爱戴。

　　1941年4月初，抗联三支队决定再次进攻辰清，破坏日军铁路运输，缴获敌人武器，补充部队粮食。吴法川率领几名抗联战士先到辰清附近的炭窑窝棚，通过炭窑工人了解到辰清伪警察署有50余名伪警察，火车站有10多个伪站警，伪辰清政府只有几个伪武装警卫。吴法川与三支队领导研究决定：七大队攻辰清火车站，八大队攻打警察署，利用夜间秘密接近目标，突然袭击，如果敌人不交枪就用机枪和手榴弹消灭他们。出发前，吴法川提出"为白福厚大队长报仇"的口号，战士们紧握钢枪，心中燃烧着团团烈火，齐声表示："消灭辰清敌人，为白大队长报仇！"约半夜时分，部队隐蔽摸进辰清街然后各大队分头奔向各自目标。

　　吴法川率领八大队战士冲在队伍的最前头，离警察署几十米远时，敌人哨兵听见脚步声，大声喊："谁？口令？"还没等伪军哨兵弄清是怎么回事，就被吴法川一枪撂倒。八大队的战士在吴法川的率领下，如下山猛虎，有的破门而入，有翻身越过铁丝网，纷纷冲进伪警察署营房内，50余名伪警察被堵在屋里。这些伪警察听到枪声乱作一团，有的试图冲出屋子，被抗联战士一阵排枪打回去再不敢动，吴法川带领战士向敌人喊话："我们是东北抗日联军，你们被包围了！""枪是日本人的，命是自己的，中国人不打中国人！放下武器，缴枪不杀！"敌人想负隅顽抗，默不作声。吴法川和许多战士急了，高喊："再不缴枪投降，我们往屋里扔手榴弹了！"敌人沉不住气了忙喊："千万别扔手榴弹，我们交枪……"敌人点亮了灯，开了门，吴法川一个箭步冲了进去大喊："举起手来，缴枪不杀！"接着许多战士也冲进屋内。这时，一个平时欺压百姓，死心塌地追随日本人的伪警察突然用手枪向吴法川射击，吴法川法当即身负重伤。众多抗联战士一齐向他开火，将其当场毙命。其余伪警察举手投降。七大队指战员以同样的战术迅速攻进火车站，把10几个站警堵在屋里缴了械。这次辰清战斗，其缴获60余条枪、数千发子弹、部分伪币、医药，解决了部队急需的物资。在辰清警察署的拘留所里，解放了30多名关押在里面的革命群众，并吸收其中的鄂伦春族青年莫桂林、汉族青年姜海波为抗日联军。

撤出辰清前，支队长王明贵来到吴法川身边。只见吴法川仰卧在地上，伤势十分严重，子弹穿透了腹部，殷红的鲜血浸透了他的棉衣……吴法川用微弱的声音向王明贵恳求："支队长，我不行了，不要因为我，拖累部队的行动……"听了吴副官的话，战士小林和小叶泣不成声。支队长王明贵坚定地对吴法川说："我们背也要把你背回去！"吴副官转过头去深情地望着两名小战士说："战士流血不流泪，打仗就是要有牺牲的，我不行了，你们还在，快走吧。等到抗日胜利，烧纸告诉一声，我就含笑九泉了。"说完，无论如何不让包扎伤口，只是催促赶快撤退。军情十分危急，全体战士们就是舍掉性命也绝不丢掉身受重伤的战友。同志们用木头做成担架，轮流抬着吴法川，撤出辰清。天快亮时，部队走到一座小山下，吴法川终因伤势过重，而停止了呼吸。战士们砍来白桦树枝，火化了吴法川的遗体。全体将士脱帽致哀，然后举起拳头宣誓："不打走日本侵略者绝不收兵！"

第四节　人民群众与抗联部队鱼水情深

孙吴县辰清镇是在原辰清站和辰清屯的基础上逐渐发展起来的，是日军侵华时期关东军入侵孙吴，建北黑铁路后的军事要地，也是东北抗日联军艰苦卓绝打击侵略者的游击区。抗战期间，辰清一带的抗日部队与日军的战斗大小不下数十次。

在抗战时期，辰清屯有200余户人家，他们主要以烧炭、打柴、做生意和采集山产品为生。对于日本侵略者的恶行，他们敢怒不敢言，对敌人的仇恨与日俱增，在力所能及的情况下他们尽力帮助抗联部队，暗中给战士们提供吃穿，帮助部队掩护伤员，这里的人民与抗联部队鱼水情深。

在抗战的最艰苦的年月里，抗联战士为了更有效地打击敌人，保存好自己的实力，常常在深山老林里进行游击，经常十天半月的行军，粮食吃没了，一饿就是三四天，他们也经常到辰清屯来补充一些给养。当时村里有一些思想进步的穷苦百姓，他们经常接济抗联战士。据辰清村一位叫李德喜的老人回忆，他的父亲李子臣当时在村里开饭馆，他就经常给抗联战士们提供食品。记得是三四月份的光景，积雪尚未融化，由王钧带领的一支18人小分队，已经是3天3夜没有吃过一口食物了，大约是在天刚黑的时候，来到了村子里。李子臣看到是自己的队伍，非常高兴，得知大家好几天没有吃东西，看到战士们筋疲力尽的样子，他很心疼，马上给大家烧水做饭，叫当时十几岁的李德喜在外面给站岗放哨，让大家好好休息。李子臣又连夜赶制了200多个烧饼，给战士们拿了两袋面，在天刚放亮时送战士们离开了村里。

时隔不长时间，王钧带领25人的小分队又一次来到这里，李子臣同样是给战士们拿吃的、拿用的。就像李德喜讲他父亲经常说的一句话："只要是打日本人，别说给点吃的，就是让咱拿命去换也值得。"如今依然健在的李德喜，经常回忆那时候的事情，他说："当时不但给战士们提供吃穿，而且还为他们提供一些敌人的情报。有一年的7月，抗联三支队想打下敌人的一个守备队，一来解决一些给养，二来也借此机会杀杀敌人的嚣张气焰，但又不知敌人的具体情况，于是父亲就让我去打听。我年纪小，日本人不太注意，以为是小孩子来玩耍。借着机会，我看清了敌人在哪里守卫，大约有多少人。当时的守卫队只有10来个人，有部分粮食和物品、弹药。部队在天黑后攻打，敌人只有3个守卫值班，其余的人刚刚进入梦乡，还没明白是怎么回事，就已被抗联战士击毙或活捉。由于有了可靠的消息，所以在没有人员伤亡的情况下很快就结束了战斗。"

在辰清屯还有两位贫苦的百姓，一个叫韩凤刚，一个叫占德胜，他们两个一同在山里烧炭窑，与抗联领导王钧、白福厚等人比较熟悉。他们经常给部队一些小米、玉米面等粮食。他们烧炭窑的地方与日本玉田公司的马爬犁队驻扎的地方很近，在三支队与日军马爬犁运输队遭遇后，占德胜与韩凤刚为三支队提供了准确具体的情报，并建议部队顺着杜德河走，绕道接近日军木营。按照他们所提供的情况，三支队打了一个"截马夺粮"的大胜仗，不但夺得了马匹、补给了粮草，而且极大地鼓舞了士气，为百姓出了一口气。

现在的常青屯位于辰清东南12华里处，在抗战时只住着姓王和姓张的两户猎户，可就是在这里，抗联部队多次得到休养。由于距辰清较远，没有什么正规的道路，加之山深林密，敌人很难到达这里，可这正好成了抗联部队的天然屏障，成了战士们的给养补给站、行军中转站和伤员养病的好地方。一次抗联三支队与日军战斗后，我军损失较大，一支小队，其中还有三四个轻伤员辗转行军，来到这两户家中。两家猎户就像见到亲人一样，忙里忙外，为战士们烧开水、做吃的。在这里休息和养伤了10多天，战士们白天帮猎户劳动、打猎，晚上站岗放哨。临走时猎户给战士们带了一些干粮、肉干和咸菜等吃的，并依依不舍地将他们送出老林子。

一次战斗中抗联八大队与敌人突然遭遇，双方展开了激战，我军只有十几个人，而日军却有30余人，敌众我寡，战斗中击毙敌军七八个人，我部战士也有3人受伤，战斗再打下去，对我军不利。由于不熟悉地形，很难甩掉敌人，敌军也死死追赶，在这紧急关头，东山炭窑附近居住的猎户赵二福及时赶到，领着战士们甩开了敌人。这之后，他就参加了八大队，后来在一次战斗中牺牲了。抗战期间辰清还有鄂伦春族青年莫桂林和汉族青年姜海波等10多人自愿参加了抗联。

在抗战中，抗联部队与辰清一带的贫苦百姓建立了深厚的情谊。在东北光复后即抗战胜利后，时任黑河剿匪司令的王钧看到辰清村的百姓缺衣少粮，就从缴获的战利品中给村民留下了一些衣物，并给了大家两车计50袋的小米，以暂解百姓贫苦状况。我抗日部队没有忘记过这里的人民在艰苦的年月里给予他们的帮助，时刻想着这里的人们。

第五节　抗日战火中的沿江乡

　　孙吴县沿江满族达斡尔族乡，是孙吴唯一的少数民族乡，三面依山，与俄罗斯康斯坦丁诺夫卡区隔江相望，边境线长35公里。在20世纪30代初，这里曾是日本关东军入侵孙吴后的重要军事要地，也是东北抗日联军艰苦卓绝打击日本侵略者的游击区。当时，沿江人民积极支持和帮助我抗联部队及苏联红军打击日本侵略者。

　　1932年，日本关东军沿龙逊公路（龙镇至逊克县）入侵孙吴境内。因为沿江是孙吴唯一的边境区，与苏联隔江相望。因此，日军对沿江的军事地位高度重视，在1933年建立了以胜山要塞为中心的一系列军事基地，总部设在胜利屯，驻有工兵和炮兵共1 200余人。在胜山要塞以南建立了毛兰屯野战阵地，在沿江满达乡沿江的四季屯、大桦林子、小桦林子、东霍尔漠津村、西霍尔漠津村和哈达彦村分别建立了有日本兵把守的观测哨，还在沿江乡围绕的山脉中修筑军事公路，至今公路仍然存在。

　　1934年3月，东北抗日联军三路军总指挥李兆麟指示王明贵的三支队沿小兴安岭一线开辟游击区，建立抗联密营，开展北部边境的抗日游击战斗。抗日联军当时的抗日活动非常艰苦和危险，尤其是在冬季，山中雪厚，再加上林中树叶落光，食物短缺，给抗联战士在生活和隐蔽上带来了极大的困难，多次遭受到日军飞机和步兵的围击。据了解，其中最为惨烈的一次围剿是1935年12月份在沿江乡小桦林子村西山二道沟处的战役，当时160余日军围击我抗日游击军70余人，通过近两个小时的激战，抗日联军终于突出重围。

后来，苏军在沿江乡哈达彦村对岸的江边建立了训练营，并派出了教导旅援助。从此，抗日联军为了保存实力，每到冬季就从沿江乡东霍尔漠津和哈达彦两个国际通道秘密来到对岸的苏军训练营，在那里接受教导旅关于军事、政治、思想上的训练，通过一冬的休养、整编，到春季开化前，再从秘密通道返回沿江乡山区，开展游击战。

据查证，抗日联军以游击战术先后打击日军30余次，共歼敌100余人，其中较大的战斗有"围歼西山战"。1940年7月，我抗联游击队得到情报，日军一支40余人的小分队，将沿西山军事道路，到四季屯加强军事力量。针对这一情况，我抗日联军集中优势兵力，在大桦林子村西山日军军事道路两侧山坡密林中设伏，打得日军措手不及，慌乱逃跑，此战役共歼敌22人。其次是"南山二道沟战斗"，1941年11月，我抗日联军返回苏境内训练营休整，当时正准备从哈达彦国际通道过境。日军探得情报后前来围歼，并派重兵埋伏在哈达彦国际通道，准备一举歼灭我抗日联军。我抗联部队针对复杂形势，迅速调转方向，向力量较弱的后身突围，部队集中力量，仅一个小时就在后身打开缺口，并从东霍尔漠津国际通道紧急过境，此战共歼敌18人。

1945年8月8日，苏联对日宣战。8月12日苏联红军从沿江乡哈达彦村的嘎巴亮子（现称北套子）进入中国，并迅速以合围的之势，从沿江乡的东部和北部封锁日军军事要道，包围胜山要塞，展开为期3天的激战，攻下胜山要塞，解放孙吴。抗日联军三支队一部在沿江乡境域三分场南山的包围区内阻击支援的日军和破坏日军的军事设施。游击队在3天时间里，共歼灭从四季屯、哈达彦及毛兰屯阵地等处前来支援的日军200余人，为胜山要塞战役的胜利打下了坚实基础。

抗战期间，沿江人民给予了抗联战士极大的帮助和支持。

1937年，沿江乡居民何世环、苏翠芝等人积极参加抗日活动，并自发组成志愿队，在当时日军并村集屯重重看守下，冒着生命危险，秘密筹集粮食、生活日用品和一些日军情报，送往山中的抗日联军。据统计，当时该志愿队曾秘密为抗日联军送米、面400余斤，火柴13包，盐30斤，还送了大量的其他生活日用品，解决了抗日联军的生活困难。在长时间的抗战日子里，他们还帮助抗联做了大量的地下宣传等工作，宣传、发动了100余名群众，成为抗联的坚强后盾。沿江人民还积极帮助苏联红军打击日本侵略者，在苏联红军渡过黑龙江时，为苏联红军做向导，并协助部队运送伤员。

第六节　"三进孙吴"　建立红色政权

经历了10余年艰苦卓绝地抗日战争后，孙吴人民终于迎来了解放。1945年10月至1946年2月，中共黑龙江省工委为了"按钉子""站住脚"，开辟龙江根据地的"战略支点"，先后派来李银全、吴飘萍、牟海波为首的3批党、政、军干部"三进孙吴"，创建革命根据地。

1945年11月初，省工委负责人王堃骋、陈大凡委派王肃、王文彬、李银全、刘挺进、何学东等5名晋察冀解放区干部先行赴黑河开展工作。途经孙吴时，王肃决定李银全留在孙吴开展工作，接收旧政权并任县长兼公安局长。李银全是上级地方党委派孙吴工作的第一名中共党员。

李银全首先对形势做出正确的判断，要尽可能地依靠地方进步力量。他与苏联红军驻孙吴司令部取得联系，在苏军司令部翻译李树臣的帮助下，接收了维持会，关押了匪首康崇刚。

李银全在接收讲话中首先宣讲共产党的政策，然后号召全体人员跟共产党走，为建立人民政权贡献力量。并代表黑龙江省工委黑龙江省政府宣布：李银全任孙吴县民主政府县长，李树臣为公安局长。随后建立孙吴县民主政府自治军，李银全任大队长，李树臣任政委。为了争取群众，掌握第一手情况，李银全早出晚归，走学校，访劳工，发动革命力量。正值政权初建，革命事业始兴之际，国民党反动势力极其恐慌，混在革命队伍里的国民党辛元福、张鸣久指使3名匪徒将康崇刚从狱中放出。康崇刚逃跑后，继续与人民为敌，阴谋策反，夺取政权，反动气焰十分嚣张。他召开国民党孙吴县党部会议，阴谋筹划如何对付共产党和新生的民主政权。他们先是以金钱收买，遭到李银全的怒斥后，又采用了暗杀手段。1945年11月中旬的一天下午，敌人利用李银全急于招兵的心理，由辛元福等人按事先设下的圈套向李银全假意献计说："祝家店住有一帮年轻力壮的劳工，可招来当兵，要李县长亲自动员。"李银全便和警卫员一起去祝家店，当行至离此店不远的十字路口时，突然一声枪响，一颗子弹打中了李银全的头部。李银全县长不幸牺牲，年仅23岁。工作仅十余日，夙愿尚未实现，便血染孙吴大地，把年轻的生命献给了党的事业。

李银全同志牺牲后，黑龙江省工委为实施"先南后北"的战略方针，加强孙吴战略支点的力量和迅速扩大武装，省工委选派延安赴东北干部团的干部吴飘萍、牟海波、魏扬等"二进孙吴"，成立中共孙吴县工作委员会。吴飘萍任县工委书记，牟海波任县工委副书记，魏扬任公安局长，再度开辟孙吴根据地。经过调查研究，周密计划，解除地方维持会，接收公安局，改编了"讨伐队"。他们克服局面混乱，共产党势力弱，经费短缺等困难，始终把"掌握情况，发动群众，扩大党的政策影响，建立人民武装"放在一切工作的首位。派到孙吴的全体干部，遵照党的指示，深入到工人、农民中去，与他们促膝谈心，向他们宣传革命理论、党的方针政策，揭露国民党、敌伪人员、地主与土匪勾结妄图继续压迫人民的阴谋，启发群众的阶级觉悟，动员他们加入革命队伍。在这一基础上，从县内出身贫苦的城乡青年和为日本关东军修建军事要塞的外地劳工中招收了150多人，加上原维持会"讨伐队"的70多人，总共200多人，组建成东北人民自治军——黑龙江军区第四大队，成立了第四大队司令部，吴飘萍兼政委，桂生芳任司令员。1945年12月7日，组织召开了群众大会，正式宣布孙吴县民主政府成立，宣布任炳麟为县长。这期间，大部分同志都到农村、工厂去做群众工作，启发群众觉悟，扩大革命武装。与此同时，新政府发出布告，保护公共财物，禁止出卖公产，减租减息，改造税收，清理卫生，防火防盗等，令各部清理以往公务，开班组长会议，宣传新政府政策，组织筹集自治军所需物资。几天里，为部队解决毯子700多条，大衣数十件，棉鞋若干双。修筑了小学校舍，并帮助苏联红军解决所用劳工及物资。

正当县政府忙于开展各项工作的紧张时刻，敌人却在暗地里召开秘密会议，组织反动武装，隐藏在各级组织里的敌伪残余势力，与外县的反动武装相勾结准备进攻孙吴，妄想把新生的人民政权扼死在摇篮中。

1945年12月中旬，康崇刚等密谋发动了"孙吴街事变"，在隐藏于公安局内部的反动分子的里应外合下，向我县政府和司令部等地发起进攻。我全体指战员表现出英勇无畏、不怕牺牲的精神，顽强地阻击敌人。反动派进攻我军司令部同时，苏联红军卫戍司令部也受到了敌人的火力威胁，苏军司令部20余人对土匪予以还击。我军在苏联红军的援助下，粉碎了国民党反动派的阴谋，胜利地保卫了刚刚建立的孙吴新政权。这次战斗，毙敌60余人，俘虏100余人。自治军牺牲40余人，伤十几人。

孙吴保卫战，是孙吴县工委开辟孙吴根据地中第一次敌我之间殊死的军事较量，粉碎了10倍于己之敌有计划、有预谋的进攻，保卫了新生政权，锻炼、考验了孙吴人民自治军，为此后建立并巩固新政权打下了坚实的基础。

这次保卫战虽然取得了胜利，但是，孙吴四周土匪众多，省里机动部队暂时无暇顾及，孙吴的局势仍十分严峻。1945年12月下旬，黑龙江省工委派军区三大队十团政委吴沛专程来孙吴，指导孙吴县工委、县政府及所属部队撤至北安集结待命。政委吴飘萍、县长任炳麟安排后续工作，公安局长魏杨、政委吴沛等抓紧审讯在押犯人，并由营长田玉富对一批土匪及罪犯执行枪决。迫于当时的形势，1946年1月12日，孙吴县工委、县政府及所属自治军独立营奉命回守北安。

1945年12月29日，"泰安战役"胜利，到1946年初，黑龙江省中西部局势趋于平稳。黑龙江根据地战略重点迅速向北推进，主力部队相继北上，"战略支点"的黑河、孙吴转变为"战略基点"。1946年2月，黑龙江省工委选派牟海波、赵天野、王树棠、魏扬、田玉富等18名同志"三进孙吴"，恢复和巩固人民政权。1946年2月18日，这18名同志穿山林、走小道来到孙吴。黑龙江省委为配合当时的工作，从黑龙江省军区警备三旅九团抽出两个营的兵力随后跟进孙吴。三旅九团进驻孙吴后，首先打击附近的小股匪徒，保护了县委安全，帮助县委发动群众，保证县委迅速开展工作，从此站稳了脚跟。首先恢复了孙吴县工委，牟海波任县委书记兼保安大队政委；王树棠任组织部长兼保安大队政治处主任。继而恢复了孙吴县民主政府，赵天野任县长。根据形势的需要，又动员了100多人，扩建了孙吴县保安大队，由田玉富任大队长，公安局长魏扬兼任副大队长，实有一个连的兵力，以保证县政府正常工作。1946年4月，成立城防司令部，司令员桂生芳，副司令员魏扬，政委牟海波，政治部主任王树棠。队伍组建之后，发动战士四处寻找武器弹药，不久就达到人手一枪。发动战士从日伪时期的仓库里找到黄豆、豆油、大酱、食盐等，解决了部分急需的生活物资。动员、组织指战员练兵，战士们的积极性很高，斗志也很昂扬。

1946年5月，省军区副司令员王钧带领警备二旅张光迪的部队来孙吴剿匪，解放了大桦树林子、老西地窝堡之后，九团调回北安，由三旅旅长廖中符率领的十团接替，进行了一段时间艰苦的战斗。待西满军区副司令员洪学智率原新四军三师特一团一到，土匪闻风丧胆，逃之夭夭，在县城周围再也不敢有大的举动。孙吴县党政军干部巩固政权，发展武装，团结教育群众，壮大自己，打击敌人，顶住压力，共渡难关，使孙吴根据地一步步地稳固起来，成为支援全国解放的后方基地之一，为全国解放贡献了积极的力量。

第七节　孙吴保卫战

1945年11月下旬，中国人民解放军接收孙吴政权的工作正在紧张进行。康崇刚以其国民党孙吴县党部书记兼东北挺进军混成第六旅旅长的名义，派遣国民党孙吴县党部负责人陈彭飞、康崇义赴齐齐哈尔，向国民党挺进军军长尚其悦请示，提出倾全旅兵力并纠合地方一切势力推翻即将成立的人民政权的阴谋计划，当即得到尚其悦的批准并面授机宜。同时，国民党黑龙江省党务专员办事处派蔡某到孙吴协助康崇刚组织这项阴谋活动。

1945年12月14日，康崇刚、蔡某、董凤岩等人，在曾家堡十八团驻地召开秘密会议，策划进攻孙吴的作战计划。拟调遣国民党混成第六旅所属十八团、十九团、二十团，全部兵力约700人，于16日赶到孙吴城郊集结待命，17日凌晨协同行动，共同进攻孙吴县政府、司令部、公安局。命各团统一行动前，各自先扫清外围，解除后顾之忧，令潜伏在公安局内部的匪徒骨干分子公安局副局长辛元福（原维持会公安局局长），司法股长胡芷山、祝跃清等人在进攻枪响后里应外合。令第十八团在曾家堡秘密集合，派董凤岩赴逊河召集二十团，派蔡某到瑷珲县二、三站联络十九团。

12月15日，董凤岩带着康崇刚的亲笔信抵达逊河，见到二十团团长金焕章，传达了康崇刚的旨意。当晚，逊河挺进军袭击了解放军驻逊河顾延岭县长住宅，顾县长和部下18名同志被捕后壮烈牺牲。二十团在张锡爵、关凌玉的带领下，乘坐马爬犁火速到孙吴县吴家堡集中。

12月16日，康崇刚和李万国令赵振刚带队伍攻打我军驻曾家堡韩家店营房。当时孙吴自治军司令部派二连连长解明和指导员刘今生在腰屯一带发动群众，扩充人民武装。16日这天刘今生返回北孙吴营部，解连长和27名新战士驻韩家店。挺进军包围韩家店时，解连长在东屯起枪没等回来，即被刘海峰、薛玉山等人逮捕。驻韩家店新战士27人因无枪，加之敌人突然袭击，新兵全部被俘，解连长与27名同志于该村坝南英勇就义。

12月16日清晨，十九团在团长张鸣久带领下从瑷珲县二站出发，到孙吴城郊的十九团据点西南屯集结，未等张部到达，敌人已开始行动。当时驻孙吴苏军司令部有两名中国人，一名叫李向臣（外号"李小个子"），原系抗战老战士，早年到过苏联，苏军出兵东北时担任向导，后留作翻译。另一名叫李文德，原在东北军供职，做过抗日工作，但此人仇视共产党领导下的人民政权，暗中与张鸣久勾结。为了配合国民党进攻孙吴，破坏共产党与苏军司令部的联系，李文德和西南屯土匪十九团骨干分子戴耀先、孙见启、石新玉设毒计加害李向臣。16日清晨，李文德假意邀李向臣去西南屯视察自卫团组建情况，把李向臣骗至戴耀先家的后道上，突然用手枪逼住李向臣，早已埋伏的敌人一跃而起，石新玉下了李向臣的枪，戴耀先扒下李向臣的大衣，然后把他押至该屯刘振龙家的地窖里。当日晚李文德把李向臣从地窖押出，指使戴耀先从背后开枪，李向臣当即牺牲。

辛元福、胡芷山等人，在公安局两次召开秘密会议，策划里应外合的具体行动。16日晨，胡芷山、祝跃清窜到西南屯与张鸣久取得联系。当晚，潜伏在县政府任参谋的陈德仁(原维持会副会长)也匆匆来到西南屯，为挺进军进攻作准备。在此之前，辛元福曾招揽30余名匪徒进公安局内部担任警士。此时人民政府内外受伤。

12月16日上午，孙吴县县长任炳麟接到新任公安局秘书李树人（原维持会公安局副局长）的报告："张鸣久定于当晚五点进攻孙吴，口令规定为'攻击'。"根据情况，政委吴飘萍、司令员桂生芳和公安局局长魏扬先后来到苏军卫戍司令部，提供挺进军将要进攻孙吴的情况，请苏军注意和提供必要的援助。16日下午三四点钟，侦察员报告西南屯挺进军有行动。桂司令电话命令驻北孙吴一营营长田玉富火速带部队到孙吴自治军司令部准备战斗。当时一营是自治军唯一的武装，正式组建只有10天，仅有160人，30多支长短枪（此时二连已叛变出逃）。一连和司令部驻守南孙吴有50余人，10多支长短枪；三连和营部驻守孙吴有100余人，25支枪。田营长接到南孙吴电话命令，马上带20余人、22支枪，跑步赶到司令部，接着在司令部附近的十字路口用高粱米袋子构筑掩体。

16日夜晚，十九团团长张鸣久自恃兵力强大，欲夺头功，率200余人，兵分两路向孙吴街发起进攻。一路由张鸣久亲自带队，进攻自治军司令部；一路由李云鹤、胡芷山带领，进攻公安局。张鸣久部进攻自治军司令部时，遇到自治军一营指战员顽强阻击，不能前进，随即改变计划，先与李云鹤进攻公安局。在辛元福的里应外合下，占领了公安局，打开监狱，放走被逮捕的反革命分子、原维持会公安局秘书李景华，砸开金库，抢走自治军收缴的大烟200余份，由李景文等人送往西南屯。张鸣久占领公安局后继续率领部下集中火力进攻自治军司令部，此时是深夜12时左右。自治军在司令部和附近新兵入伍处有两处火力支撑点，有30余支长短枪和一些手榴弹。在敌强我弱的危急时刻，自治军在桂生芳、吴飘萍、田玉富的指挥下，沉着应战，多次打退敌人的疯狂进攻。战斗中，反动势力的两发迫击炮弹落在苏军司令部门前，苏军感到情况危急，立即向黑河红军司令部发急电，要求派部队增援孙吴。当夜，驻孙吴苏军司令部的20余人投入战斗。

南孙吴战斗时，北孙吴刘今生电话请示向南孙吴增援，吴飘萍政委回答："南孙吴（今孙吴镇）紧张，你们过不来。"半夜时电话线路中断。

17日凌晨，北孙吴枪声大作，敌十八团200余人包围了自治军营部。当时营部仅有40人、3支步枪和部分手榴弹，敌我力量悬殊。虽英勇抵抗，终因寡不敌众，伤亡30余人，营部被敌人占领，除刘今生躲于沟内未被敌人发现以外，其余战士均被敌人押往北孙吴学校。

17日凌晨2时左右，李云鹤见拿不下孙吴街，率部队单独溜走，胡芷山、祝跃清也急忙跑回西南屯。7时左右，敌十八团、二十团从东部按原部署进攻孙吴街。先头部队到达火车站前十字路口时，正值苏军国内近600人援兵，乘坐25辆汽车，其中有两台汽车拉着"卡秋莎"大炮到达孙吴车站。敌十八团、二十团见大批苏军赶到，仓皇向逊河方向逃窜。苏军乘胜追击，解救了北孙吴营部被俘人员。敌十九团张鸣久等10人被苏军包围在一处房子里，诈称投降，后突然开枪，冲出一条血路逃走。上午9时左右战斗结束。

孙吴保卫战中，自治军在苏联红军的大力支援下，彻底打败了国民党反动派的武装进攻，保卫了新生的人民政权。此次战斗中共歼敌60余人。自治军牺牲40余人，伤30余人。

第八节　奇袭腰岭

孙吴县老区清溪乡腰岭村距乡政府所在地清溪村八华里，在解放战争的剿匪斗争中，1946年8月黑龙江省军区警备三旅十团，在这里的一场剿匪战斗——腰岭战斗，成为以弱胜强的奇袭战范例，是黑龙江省剿匪战斗的一次重大胜利，是十团到孙吴剿匪旗开得胜之战。

1946年8月上旬，黑龙江省军区派省军区警备三旅旅长廖中符率三旅十团到黑河地区清剿国民党东北挺进军混成第六旅。这伙反动势力当时正流窜于孙吴、逊克、瑷珲一带，并疯狂地向新生的人民政权反扑，打家劫舍，烧杀抢掠，搞得民不聊生。

十团又称新十团，是从黑龙江省各县保安大队中挑选的六个连队新组建的，团长祝平安，政委吴佩。没有营的建制直属6个连队及团直骑兵警卫连。连排级干部都是从关内来的战斗骨干，根据陈云同志"大官做小事"的号召，原团营职充任营连职。其中五连连长张泉山，曾任过省保安大队政委和营长，是久经战斗考验的老战士，指导员刘今生是延安中央党校来的，是老十团的三营教导员。

1946年8月上旬，十团奉命开赴孙吴剿匪，途中到达辰清时，接到廖仲符旅长命令，因匪情复杂，不宜沿大路向孙吴县城开进，部队暂时在辰清停止前进，待查清敌情后再继续前进。十团在辰清住了4天，五连张泉山连长接到报告，土匪驻在腰岭，还到老百姓家抓猪杀鸡，大吃大喝。祝团长得到张泉山连长的敌情报告后，派出侦察员到腰岭侦察，查清匪徒有近600人，其中有不少骑兵正在杀猪杀鸡大吃大喝。

根据敌情，廖仲符旅长和祝平安团长把五连张泉山连长和四连连长叫去研究如何消灭这股土匪。敌情分析认为，敌人是一个旅近600人，又多是骑兵，我方是个团，因后继部队未到，实际上只有两个战斗连，处于敌强我弱的态抛。而敌人又多是地头蛇，地形熟，骑兵运动速度快，而十团是初来乍到，地形不熟。但是，敌人尚未受到我军毁灭性打击，比较骄横，不知十团已到辰清，没有防备。根据上述敌情分析，我军决定使用精干连队，在夜幕和青纱帐的掩护下，乘敌不备，采取奇袭，出奇制胜。并将战斗任务交给了五连，并将四连一个排拨归五连指挥，共四个排190余人。

腰岭是北黑铁路上的一个小站，在辰清西北方向，距辰清40华里，全村近百户居民，并有部分日伪遗弃兵营、家属宿舍和办公用房，有公路四面相通，交通比较方便。腰岭东边是山且陡，山下是河，不利我军进攻和土匪逃跑，村南村北是平原青纱帐，便于隐藏接近，突然袭击。村西两面是山，中间是宽约80米的低洼地，便于埋伏狙击逃敌。

夜幕降临了，凉爽的微风吹拂着大地，五连的官兵在当地老乡的引导下，向腰岭疾进。由于要保守军事秘密，不使敌人察觉我军意图，在行进至离腰岭10多里的一条山沟时，张泉山连长就作了临战动员，布置了具体战斗任务。他说："我们十团组建后到孙吴来剿匪，必须打胜第一仗。敌人虽多，但骄兵必败，又无防备，我们采取奇袭手段，一定能克敌制胜。大家要服从命令听指挥，坚决完成任务。"

根据腰岭村地形特点，张泉山连长下达的具体战斗部署是：南北夹击，虚留西面，让敌人钻口袋。徐副连长带一个排从南往北打，耿副连长带一个排从北往南打，副指导员带一个排从东北往南压，张泉山连长亲自带一个排埋伏在村西低洼地内，并架起3挺轻机枪，准备堵截逃窜之敌。徐副连长带一个排从南面直扑"川本商会"大院敌旅部指挥所，打掉蛇头，使其群魔无首，失去指挥。待敌人向西逃跑时，因敌人兵力过大，先放跑一部分，打其中间和后尾。

半夜时分，全连各排神不知鬼不觉地到达攻击位置，一切准备就绪，张连长的攻击信号一发，南北两路的战士如猛虎下山，直扑村内。尤其耿连长带领的一个排，打得猛，动作快，直攻到敌窗户下面，敌人尚未发觉。进攻的枪声几面一响，酒足饭饱正在睡梦中的敌人，惊恐万状，乱成一团，仓促应战。黑夜中土匪分不清哪是我军战士，哪是自己人，一时间村内轻重机枪声大作，原来是敌人在慌乱中正在自己打自己，互相对射。此时此刻，张连长立即抓住战机，命令司号员吹起嘹亮的冲锋号。张连长带领二排战士和3挺机枪，守在村西低洼地内堵截突围的敌人。在五连指战员的冲杀下，敌人指挥机关首先被徐副连长带的一个排冲进去打乱，战士车仁才冲到指挥部门口，发现大院内有敌人哨兵，就扔了一颗手榴弹，战士们接着冲了进去。敌人抵挡不住五连战士的英勇冲杀，只好向西突围潜逃。

黑夜中，张连长观察到匪徒们有好几百人，黑压压一大片向他们阵地慌慌张张逃来，按原部署，先放走前面的一部分人之后，张连长命令3挺机枪向逃窜敌人突然开火，已逃出的敌人，不敢回头救援，扔下这部分匪徒只顾自己逃命去了。这时张连长带着一个排的战士冲进村内，经过一场激烈冲杀，到拂晓时结束了战斗。

这次战斗共击毙匪徒50余名，俘虏80余名，缴获战马80多匹，掷弹筒6具，轻机枪两挺，步枪50余支，驳壳枪7支，橹子手枪1支，伪满钞票1皮箱。我方仅五连徐副连长及7名战士负伤，5名战士牺牲。

第九节　大桦林子战斗

1946年5月初，国民党东北挺进军混成第六旅所属十八团和二十团，从逊河流窜到孙吴县境内沿江乡大桦林子屯，为首的是改编后的匪十八团团长李亚洲和二十团副团长李景云。这伙人进村后抢劫、抓兵，无恶不作。当时黑龙江省军区副司令、北路剿匪总指挥王钧率领的剿匪大军刚刚在泰安（今依安）打了一个大胜仗，士气十分高昂。指挥部得到孙吴县大桦林子匪情情报后，王钧副司令员亲自率领省军区警备二旅、警备三旅、骑兵团和警卫团挥师北进，于5月8日在孙吴县城周围集结。

在孙吴，王钧与同年二月末到达孙吴的三旅参谋长姚国金、三旅九团团长邢奎，以及孙吴县县长赵天野、县委书记兼保安大队政委牟海波等共同研究了敌情，决定先派出一个侦察班化装成渔民进行侦察。

5月10日，剿匪指挥部根据侦察情报，制订了"引蛇出洞"

的作战方案，派少数部队正面进攻敌人，设法将敌人赶出村庄，其余部队在周围埋伏，伺机歼敌。三旅九团三营营长袁大文打先锋，并调一个炮兵连配合三营打正面。部署后，部队立即进军大桦树林子村。

5月11日，三营途经小桦树林子，解决了敌人观察哨，继而急行军向北2.5公里接近大桦树林子。下午，战斗打响，敌人用密集的火力封锁公路，企图切断剿匪部队进攻的路线，炮兵连立即还击，在炮兵掩护下，三营指战员利用公路两侧土坑边打边向前冲，黄昏时分，把守村口的敌人被击溃，部队从村东南角斜插入村屯。这时，黑河军分区所属部队也从北面的四季屯包抄过来。敌人见势不妙，慌忙上马，从村西北角"淘金坑"处钻入密林，向西山方向狼狈而逃。途中遭到部队伏击，只好折向南，沿山边草地经霍尔漠津南山向逊别拉河方向逃窜。部队派李忠民率骑兵从霍尔漠津插过去截击敌人，由于夜幕降临，地形不熟，仅抓到十几名匪徒，其余敌人溜掉。两天后，该股土匪在哈达彦南侧的老西窝棚被打垮。大桦树林子战斗中毙敌4人，俘十几人。剿匪部队牺牲4人，村屯百姓无伤亡。

第十节　曾家堡战斗

1948年8至9月间，驻逊河骑兵连指导员景春荣（现名景帆）带领两个骑兵班来到腰屯驻守，以防土匪切断孙吴至逊克通道。一天，部队感到情况异常，自清晨至中午，只见公路上有西去孙吴方向的行人，却不见东来的行人。部队判断，中途可能有敌情，决定派人前往侦察并见机行动。为缩小目标，只由景春荣带半个班，加上通讯员共八人，步行向孙吴方向前进。部队行至曾家堡飞机场，向村中瞭望，发现曾家堡村有的房上有人，断定是敌人哨兵。

曾家堡村南是逊河，河南岸是山，北岸是防洪堤，部队从堤坝外侧隐蔽向敌人接近，每隔20米左右布置一人，做好战斗准备。景春荣同通讯员和掷弹筒手守在村正南方向。这时村中敌情看得很清楚：土匪中有的备马鞍，有的搬动衣物、粮食、黄烟等物品，似要撤离之状。敌人丝毫没有觉察我部队行动，趁敌人忙乱之机，景春荣下令射击。一时子弹夹着炮弹飞向敌群，敌人摸不着头脑顿时慌作一团，人喊马叫，翻身上马，来不及带走抢来的东西，边逃边还击，往北山方向逃窜。此时，部队年轻的掷弹筒手歼敌心切，将掷弹筒移到坝上射击，景春荣发现后立即去拉，一把没拉住，被敌人子弹射中，掷弹筒手当即牺牲。100多名土匪逃往北山，战士进村搜查，发现敌尸10多具，缴获大量敌人未来得及带走的物品。黄昏时分，孙吴县县长赵天野和公安队陆续赶到，战斗胜利结束，这是孙吴境内以少胜多的一次著名战斗。

第十一节　东北抗联精神宣传队

2007年11月，黑龙江省东北抗日联军精神宣传队和中央电视台纪录片《忠诚》摄制组来到孙吴县，踏访抗联战迹和侵华日军军事遗址，宣传弘扬抗联事迹和抗联精神。

抗联精神宣传队由原黑龙江省政协副主席、抗联老战士、黑龙江省老促会副会长李敏，东北抗联第三支队队长王明贵的儿子王晓江等抗联老战士、抗联老战士后代及宣传队员组成。在两天的时间里，宣传队踏访了侵华日军胜山要塞、曾家堡飞机场、军人会馆、日伪火力发电厂等遗址遗迹。

　　孙吴县是东北抗联的主要战场之一，为支持和支援抗日战争付出了巨大的代价。抗日联军在王明贵、陈雷、王钧等领导的指挥下，在孙吴大地上进行了几十次战斗。已经85岁的抗联老战士李敏，在侵华日军胜山要塞遗址回忆起当年的战斗岁月，感情激昂，热情讴歌抗联战士浴血奋战的丰功伟绩，使在场的人们深受感动和教育。

　　宣传队员和摄制组的同志，对孙吴县在胜山要塞等战争遗址遗迹的开发和保护方面取得的成绩，给予了高度评价。李敏同志说："你们把这里作为一个爱国主义教育基地，旅游胜地，我觉得做得非常好，我非常高兴，希望把这个地方作为一个爱国主义最主要的阵地，面向全国，把它开发建设得更好。"

第十二节　烈士陵园落成

　　2010年9月3日，革命老区孙吴县四大班子领导、军警部队领导、烈士家属代表、党政机关干部、少先队员代表隆重集会，举行了新建南山烈士陵园落成仪式。经过2003年和2010年的两次搬迁，

原来位于孙吴县火车站附近的两座烈士纪念碑和位于城镇东北近郊的72座烈士墓，已全部搬迁到新陵园。

　　新建烈士陵园坐落在高高的山冈上，四周青松掩映，站在这里可以远眺整个孙吴县城。目前，陵园中已建成中、苏烈士纪念

碑两座和苏联红军烈士墓12座，并将原烈士陵园的72座烈士墓迁移至此，建成了以黑色天然大理石为材质的烈士墓碑，完成了园内硬化、绿化和两组雕塑、烈士墙、花坛等新建工程建设，使整个陵园显得既庄严肃穆，又美观幽雅。

在烈士陵园落成仪式上，县委书记刘金恒，县委副书记、县长王锋，县人大常委会主任吴伟，县政协主席陈营文，向中苏烈士纪念碑敬献花篮；少先队员代表向72座烈士墓献上花束。县委副书记、县长王锋在仪式上致辞。烈士家属代表、少先队员代表分别做了发言。

王锋在致辞中高度赞扬了烈士们的丰功伟绩，并指出，要通过缅怀先烈，在后辈心中树起一面旗帜，点亮一盏明灯，传承一种信念，树立一座丰碑；要以此为基地，面向全社会，最大限度地发挥宣传教育作用，使其成为开展爱国教育、国防教育和青少年教育的重要基地。

王锋说：纪念革命先烈，就是要进一步贯彻落实科学发展观，以经济建设为中心，以发展为第一要务，使孙吴尽快摆脱贫困落后的面貌。

纪念革命先烈，就是要以人为本，关心百姓疾苦，把孙吴人民热切期盼的事情办好，让人们活得更有尊严。

纪念革命先烈，就是要在解放思想中统一思想，精诚团结，维护大局，珍惜来之不易的幸福生活。

纪念革命先烈，就是要在县委的正确领导下，继承先烈遗志，同舟共济，奋力拼搏，用建设小康孙吴、和谐孙吴的实际行动，告慰长眠于此的革命先烈的英灵。

青山埋忠骨，史册载功勋。孙吴的发展前景广阔，任重道远。成千成万的先烈，为了人民的利益，英勇牺牲了。高举起他们的旗帜，踏着他们的足迹前进吧！

　　在抗日战争、人民解放战争，以及为保卫新生人民政权和社会主义建设而英勇献身的革命先烈们永垂不朽！

第五章 苏军出兵 驱逐日军

苏联红军在孙吴县作战的是第二远东方面军红旗第二集团军所属第三步兵师、第十二步兵师、第三九六步兵师，以及第七十三坦克旅、第七十四坦克旅、第二五八坦克旅。该集团军由司令捷列欣中将、军事委员纳钦金少将、参谋长莫扎耶夫少将指挥。

侵驻孙吴的日军是第一二三师团，师团长北泽贞治郎中将，参谋长土田大佐。日军下令部队强行阻击苏军，将1 000余名日军编为两个大队：一个大队以村上实为队长，兵力约两个中队600余人，向沿江防线的胜武屯急行军；另一个大队以露木基造为指挥官，兵力约两个中队，在后方南阳山附近布阵。

1945年8月8日晚，苏军在康斯坦丁诺夫卡派一个连偷渡黑龙江，掩护工兵，在孙吴县霍尔漠津至哈达彦之间的嘎巴亮子架设浮桥，以便坦克、火炮等机动车辆通过。8月9日苏军先遣队开始渡江。9日清晨7时许，苏军航空兵配合渡江部队，对孙吴境内的日军设施进行轰炸。日军第一二三师团司令部、胜武屯南山大营、火车站、飞机场、营区等相继被炸，曾家堡九个飞机窝全部被炸毁。

8月10日8时许，苏军步兵约1个加强团，乘坐军舰从四季屯登岸，沿孙四公路挥师南进，配合从东南方嘎巴亮子登岸的部队进攻胜武屯南山日军阵地。8月11日凌晨，黑龙江舰队运载苏军主力部队渡江。从嘎巴亮子和奇克登陆的是第三步兵师，第十二步兵师和第七十三坦克旅，第七十坦克旅。

8月10日至13日，苏军攻克四不漏子，伤亡很大，牺牲一名少将。

8月14日14时，日军中队长羽藤宽等分头炸毁孙吴大桥，纵火焚烧了全部营房、兵工厂露天仓库、车站等重要设施。

8月15日，苏军由胜武屯南下的部队与奇克西进的机械化部队在孙吴县吴家堡会师，右转之后，形成攻击孙吴日军大本营的态势。苏军到曾家堡机场扎营，设立指挥部，并设立炮兵阵地，其先头部队沿公路直逼孙吴。由于孙吴大桥被炸，这年秋雨连绵，水流湍急，无法渡河，暂时撤回曾家堡。次日在曾家堡飞机场南老河套架设浮桥，强渡逊别拉河。渡河后立即攻打对面山包日军守敌。上午两次攻击不成，伤亡较大。第三次在飞机和坦克掩护下，于当日20时攻克日军阵地，又沿龙逊官道迎头截击溃退日军，在李福窝棚予以全歼。

苏军另一支部队攻下胜武屯南大营之后，通过胜武屯后山（丁子山）奔协振屯，在协振屯和丁子山之间的十字路口设立指挥部，并用气球作标记。苏军通过协振屯向西挺进，攻打东兴屯后山守敌，战斗中得到曾家堡飞机场炮兵的火力支援，但因地势不利，战斗持续一天一夜，苏军伤亡100余人，后来由东兴屯一老乡带路，从侧面攻下东兴屯后山。接着向邻近日军占据的山冈发起进攻，全歼该股守敌，通过东兴屯到曾家堡与主力部队会师。

8月16日清晨，苏军沿孙逊铁路路基经三家屯向孙吴城逼近，8月17日苏军主力部队进城，日军投降，俘敌17 000余人。

第六章　支前参战　剿匪斗争

　　孙吴县民兵在新中国成立前的剿匪斗争中配合武装部队为彻底扫除土匪残余势力做出了重大贡献。清溪自卫队1946年成立时，残匪经常在这一带抢劫行凶。民兵百倍警惕，白天背枪下田，保护群众正常生产；晚间设立固定岗和流动哨，集中住宿，随时准备战斗。1947年冬至1948年春，全县各村自卫队成立后，土匪便不敢进村了。

　　1948年5月2日，腰屯区协振村民兵关金录救出在剿匪战斗中身负重伤的黑河军分区警卫团一连连长张泉山。这天，一连在协振屯同数倍于我方的土匪作战，因寡不敌众，全连41人牺牲24人。连长张泉山腿和胳膊三处中弹负伤，不能行走。敌人火力很猛，为减少我军伤亡，他命令部队撤退，只身一人留在山上掩护。敌人逐渐逼近，处境十分危险。这时被关金录发现，他背起张泉山向几里地外的"黑沟"奔去，刚到沟边，关金录回头一看，敌人在后面紧追不放，他急中生智，将张泉山隐蔽在沟里，自己向另一个方向跑去。土匪发现关金录，以为他是自治军，就向他开枪射击，连击数发未中。这时关金录爬到1个土堆后高喊："我是老百姓，别打了！"土匪发现他确实是老百姓，就骂了一顿，继续向他引开的方向追去。就这样，张连长脱险了，乡亲们将他送往县医院抢救，康复后重返前线。

1949年，为彻底剿灭残匪，全县20岁至45岁的青壮年民兵1 000余人组成担架队和车马爬犁运输队，随时听从部队调遣。全县民兵建立联防队，昼夜执勤站岗，断绝土匪给养，扼制土匪活动。1949年9月，城区西地营子村朱万海、孙年利两民兵到西山沟查看庄稼，发现一股土匪在山上骑马行走。他们当机立断向敌人开枪射击，土匪逃走，在战斗中缴获两匹战马。

高丽窖战斗。高丽窖位于清溪，1946年冬，土匪"双山""四季好"（土匪绰号）在高丽窖盘踞，时常下山骚扰百姓，县保安队政委牟海波率领部队攻下高丽窖，活捉两名匪首，就地枪决。

收降三站、四站残匪。1948年12月，活动在嫩江、瑷珲两县三站、四站的一股土匪被击溃后，余部残匪七八人无计可施，向孙吴县人民政府投诚。上级命令孙吴县保安队执行收降残匪任务，在队长李心惠带领下，出动一个排30余人，乘5张马爬犁行程150华里，到瑷珲县三站。次日，在山里取回土匪抢劫的粮食、布匹、猪肉等物资，连夜返回孙吴。

收降清溪残匪。1949年1月，县委组织干事徐桂芝、宣传干事单景春带保安队17名战士到清溪收降李文远部残匪，双方接触后，徐桂芝、单景春2人向李文远宣传党的政策。李文远提出3个条件："不杀头、财产归己、安排职业。"随后同意投降。由李文远写信一封，单景春乘马爬犁前往90里外的车网子窝棚收降。两天后，该股残匪14人全部投降，缴获枪14支，马14匹。这是解放战争时期孙吴境内最后一股残匪。

第七章　土地革命　当家做主

　　孙吴县农业始于17世纪末，原始耕种，个体经营，主要在沿江一带。1932年沿江、腰屯已形成部分村屯，农业有了长足的发展。1932年日本侵略军入侵孙吴，随后从国内派来开拓民，为适应其军事需要，达到长期侵略的目的，大量土地被控制在日本人手中。在日本侵略者的殖民主义统治下，孙吴以经营大量土地为标志的大地主没有真正形成。1945年"八一五"光复后，被日本侵略军从内地抓来的劳工大部分返回家园，孙吴呈现出地多人少的局面。

　　1948年2月25日，黑河地委发出《今后工作方针与任务》一文，指示："今后总的工作方针是集中一切力量，贯彻土改，大胆放手充分发动整个贫雇农阶级，实行彻底平分土地，彻底消灭封建与半封建制度，达到贫雇农阶级彻底翻身，真正当家做主。"地委指示下达后，孙吴县开始土地改革。

　　第一步是发动群众，划阶级，定成分，斗争地富和伪警、宪特等。通过宣传贯彻《土地法大纲》《东北局告人民书》，向贫雇农交权、交底、交政策。一切问题由贫雇农大会解决。划阶级定成分时采取张榜公布的办法：贫下中农榜是红纸黑字；上中农榜是粉红纸黑字；不满16周岁的男女少年榜是绿纸黑字；地主富农榜是白纸黑字。划阶级定成分的结果：雇农1 024人、贫农

2 831人、中农 1 429人、富农270人、地主23人。第二步是整顿内部，分配胜利果实，成立贫雇农团。在清算斗争开始发动群众时，有些过去劳动不好、能说会道的人参加了农会组织，群众觉悟提高后，对他们在农会中掌权不放心。因此，在分配胜利果实时，重新复查成分，成立了贫雇农团，纯洁了农会队伍。先由贫雇农团讨论按实物定价，然后采取自报公议的办法，最后使真正劳而苦干的贫雇农分到东西。

孙吴土改时，除沿江一带分了部分房子和土地外，其他两个区只分浮财，因人少，撂荒地和房子较多，可以自由种植和居住。1949年政府颁发土地执照，明确了农民的土地所有权。

互助合作化运动开始于1948年土改结束后。当年8月30日黑龙江省委办公厅发出指示："组织起来劳动互助，是搞好生产多打粮食的重要环节，是农业生产中每个季节所必需的组织形式。"孙吴县遵照此指示，按着"自愿互利"的原则组织互助组。开始是临时性互助组，不久发展到三大季节组和常年组。参加互助组的农民仍然是以一家一户为生产单位，用插组换工的方式组织起来共同劳动。

1949年全县组织起328个互助组，参加互助组的农户为 1 145户，占全县总农户的48.2%。1952年，黑河地委和孙吴县在第二区后协振屯（该屯于1968年因水质不好，合并到前协振屯和东兴屯）联合试办了初级农业生产合作社，称何长江初级农业生产合作社（后改为丰产农业生产合作社）。入社农户11户，男女劳力23名，耕畜20头（匹），耕种土地1 575亩。秋后产量超过互助组，显示了合作社的优越性。

1953年在城北村组建起勤劳农业生产合作社，主任谢茂德；在腰屯村建起坚强农业生产合作社，主任张士林。两个社参加农户420 198人，63名劳力，46头（匹）耕畜，19台大车，耕地面积

3 840亩。春耕时因资金不足，3个初级社向国家贷款2 445万元，年末分红时偿还82.2%。

1953年末，全县3个初级社全年总收入为345 422斤标准粮（当时以玉米计算），总支出为174 569斤，社员劳动报酬为170 853斤，社员劳动日（10分为1个劳动日）值为21.84斤，户均收入为5 640斤，最高的社户均收入7 833斤，最低的社户均收入4 715斤。

1953年冬至1954年春，全县办起了8个初级社，入社农户140户，占总户数8.4%；598人，占农业人口10.9%，有69台大车，201头耕畜。耕种土地12 117.6亩，占全县耕地13%，其中水田面积169.5亩。

1955年全县办起21个初级社，入社农户472户，占全县总农户的26.3%；劳力650名，占全县农户总劳力的28.7%。

1955年冬天，县委书记杨德贵带领县工作组在沿江乡哈达彦村组建高级社试点，之后在全县迅速铺开。到1956年春，全县建起11个高级社，入社农户2 061户，占总农户的73.3%；入社土地为87 755亩，占农户总耕地的92.9%。全县实现了高级合作化。

1958年9月20日在全县11个高级社的基础上，建立了"孙吴县人民公社"（一县一社）。下设四个作业区：沿江作业区、腰屯作业区、清溪作业区、孙吴镇作业区（包括三里丁、北孙吴、北卧牛河、三岔河、大河北）。

1960年至1962年，由于连续3年自然灾害，农业产量下降。1962年粮豆薯亩产只有64斤，总产478万斤，总产比1949年减少近一半。社员收入减少，口粮不足，人民生活极其困难。

1961年，宣传贯彻《农村人民公社工作条例（修正草案）》（简称六十条）。取消了供给制，解散了公共食堂、托儿所，实行了社员自己负担花销和大队适当补贴的办法。全县普遍按

《六十条》规定，允许社员种植自留地、小开荒。孙吴县委决定农村社员每人分给三分田归社员个人所有，允许从事饲养畜禽等家庭副业生产。

《六十条》中强调贯彻"按劳分配"的原则，1960年至1964年全县3个人民公社普遍实行了"以产计酬、超产奖励和三包一奖（包工、包产、包财务，超产部分奖励）"的劳动计酬形式。

1961年末，根据中央"调整、巩固、充实、提高"的方针和《关于改变农村人民公社基本核算单位问题的指示》，全县普遍实行了"三级所有队为基础"的管理体制，即公社、大队、生产队三级所有，以生产队为基本核算单位。

1972年，县委在农村开始推行定额管理与评工计分相结合的计酬方法，园田地重新分给社员。1977年公社设置形成合理布局，全县共有12个农村人民公社、125个生产队。

1979年县内兴北公社河北大队机务队试行了耕地面积与产量挂钩、超产奖励、减产扣罚的办法。经过一年的实践，成果显著，集体产量增加，社员得到实惠。这个机务队年初与生产队签订了350垧小麦作物合同，定产128万斤，秋后总产达148.5万斤，比承包前总产增加20.5万斤，比上年小麦总产增加36万斤，亩产达290斤，比上年小麦亩产增加50斤。

1982年农村119个生产队不同程度地落实了联产承包责任制。在农田作业方面，主要形式有三种：一是实行联产责任制，共有44个大队，占全县大队的37.1%。在联产责任制中又有两种形式：采取联合机组，小麦、大田联合承包，联产计酬或联产奖惩的有21个大队；采取机组单独承包小麦，大田统种分管，联产奖惩或联产到户的有23个大队。二是实行小段包工、定额计酬、联产奖惩，有18个大队，占全县大队的15.1%。三是实行大包干责任制，有57个大队，占全县大队的47.9%。

这一年由于春耕时涝灾，夏季旱灾，同时又遇到历史上罕见的虫灾，尽管全县人民奋力抗灾，还是给农业生产造成很大危害。粮豆总产量只完成承包指标的87.6%。

1982年10月中旬后，县委、县政府先后召开了两次专门会议，举办了3期学习班，反复深入地学习中央和省、地委有关文件，结合本地实际，认真总结三中全会以后推行农业生产责任制的经验教训，在此基础上，普遍落实了各种形式的联产承包责任制。

1983年农业生产责任制主要有三种形式：一是实行土地到户一定三年，小麦、大田全部包干到户的有72个大队，占全县大队的59%。二是实行统一经营，分工分业，专业承包，包干分配的有27大队，占全县大队的22.1%。三是实行统一经营，农机队（组）单独承包或与手工劳力联合承包，采取以产计酬或联产到户、到组的有23个大队，占全县大队的18.9%。

1984年县委集中抓了五项改革：一是全面落实家庭承包责任制，在改革生产关系上有了新的突破。全县125个村，有124个村全部落实了家庭承包责任制，1个村积极进行产业调整，实行分工分业，专业承包，包干分配。承包户发展到8 046户，占全县农村总户数的90.5%。二是改革土地经营制度，实行土地集体所有、家庭经营，一定15年不变，调动农民种地、养地、治理土地的积极性，在改善农业生产条件上有了新的突破。三是贯彻了"巩固提高农业，突击发展林业，加快牧、副、渔业"的方针，扩大了开发性的商品生产项目，在改革经济结构上有了新的突破。全年农村多种经营收入达1 445万元，占农业总收入的37.5%，比上年上升54%。四是实行政企分开，建立农村经济服务机构，在改革流通管理体制上有了新的突破。五是组织城郊农民以种植蔬菜为主，扩大门路，在庭院经济上有了新的突破。

1985年农村改革主要是突出商品生产的开发方向，做了如下重点改革：一是调整全县农村产业结构，即由重点抓粮食生产转移到粮食、多种经营、乡村企业一起抓。二是搞好区域性布局，即根据本县山区和半山区不同的自然条件、资源特点，从发挥本乡的资源优势出发，因地制宜确定本乡的指导方针。如：沿江、腰屯乡以粮为主，林、牧、副、渔业并举；兴北、西兴乡以粮为主，农业和庭院经济并举；山区则以林为主，农林牧副并举。三是筹集资金，开辟财源，主要是改革信贷制度。四是农村的技术力量采取内选、外聘、下流的办法。内选：当地选拔；外聘：从外地聘请；下流：通过分配和吸引，使上层机关技术人员向下流动。五是调整种植结构。粮食作物种植面积减少10%，经济作物种植面积增加10%。

随着农村改革的不断深入，农村土地实行了家庭承包责任制，土地经营权30年不变，确定土地权属，土地所有权属于集体所有，农民有土地经营权、转包权、抵押权。国家取消了粮食征购任务，免了土地农业税，对农民土地经营的生产资料给予资金补贴，每公顷在1 200元左右。种植的作物，由农民自己按市场需求决定，产品自行销售。国家对粮食进行宏观调控。土地家庭承包责任制实行后，农民的生产积极性空前高涨，科学经营，农业连年丰收，农民收入稳步增长，日子越过越红火。

第八章　革命老区　砥砺前行

第一节　革命老区奋斗乡

孙吴县革命老区奋斗乡，地处孙吴县城南50公里处，属丘陵地带，境内有一条蜿蜒曲折的茅兰河。中国共产党领导下的东北抗日联军，在这里同日本侵略者英勇斗争，写下了一篇可歌可泣的战歌。

1938年底，东北抗联第三路军三支队经常活动在奋斗乡茅兰顶子、松木山、北黑沿线游击区。1940年12月下旬，三支队60余人在支队长王明贵、参谋长王钧的率领下，入苏联休整。1941年3月初，三支队从哈达彦、霍尔漠津之间进入孙吴，沿茅兰河向上游走去。3月13日，奔袭孙吴辰清火车站沿途中，与日军木原讨伐队遭遇，激战中歼敌6人，共产党员七大队长白福厚等4名同志英勇牺牲，与部队走散的指导员姚世国，毙敌数人后，与敌军官同归于尽，壮烈牺牲。5月份，三支队在茅兰顶子南部山区一开阔地，伏击了尾随的孙吴、北安日军骑兵"讨伐队"，5挺机枪同时射击，日骑人仰马翻，死伤足有100人，沉重打击了日本侵略者，在孙吴的抗战史上写下了辉煌的一页。

茅兰河畔留下了抗联战士的足迹，茅兰顶子留下了抗联战士的鲜血。多少年来，奋斗革命老区人们诉说着一个个抗联战斗的故事，一代一代往下传。

1970年2月，毛泽东主席视察黑龙江20周年，曾挥笔题词："发展生产""学习""奋斗""不要沾染官僚主义"。孙吴县的决策者们为了改变孙吴沿江、沿路一条线，内地空一片的不合理布局，开发资源，发展经济，决定在茅兰河畔建立"奋斗公社"（又称奋斗五七农场），建20个村屯（又称连队）。于是，开发建设山区的战役打响了。

1970年2月初，县乡领导6人骑着马，冒着刺骨的严寒，在阿象山区、茅兰河畔踏查，经过八天奔波，确定了20个村屯的位置。不久，从沿江、腰屯、兴北3个老公社抽调的246劳动者带领1969年来的25名上海知青，开进了20个村屯，搭起帐篷，盖起简易房。4月初，冰雪融化，上海干部带领青年分两路进入村屯，上海干部101人，知识青年最小的16岁，最大的23岁，共计1 022人，住进简易帐篷或地窖子里。1 500名干部、农民、知识青年，头顶蓝天，脚踏荒原，在草深林茂、人烟稀少、逢山无路、遇河无桥的阿象山下、茅兰河畔，开荒2.9万亩，种地1.65万亩，打粮74万斤，粮食实现了半自给，蔬菜自给有余。千百年来沉睡的荒原上生长出了粮食，青年们品尝到收获的欢乐，人人脸上露出了笑容。

为支援边疆建设，上海加强了同奋斗公社的联系。1971年，上海出钱出物，折合人民币23万元，1972年30万元，1973年15万元。上海多次派医疗队到缺医少药的奋斗乡为人民群众解除病痛，培训医生，协助建立公社医院。1972年，上海支援设备、管理人员、技术人员，在奋斗创办葡萄糖厂和固体酱油厂。

到1972年年底，奋斗乡共建房320幢，3 800平方米；开荒32 225亩，向国家交商品粮113万斤；向国家交售生猪200头，木（桦子）2 000个，木耳、榛子、猴头菇等山产品6万余斤，贵重药材黄芪等27 000斤。昔日的荒山草地，如今变成了农、林、牧、副、渔，全面发展的社会主义新农村。

1977年4月27日，县委决定建立前进公社，奋斗公社的1队、2队、3队、4队、5队、6队划分到前进公社。

1983年4月27日，政社分开，撤公社管委会，成立"奋斗乡人民政府""奋斗乡经济管理委员会"。

今天的奋斗乡人，非常缅怀抗日战争时期的抗联将士们，决心踏着先烈们的足迹，发扬上海知青的奋斗精神，在新的征途上，艰苦奋斗，与时俱进，奋发图强，建设一个欣欣向荣、繁荣昌盛的奋斗乡。

开发建设中的奋斗乡辖区面积267.5平方公里，8个行政村，15个自然屯，980户，4 329人；耕地面积54 094亩，林地面积35 170公顷，草原面积4 800公顷，水面698公顷。农作物以种植大豆为主，兼种小麦、玉米、马铃薯等。山产品十分丰富，有木耳、蘑菇、蕨菜、榛子和各种珍贵药材。矿产主要有煤、沸石等。通过20年的发展，奋斗乡发生了翻天覆地的变化。

从1984年到2004年，全乡人民在乡党委、乡政府的正确领导下，认真贯彻党中央提出的"抓住机遇，深化改革，促进发展，保持稳定"的方针，解放思想，更新观念，抓住有利时机，加快经济建设步伐，整体经济保持了稳定发展。

在农业生产上，围绕市场经济，不断调整结构，特色作物面积由1984年占总种面积的14.3%，提高到26.7%。同时加大了对农业基础设施资金的投入，不断提高科学种田水平，粮食作物总体单产比1984年提高了97.3%，总产量增长了114.8%，农业总收入由1984年的240万元，增长到2004年的1 350万元，增长了464%，其他各业收入的增长速度加快，占总收入的比例逐步增大，2002年其他各业收入为541.6万元，占总收入的40%，比1984年增加了28个百分点，农业机械化程度明显提高，不仅改善了农业生产条件，而且提高了劳动效益，2004年全乡耕地全部实现了机械化作业。在科技兴农上，主要以发展"二高一优"为主的目标，在阿象山村建立了科技示范园，采取农机与农艺相结合、良种与良法相结合的方法，成为奋斗乡农业新技术项目的试验、示范区和高产高效的攻关区。20年来，共推广农业新技术15项。认真开展"科普之冬"活动，每年送科技下乡10多次，受教育农民达90%以上，从而提高了农民科学种田水平。奋斗乡充分利用畜牧业优惠政策，发挥资源优势，大力发展养殖业，实施"大引、大养、大发展"战略，到2004年黄牛饲养量达到1 948头，生猪3 643头、羊3 000只，分别比1984年增长164%、31%、240%。通过市县老促会的协调，在2004年建立了一个冻配站，提高了黄牛的品质，畜牧的防疫水平有了明显提高。2002年，按照县委县政府"沙棘立县、牧业强县"的口号，3年来营造和种植俄罗斯大果沙棘700亩，使沙棘产业成为奋斗乡一项新的经济增长点。

在社会公益事业上，通过各有关部门的支持，奋斗的基础设施建设得到了快速发展，解决了6个难题。一是解决了部分村屯的人畜饮水难的问题。二是解决了大架子村的行路难的问题。大架子村是距乡政府最远的一个村，一遇雨季，交通中断，2004年国家投资修了一条5公里的通村路，解决了大架子村行路难的问题。三是建立了一所希望小学，改善了办学条件，解决了学生上学难的问题。2004年在市联通公司的支持下，投资30万元，在中学所在地建了一所450平方米的希望小学，教室宽敞明亮，食宿条件优越，吃饭费用低，教学质量有了明显提高。四是解决了通讯难的问题。有线电视覆盖率已达85%；安装电话430部，覆盖率达50%；农民纷纷买上了手机，基本满足了通讯的需要，通讯能力明显提高。五是解决了农村供电难的问题。建立一所变电站，各村的线路全部进行了改造，保证了农村的用电。六是解决了农村交通运输难的问题。全乡有大客车1台，面包车5台，农用车10台，轿车7台，运输客人和货物能力有了明显提高，满足了群众的需要。

解决了这6个难题，极大地加强和改善老区的基础设施建设，不仅使老区人民的生活状况得到了改善，也使制约经济和社会发展的紧张状况得到了缓解。为奋斗乡全面建设小康社会创造了极为有利的条件。

党的十六大提出了"支持革命老区加快发展"的基本方针和全面实现小康社会的宏伟目标，给革命老区奋斗乡注入了新的活力。奋斗乡人民在乡党委、乡政府领导下，有信心和能力实现小康社会的宏伟目标，根据本乡的实际情况和资源优势，制定了奋斗乡建小康社会发展规划，确定了"远抓树、中抓牧、近抓农业新技术"的总体目标。

"远抓树"。植树造林是一项长远目标，会获得巨大的经济效益和生态效益，奋斗乡要在3年内大力种植速生杨和俄罗斯大果沙棘。阿象山村从外地购进了5万株速生杨树苗，建立了苗圃，在荒山荒地营造速生杨1 000亩，实行谁造谁有的原则，成活率在85%以上。林业局发林权证，全乡造速生杨5 000亩，10年后可陆续采伐，增加农民收入达1 000万元。奋斗乡还要充分利用国家退耕还林的优惠政策，鼓励农民退耕还林，营造大果沙棘，到盛果期时，每亩可卖沙棘果2 000元，可增加农民收入140万元，获得巨大经济效益，沙棘产业成为一项脱贫致富的经济增长点。

"中抓牧"。奋斗乡水资源和草资源十分丰富，适于发展畜牧业，为了保证牧业稳步向前发展，主要采取五项措施。一是大引进，增加饲养量。根据资源优势，创造良好的投资环境，吸引外地养殖专业户到奋斗乡发展牧业生产，努力增加牲畜饲养量，黄牛饲养量要达到3 000头，生猪5 000头，山绵羊和绒羊10 000只。二是大购入，扩大养殖规模。引导鼓励农民筹集资金，到外地购买优良畜禽，借鉴外地养殖户的先进经验，利用豆皮子资源丰富的优势，努力增加养殖专业户的数量，使养殖大户规模进一步扩大。三是大饲养，科学管理。由粗放型向管理型转变，增加畜牧业的科技含量。四是抓改良，提高品质。建立冻配站，辐射全乡，冻配站每年可改良300多头牛。五是抓好防疫，充分发挥畜牧服务站和各村防疫员的作用，确保畜禽安全。对全乡养殖大户重点进行服务。

"近抓农业新技术"。奋斗乡是农业乡，种植业收入占经济收入的主要比重，农民奔小康必须依靠科技进步，提高科技对农业的贡献率，从而增加农民收入。农业新技术的推广要迈出四大步。一是加快良种化工程步伐，加快农作物新品种的引进、试验、示范推广与更新速度，依靠优良品种的更新换代，增加农产品产量，提高农产品品质和提高种植业经济效益。二是加快双高大豆示范区建设的步伐。搞好高油、高蛋白、优化栽培技术模式，为全乡全面实施"大豆振兴计划"趟路子。三是加快农业技术推广步伐。大力推广有突破性的先进农业实用技术，搞好"三田"建设，使"三田"建设向规范化、标准化、多样化发展。四是加快对农民的科技培训步伐。培训农民以高新技术为主要内容，以现场指导为主要形式，提高农民的实际操作能力，掌握科学种田的本领，为农业丰收奠定坚实基础。

　　茅兰河畔抗联枪声停息了，上海知青开荒建点身影消失了，但新一代的奋斗乡人继承了抗联战士不怕牺牲的爱国主义精神，发扬了上海知青艰苦奋斗的光荣传统，在党的十九大精神指引下，知难而进，奋发图强，在全乡人民的努力下，奋斗乡的明天一定会更加美好，小康社会一定能够实现。

第二节　革命老区正阳山乡

　　孙吴县革命老区正阳山乡，位于小兴安岭南麓，孙吴县城西40公里处，中国共产党人和党所领导的东北抗日联军，他们为抗战的胜利，抛头颅、洒热血，奉献出了自己宝贵的青春，乃至生命，在这里同日本侵略者英勇斗争，为全国夺取抗战的胜利做出了巨大的贡献。

　　1938年底，东北抗联第三支队经常活动在茅兰顶子和正阳山乡的松木山、北黑沿线游击区。他们多次出击偷袭日本侵略者的兵营、运输队、火车站等，沉重打击了日本侵略者的嚣张气焰。

　　1975年初，根据中共黑龙江省委批示和孙吴县开荒建点总体规划精神，开发建设正阳山乡。2月16日，成立正阳山垦区指挥部，总指挥孙景林，副总指挥曲明远、金贵玺、邢文才。指挥部办公室设在县开发办，主任由韩瑞祥兼任。正阳山垦区领导小组组长邢文才，副组长关奎山经踏查后，3月14日向地革委请示建立正阳山人民公社。4月19日，地革委批复，同意孙吴县开发正阳垦区，建5个生产队。5月，建立正阳山垦区党委。

1976年5月建立正阳垦区党委，书记为李德发，副书记为郭长海。

老一辈的开荒人，他们顶严寒，冒酷暑，住地窨子。在渺无人烟的大森林里，发扬了艰苦奋斗、甘于奉献的精神，在条件极其艰苦的情况下，克服重重困难，开荒建点。

1977年2月，正阳山垦区党委更名为正阳山人民公社党委。

1979年10月16日，经黑龙江省革委会批准正阳山垦区改建为正阳山人民公社（黑河行署办1979年12月4日转达黑革【1979】308号批复文件）。

1983年7月14日，正阳山公社党委更名"正阳山乡党委"，向阳公社党委更名"向阳乡党委"。

2001年，伴随着国家乡镇改革步伐的加快，正阳山乡与向阳乡合并，组建正阳山乡人民政府，乡政府设在原正阳山乡政府，在原向阳乡设正阳山乡驻向阳办事处。原有20个自然村，合并成12个行政村。乡政府裁员20%，减少机关干部，优化了干部队伍结构。

今天的正阳山人，在深切缅怀抗联将士们的同时，决心发扬垦荒人的精神，在新的征途上艰苦奋斗、勤俭节约、与时俱进，建设一个繁荣富强的正阳山乡。

开发建设中的正阳山乡四面环山，山清水秀，景色宜人，山产品资源丰富，如：蕨菜、山木耳、猴头菇等，还有珍贵的人参、五味子等多种药材。全乡蕴藏着丰富的花岗岩资源，有黑岩峰花岗岩、白花岗岩，据专家分析储量约有50亿立方米，并具有材质好、色调美观等优点。全乡地处第六积温带下限，常年积温在1 600~1 900C°，无霜期为95天，土壤肥沃，适宜种植马铃薯，素有马铃薯之乡的美誉。辖区总面积668平方公里，共有12个行政村，2个国有林场，耕地总面积74 074亩，总人口5 454人。

近几年，在乡党委、政府的领导下，认真贯彻党的方针路线，解放思想、抓住机遇、深化改革，加快种植业结构调整步伐，加快经济建设步伐，正阳经济正以快速、稳步、协调发展融入市场经济大潮中。

发展经济方面。调整单一的农业种植结构，向特色农业、高附加值农业发展，同时重点发展养殖业和农副产品加工业，马铃薯种植及加工和地栽木耳成为乡经济增长的新亮点。2004年，投资85万元建设的正阳山乡马铃薯加工有限公司，已正式投入生产，到2004年底生产精淀粉200吨，利润达25万元；向阳村的地栽木耳获得成功，共收获干木耳5 000斤，经济收入10万元。全乡牛存栏2 547头，羊存栏8 535只，猪存栏3 308头，拉动人均纯收入稳步增长。现在人民的生活水平有了很大的提高，以往只有在过年、过节时才吃的鸡、鱼、肉，现在变成农民平时吃的食物了，人民居住条件得到了很大的改善，房屋砖瓦化率达到了20%，个别村房屋砖瓦化率高达70%。

社会公益事业。通过县老促会的协调和努力，在有关部门的支持下，正阳山的基础设施建设得到了快速发展，解决了百姓关注的五个热点问题。一是解决部分村屯的人畜饮水难的问题。2001年，县水务局分别为4个村打了4眼深水井，结束了人民长期饮用地表水的历史，为人民的健康提供了保障。二是解决困扰多年行路难问题。县交通局投资50万元，新修了一条长达16.5公里的环山路，联通了7个村的公路，构建了村村通、村乡通的便利的交通网络。三是投资改善办学条件。乡共有小学10所，在校学生600人，教师91名，中专以上学历占95%，初中升学率31%。2003年投入教育改造资金6万元，建成了现代化的微机室及学生宿舍。四是改变了人民就医难的问题。乡卫生院投入资金3万元，购进了先进的仪器设备，并聘了医术高超的中医主治医师一名，同时增强了医生对患者的服务意识，极大地改善了人民群众的就医条件。五是解决了通讯难的问题。全乡已安装了ETS电话65部，实现了村村有电话。移动公司又在向阳办事处建设了移动塔，全乡手机信息覆盖率达到了75%，农民纷纷购买了手机。六是解决农民业余文化生活匮乏的问题。在4个村安装了有线电视，3个村有小片电视，乡广播站利用电视插转台，白天12小时转播电视节目，13个村可接收。为丰富群众业余文化生活，电影队组织了影视下乡活动，每逢农闲时节或重大节日，由乡政府组织群众参与文化大院活动，受到了人民群众的欢迎。

几年来，正阳山乡经济发展取得了可喜的成绩，正阳山乡领导班子谋划着发展宏伟目标。坚持以党的十八大精神为指针，以"发展农业、带动副业、促进加工业、扩大养殖业"为经济发展思路，进一步巩固农业的基础地位，加快科教兴乡的步伐，实施农村产业化战略，加大招商引资力度，增加财政收入，保证乡域经济可持续发展。

一是扩大种植面积，进一步巩固马铃薯种植基地。发展马铃薯种植是正阳山乡的优势，在外部已形成了良好的市场环境，以正阳山乡马铃薯加工有限公司为龙头，形成公司加农户的农业发展新格局。二是扩大养殖规模，巩固和加强畜牧业养殖基地建设。在提高牧业科技含量和养殖方向上有所突破，力争变成养羊之乡，实现人均3只羊的宏伟目标。在稳步发展牛羊经济的同时，突出抓好大鹅养殖基地建设，以椅山村为龙头，全乡饲养大鹅10万只。三是加快退耕还林步伐，扩大沙棘种植基地建设。

"建沙棘基地、行沙棘产业、治一方水土、保一方平安、活一方经济"的发展思路，开发沙棘产业，富民强乡。四是继续推进种植业结构调整，挖掘内部增产潜力，按照区域化布局，规模化种植，努力加快向高效农业、特色农业转化的步伐，实施订单农业，加快种植业结构调整步伐。五是借助外力求发展，加大招商引资力度。利用石材优势，吸引外地客商投资开发，并给予相应的优惠政策，努力推进老区经济发展，提高老区人民生活水平。

在工作中，正阳山乡正以党的十九大精神为指导，弘扬老区革命精神，继承老一辈革命家的优良传统，以求真务实的工作作风，振奋精神，扎实工作，与时俱进，为繁荣正阳经济，构建美好的明天而不懈努力！

第三节　革命老区清溪乡

孙吴县革命老区清溪乡位于县城西20公里处，属于山区乡。它四面环山，沼泽遍布，水草丰美，物产丰富，在这方圆百余里的广阔山区，中心区域的山脉绵延数十里，森林茂密，

山谷纵横，地势十分险峻。从军事角度而言，该地地势险要，是一个既利于运动出击，又便于迂回转移，易守难攻的战略要地。

清溪乡始建1934年，初建北黑（铁）路时与辰清河、平顶河汇合建腰岭站。1945年后无人居住，1975年重新建点设乡。此

地于东北沦陷初期归龙镇县管辖，到1937年归孙吴，1948年隶属孙吴第一区。日本侵占东北期间，曾有一个中队的日本部队在这里驻扎，他们在这里修筑了许多碉堡工事，铁道旁还建有一座炮楼。当时的清溪是孙吴一带少有的繁华小镇，这里不仅有茶楼、酒肆，还有戏馆，摆地摊的、卖小货的、占卜算卦的、耍杂耍的遍布大街小巷，这里曾出现了少有的"歌舞升平"的景象。

为响应全国抗日，拯救民族危机，东北抗日联军赵尚志部曾转战于黑河、孙吴、清溪、辰清、北安一带，他们爬山越岭，穿森林，跨雪原，艰苦转战，与日伪军浴血奋战，取得一个又一个胜利。由于当时条件十分艰苦，人烟稀少，加之日军的"匪民分离"与"清乡""清野""十户连座"等一系列的残酷手段，使得抗日联军战士常常粮食断绝，只好以捡榛子、橡子、干蘑、野草充饥。抗日联军战士发扬一不怕苦、二不怕死的革命精神，今日炸毁铁路，明天偷袭敌营，打得日军是首尾不能相顾，焦头烂额，不仅使号称"第二国防线"的龙镇岌岌可危，也对孙吴的"第一国防线"造成严重威胁。粉碎了日军精心策划的黑河、孙吴、北安、龙江进攻计划和大吹大擂的"五大连池会师"的狂妄阴谋，从而牵制了日军大批入关，有力地支援了全国的抗日战争。

著名的腰岭战役就是在这里打响的。1946年8月上旬，黑龙江省军区警备三旅十五团五连300余名指战员在连长张泉山的带领下，袭击腰岭匪混成旅刘光才部140多骑兵。按照上级指示务必全歼收降残留在孙吴境内的这股匪徒，接到命令后，他们认真研究了作战计划，并派侦察兵详细查看了敌人兵力部署，在一个漆黑的夜晚，连夜从孙吴赶赴60余里袭击腰岭，到达腰岭后，张连长将一、二、三排分东、西、北三面形成包围圈，向敌人发起进攻。在睡梦中的匪徒被这从天而降的神兵吓得惊慌失措，蒙头转向，他们慌忙抵抗，双方展开了一场激战，直到第二日拂晓，才结束这场战斗，共毙敌60余名，俘敌80余名，战马80余匹，轻重武器60余件。在这场战斗中，五连战士有8人光荣负伤，5名战士献出了宝贵的生命。

　　1949年全国的解放战争已基本结束，但仍有少数顽匪盘踞深山，负隅顽抗。孙吴县委、县公安分局在孙吴境内展开了清剿残匪的战斗。1949年秋，为收降残留在孙吴境内的最后一股匪徒，孙吴县委、县公安局派县委组织干事徐桂芝、宣传干部单景春带17名公安战士到清溪收降李文远部残匪。该股残匪原是东北挺进军刘光才部的余匪。自刘光才被消灭后，他们逃进深山，继续与人民为敌，他们的存在，无时无刻不在威胁着新生的人民政权与百姓的安全，我军曾多次围剿，均被这些狡猾的匪徒逃脱，但经过几次交战后，该股匪徒被我军击毙了60余名，只剩下不到20名的小股残匪。按照事先约定的地点，双方接触后，徐桂芝、单景春向李文远积极宣传党的有关政策，并向其发出了严重警告，与人民为敌，只有死路一条，劝其认清形势，争取宽大处理。眼看大势已去的李文远在徐桂芝、单景春二位的强有力的攻心战面前，不得不俯首称臣，缴械投降。但李文远提出了3个条件："第一不杀头，第二财产不充公仍归己有，第三要给他安排一个适当的职业。"徐桂芝、单景春二位经过研究后，答应了李文远的要求。随后，李文远答应投降，并由其写信一封。单景春乘马爬犁前往90里以外的东岗子窝棚收降。两天后，该股残匪全部投降。这样，我军不伤一兵一卒，不费一枪一弹，就将孙吴境内的最后一股残匪消灭了。

　　半个世纪过去了，在这片烈士洒遍鲜血的土地上，英雄的清溪人民沿着先烈的足迹，艰苦奋斗，用聪明的智慧和勤劳的双手，建设着自己美好的家园。

　　清溪位于孙吴城西20公里处，地处小兴安岭中脉，逊别拉河奔流而过，北黑铁路横贯全乡40余里，建有清溪车站和公区。它东临西兴乡，西接正阳山，南与辰清接壤，北与红旗林场毗邻，辖区总行政面积305平方公里，全乡8个自然屯，总人口2 074人，耕地总面积36 000亩，农业用地11 641亩，林地面积276 321亩，草原面积61 397亩，水面面积11 200亩，荒原面积30 210亩。这里植物种类繁多，林木茂盛，主要白桦、柞树，还有红松、榆木、椴木、水曲柳、樟松等在林边、山间、河谷及河流两岸分布着广阔的草场。境内有逊别拉河、辰清河、斗不起河和卡西春河等五条河流，纵贯南北东西，植物种类多达上千种，具有很高的经济价值，野生中草药，如北杞、满山红、五味子、人参、车前籽、黄芪等在国内久负盛名。野生动物资源也比较丰富，飞禽有野鸡、飞龙、野鸭子，野兽有野猪、狗熊、狍子、野兔、犴、狐狸、水獭等。

　　在上级领导和乡党委、政府的带领下，发扬自力更生，艰苦奋斗的革命精神，开垦建设起自己的新家园。近几年，全乡种植业生产随着市场的需求在逐渐更新，不断调整产业结构，在调新、调色、调特、调精上加大力度，全乡特色经济作物种植面积由20世纪80年代的占总种植面积的15%提高到2003年的80%。与此同时加大了对农业基础设施资金的投入，以及不断提高广大农民科学种田的积极性和水平。2000年种植业虽然遭受了较为严重的自然灾害，仍然取得了大丰收，粮食作物的总体单产量仍比1975年提高130%。总产量增长150%。

　　清溪乡拥有优质草原5 000亩，占全乡总面积的18%，从建乡初期的没有一户养殖户，发展到2000年的养殖大户21户，占全乡农业总户数3.4%。

　　建乡20多年来，清溪乡个体和私营业快速发展。有小木材加工厂2家，拥有固定资金2万元，从业人员4人，年加工木材80立方米，产值4万元，年利税1.3万元；砖厂1家，固定资金14万元，从业人员15人，年产红砖70万块，年产值14万元，上缴利税4万元；面粉厂3家，固定资产4万元，从业人员6人，年产面粉5吨，产值1.5万元，年利税7 000元；糖化饲料厂1家，固定资金1万元，从业人员2人，年产白酒5 000斤，产值1万元，年利税3 000元；烘炉3家，固定资产1.5万元，从业人员3人，年产值2.4万元，年利税6 000元；商饮服务业8家，固定资产20万元，从业人员16人，年营业额24万元，利税3万元。

1994年全乡8个村的学校仅有四个村的校舍是砖瓦结构的，2000年全乡共有中小学校9所，总面积1 300平方米，村村实现砖瓦化，特别是2001年老促会成立后，融资10万元，新建中学校舍360平方米，大大改善和提高了中学的办学条件。

全乡有卫生院1所，卫生所4个，卫生技术人员4人，其中主治医生1人，护士1人。

80年代以来，清溪乡的通讯事业飞速发展，程控和移动电话已覆盖全乡各村，打电话已不用出村。到2000年底，全乡已安装电话200部，入户率达35%，开通了移动电话，联通和移动公司的手机发射塔高高耸立在乡直所在地中央，全乡手机持有者已达500人，村村安装了有线电视，入户率达100%。

在县乡老促会及有关部门的帮助下，在腰岭、清溪、金沟、富库山村打深水井各一眼。建通村路（腰岭路、水清路、卡西村路）3条。修建卡西村桥、平顶桥、腰岭桥、富库山漫水桥共4座，解决了老区人民吃水难、行路难的问题。

清溪乡人民决心继承先烈遗志，发扬抗联精神，在这片英雄的土地上，续写美好的未来。

第四节　革命老区哈达彦村

沿江乡哈达彦俄罗斯族村是民族村，位于黑嘉公路103公里处，距乡政府12公里，距孙吴县城60公里，与俄罗斯康斯坦丁诺夫卡区隔江相望。《瑷珲大黑河暨江东六十四屯详图》和"民国"九年《瑷珲县志》均记载为哈达彦屯，达斡尔语称山崖下的深水为"哈地阿沿"，汉语读音"哈达彦"。2002年，由原哈达彦村和卫疆村合并而成。全村共有710户，1 755人（哈屯439户1 142人、卫疆屯271户613人），其中少数民族人口122户305人。属第四积温带，无霜期115~120天，年积温2 200℃~2 400℃。有耕地面积38 551亩，其中集体27 520亩、国有1 000亩、林地7 052亩、草原地2 979亩。以种植业为主，种植作物主要有大豆、玉米、汉麻、紫粒苋等。

哈达彦是一个多民族居住的边境村庄，曾在这里居住的民族有：汉族、满族、达斡尔族、鄂伦春族、蒙古族、赫哲族、俄罗斯族、朝鲜族等。早在1912年就与对岸俄罗斯边民互通贸易，并在王阿木河一号岛上搞过互市贸易，岛上兴旺时期曾建过酒吧、贸易市场等活动场所，两边人民互相通婚、迁移定居今哈达彦村，形成了现在的俄罗斯大家族。该村主要以三、四、五代俄罗斯族为主，至今仍保留着俄罗斯族传统生活习俗，部分俄罗斯族村民还与俄罗斯的亲属有书信往来活动。

在二战时期哈达彦村是重要的军事基地。日本人从1930年左右开始对这里进行秘密侦查，他们发现这里是东北边境线上的战略要地，与哈尔滨的直线距离最近，离苏联西伯利亚大铁路线最近，进入苏联远东地区地势最平坦，那里有广阔的平原和黑土地。日本人开始秘密侦查和谋划，他们计划把孙吴建成一个大大的军事基地，把车地营子南山一带建成前沿战略要地。

1932年12月的一天，车地营子祥和的气氛突然被寒冷所凝固，大批的日本军人来到这里，他们端着长长的枪，刺刀闪闪发亮，一夜之间封锁了黑龙江沿岸。从此，这里的居民与苏联小城的居民中断了自由来往，与内地亲属失去了联系，这里变成了日本人的军事禁区。1932年12月，日本侵略军占领哈达彦，在这里实施"集团部落建设"政策，也就是"集家并屯"。日本人把嘎巴亮子屯、车地营子屯、徐甲鸿地营子的居民，搬迁到现在的哈达彦村。据说，当时一个日本军官站在南山头上，向东看到康斯坦丁诺夫卡全境，向西北看到霍尔漠津甚至四季屯，大江从西北环绕到哈达彦东南山下经过，村子东西两侧还有好几个平底的湖，真像大洋一样，这位军官哈哈大笑，高喊着："哈大洋！"从此这里便叫作哈大洋，级别是现在的乡镇级，当时的保长是杨恒。村子南面日本人修建的木桥桥头上刻有"哈大洋桥"。日本人把各村屯整体搬迁到异地的目的是，让后人忘记原始居住地，除掉历史记忆，让百姓在日本地名的环境中接受日本文化教育，达到侵略占有之目的。

在当时村内建有伪警察队、伪看守所，伪警察队是东厢房，办公室是红砖建的，里面有办公室、审讯室等，监狱是青砖（水泥砖）建的，墙体两砖半厚。西面是一栋土房，叫自卫团，是一些为日本人做事的人组成的队伍。南面有一个狼狗圈，北面是一栋正房，四角为红砖砌成的墙体，其余部分是土坯砌成的墙体，房盖比较陡峭，两头山墙有平缓盖，上面防水物是草，是典型的日本式房屋。日本人讲究东大西小，东间住的是伪警察队队长英井，西间住的是伪警察队副队长片冈。

在1933年建立了以胜山要塞为中心的一系列军事基地，总部设在胜武屯，驻有工兵和炮兵共1 200余人，不久日本人往这里抓来大批的中国内地劳工，这些劳工修山洞、碉堡、军营、观察哨、公路、桥梁、机场等。

日本人在哈达彦东山上修建了一个四合院式的军营，西侧有护城壕、战壕，南侧、东侧有双战壕，北侧是悬崖修有碉堡，东南角和西南角是钢筋混凝土炮楼，中间修有军火库、营房、钢筋混凝土观察哨、木制瞭望楼，东南角有一条比较深的交通壕通往山下，进入军营的大门在西南角上，这里驻守着日本守备队、宪兵队，俗称"东大营"。

南山与胜山要塞是一条山脉，它是胜山向东的尽头，山峰比较高，日本人在上面修建了山洞，山洞上面是一座钢筋混凝土的瞭望哨，俗称"胜山前沿观察哨"。在观察哨上向东观看康斯坦丁诺夫卡全境，向西北观看到四季屯，南侧山下是通往胜山要塞和孙吴的公路。

通往徐甲鸿大沟道路西山最高处是炮兵阵地，环绕炮兵阵地北面是一片环形战壕阵地，有3处钢筋混凝土碉堡；东面是南北走向的战壕，有两处钢筋混凝土碉堡和一处土堆假碉堡；南面是一大片环形战壕阵地，有四处钢筋混凝土碉堡，有两处土堆假碉堡，炮兵阵地可观看康斯坦丁诺夫卡全境，向东看到逊克县干岔子乡，炮火能控制康斯坦丁诺夫卡全境和通往逊克方向、四季屯方向的公路。

哈达彦的三处日本侵华遗址是日本侵略军妄图建立"大东亚共荣圈"的罪证，证明了他们企图侵略苏联远东的历史事实。

1934年3月，东北抗日联军三路军总指挥李兆麟批示王明贵的三支队，沿黑龙江小兴安岭一线开辟游击区，建立抗联密营，进行北部边境抗日游击战争。抗日联军当时的抗日活动非常艰苦和危险，尤其是冬季，山中雪厚，再加上林中树叶落光，食物短缺，给抗日联军在生活和隐蔽上带来了极大的困难，多次遭受到日本飞机和步兵的围击。

苏联在沿江乡哈达彦村对岸的沿江建立了训练营，并派出了教导旅。从此，抗日联军为了保存实力，每到冬季就从沿江乡东霍尔漠津村和哈达彦村两个国际通道秘密来到对岸的苏联训练营，在那里接受教导旅关于军事、政治、思想上的训练，通过一冬的修养、整编，到春季开化前，抗日联军再从密道返回沿江山区，开展游击战。

据查证，抗日联军以游击战术先后打击日军30余场次，1941年11月，抗日联军在准备返回苏训练营修整时，当时准备从哈达彦国际通道过境。日军探得情报，前来合围，并派重兵埋伏在哈达彦国际通道，准备一举歼灭我抗日联军。联军针对复杂形势，迅速调转部队，向力量较弱的后身突围，部队集中力量仅一小时就在后身打出缺口，并从东霍尔漠津处国际通道紧急过境，此战共歼敌81人。

1945年8月8日，苏联对日宣战，苏联第二远东方面军红旗第二集团军，从康斯坦丁诺夫卡渡过黑龙江，在哈达彦东北方向嘎巴亮子码头登陆，与日本侵略军第一二三师团及守备部队，在四不漏子和胜武屯南山营地展开了激烈的战斗。13日苏联红军攻克日军四不漏子防线，15日攻克胜武屯南山日军营地防线。8月15日17时，日本宣布无条件投降，20时，一二三师团司令部挂起了白旗。17日苏联红军进入孙吴县城，日本侵略军17 000多人做了俘虏。至此，在日军铁蹄下挣扎了13年的孙吴人民终于获得了解放。

苏联红军登陆地点哈达彦村，是主要帮助和支援苏联红军的村屯之一，这里发生了很多令人难忘的故事。特别是生活在这里的俄罗斯侨民，更是全力以赴地帮助和支援苏联红军打击日本侵略者。其中有车喜路岳父主动给当翻译，有赵彦邦介绍日本在这一带的防御情况，有成年男性村民到嘎巴亮子码头、康斯坦丁诺夫卡码头帮助装卸军用物资，还有一些村民到农田地里帮助收土豆等，保证苏军作战和后方居民的粮食供应。当年哈达彦村村民为支援苏军打击日本侵略者做出了突出的贡献。

1945年8月15日孙吴光复，1946年5月孙吴开始全面剿匪，1947年春天孙吴土地改革首先在"哈大洋"开始，县长赵天野率领土改工作队进驻哈大洋实施土地改革。第一步划成分，第二步建户口，第三步分土地。据《孙吴县志》记载："1947年孙吴农民分得土地2 000垧。"1948年孙吴的土地改革结束。他在群众大会上说："这里不能沿用日本人起的地名，要用中国人自己的地名"。之后，哈达彦恢复了原始村名，如今的哈达彦村更名为"哈达彦俄罗斯民族村"。

这些真实的革命故事历历在目，使人们可以真切的地感受到革命先烈们抛头颅、洒热血的英雄气概，足以让大家体会到梦境般的心灵涤荡。

当人们一进入孙吴县老区沿江满达乡哈达彦村时，映入眼帘的是：一栋栋砖房整齐排列，一幢俄罗斯欧式建筑的村级办公室坐落其间，房顶的镀锌铁闪闪发光，整洁的庭院宽敞明亮，夺目的鲜花竞相开发；笔直平坦的水泥路交错横贯村屯其中，农用车、摩托车穿梭行驶；电话、电视、电脑已入千家万户；农贸大集，人流攒动，熙熙攘攘，商品众多，美不胜收；学校琅琅读书声，声声入耳，幼儿园欢声笑语，儿歌四起；村民衣着整洁，款式新颖，人人喜洋洋，户户是小康。哈达彦村如此巨变，靠的是什么？村民们非常自豪地说："他们有一个带领他们建设新农村的领军人——村党支部一班人。"

党支部一班人深深懂得，要想带领农民建设社会主义新农村，就必须强化村支部班子建设，不断提升班子在群众中的凝聚力、战斗力和向心力。因此，他们着力抓了自身建设：一是思想建设。他们抓思想建设，既有长期规划，又有阶段性学习重点。他们首先制定了《哈达彦村两委班子思想建设规划》《支部定期学习计划》等制度。同时，并根据农村阶段性工作特点，精心组织党员学习毛泽东思想、邓小平理论知识、"三个代表"重要思想、科学发展观、习近平新中代中国特色社会主义思想及党在农村的各项政策、法规等。通过学习，党支部一班人在思维方式、精神状态和理论素养方面，得到明显加强。二是抓组织建设。村支部制定了《村两委联席会议制度》《村委会向党支部请示汇报制度》《党员民主生活会制度》等。他们定期召开民主生活会，坚持互相学习、互相支持、互相帮助，不断增强班子的整体能力，增强班子的团结气氛和战斗力。他们更加注重培养德才兼备的年轻干部，并做好党员的发展工作。近年来，共发展党员4名，有3名后备干部，被安排到一线工作岗位。三是勤政为民。支部一班人深深认识到，"喊破嗓子，不如甩开膀子"。只有为百姓干实事，百姓才会信服你，才会佩服你，班子才硬气。几年来，村支部先后筹资40万元，接通了村有线电视、电话，整修了道路，建设了文化大院，组建了专业防火队，修建了村小学，极大地提高了村民的生活质量。四是作风建设。村党支部始终坚持村里不设食堂，凡有接待都在村干部家中，公出只报销车票。他们注重从每名党员做起，不接受吃请、送礼，遇事一碗水端平，处理事情不怕得罪人。他们一直把党员作风建设作为基层组织的一项重要任务来抓，利用开展党员先进性教育的良好契机，把农民党员"三个代表"责任区作为工作载体，实施"党员先锋工程"，深化拓展"三争三促三到户"内容，探索支部＋协会的工作方式，不断充实丰富"三个代表"责任区的活动内容。在党员责任区活动中，有15个党员责任区的党员同责任区农户结成帮扶对子14个，帮助农户协调解决贷款220万元，其中党员担保90万元；提供有价值致富信息30多条；解决农户实际困难37件；帮助贫困户解决种子、化肥20吨；动员2名辍学生重返校园。同时，他们还积极开展党员"双带"作用创建活动，进行群团联建，把妇联、共青团、积极分子联系到一起，互取长补短，发挥作用，争当带头人。特别是支部书记吴全明，积极引进高油大豆新品种，自己先行试种，并将试种成功的品种，无偿提供给村民进行种植，从而提高了农民种植大豆的产量和效益，深受农民的称赞和好评。

哈达彦村党支部始终把发展经济作为支部的中心任务，并积极寻求新的经济增长点。几年来，他们认真围绕增加农民收入这一目标，积极带领农民在产业结构调整上大做文章，努力拓宽致富路子，促进农民增收。一是搞好常规种植作物调整。他们积极引导农民扩大"双高"大豆种植面积，引进了黑河48大豆新品种，2008年种植面积达到230公顷，成为名副其实的优质大豆种子村，被市农委确定为优良大豆种子基地。同时，还扩大了优质小麦的种植面积。二是发展"潘氏西瓜"特色经济。在支部的引导和支持下，农民潘金友带动31户农民，种植了自己研发的"潘氏西瓜"80公顷，每公顷纯效益在3万元以上，仅此一项，瓜农就纯收入240多万元。三是大力发展沙棘种植。全村沙棘种植面积已达到425亩，并向标准化园林式管理发展。四是积极发展养殖业。他们充分利用本村区位优势，积极扶持养牛、养羊大户，有3户农民养羊达到820只；农民韩惠民养猪达到118头。同时，还利用大江资源，扶持23户俄罗斯族农民，进行大江网箱养鱼；扶持8户农民进行大江捕鱼，年户均效益5 000多元；还重点扶持农民王金存发展泡泽养鱼、养蟹，经营水面面积4万平方米，年纯收入10万多元。五是大力发展劳务经济。他们积极引导农民对家庭劳力进行合理配置，认真组织村剩余劳力，跨出家门，外出"淘金"，目前，已有26位村民，在北京、大连、山东等地打工，年人均收入7 000多元。与此同时，还组织150户农民，承包农场、林场土地14 000亩，进行耕种，每公顷纯收入2 000多元。六是大力发展第三产业经济。他们积极利用大江北套子自然的旖旎风光，吸引外资，另辟蹊径，兴建了具有蒙古特色的旅游度假村，仅此项，年收入达70余万元。他们还积极筹建了农贸大集，逢4日、14日、24日开集。农贸大集，把方圆百里的农民吸引至此，原本十分寂静的小村庄，一下子沸腾起来，叫卖声、还价声，此起彼伏，好不热闹。农贸大集，活跃了一方经济，方便了农民生活；农民们也在集市中得到实惠。辛勤耕耘，换取硕果累累，2007年人均收入达到9 000元。

农民们腰包鼓了、富了。村支部一班人，开始运筹新村庄的建设。他们牢牢抓住新农村建设的良好契机，坚持物质文明和精神文明两手抓，把改善农民生产、生活环境作为切入点，着力为群众办实事、办好事，先后投资30余万元，修建了农田路6 000延长米，修桥涵4处，清挖横山截流沟2 000延长米，植树20 000株。他们向上争取资金140多万元，对村屯道路进行了硬化；打深水井1眼，把自来水引入各家；建设了260平方米的村级办公室，修建了400平方米的娱乐广场，为村民们在闲暇之余，唱歌、跳舞辟建了场所；出资20 000元，组建了村级秧歌队；在"三八"妇女节，出资10 000元，对40名"五好家庭标兵""巾帼建功带头人""致富能手"，进行了表彰。

在建设美好家园的同时，他们没有忘记"一方有难，八方支援"。2008年5月12日，他们听到四川省汶川县发生8.0级地震后，心急如焚，牵挂灾民，纷纷捐款，奉献爱心，把支援灾区的具体行动，汇聚成一股股强劲暖流，送往灾区。支部书记吴全明、村主任吴俊军，带头每人捐款500元，村民踊跃参与，曾参加过解放战争的老党员苏翠芝已80多岁，捐出了口袋里仅有的10元钱；村幼儿园44名小朋友，把兜里的零花钱398元拿了出来，全村捐款额达到15 150.85元。

哈达彦人民自强不息，哈达彦党员肩负重任，他们的宗旨就是"责任就是使命"。2015年，哈达彦村党总支成立，有哈屯、卫疆屯、哈屯合作社3个党支部，共有党员37名，其中女党员5名，少数民族党员5名，35岁以下党员2名，36至55岁党员22名，56岁以上党员13名，平均年龄约为52岁。大专以上文化党员4名，中专（高中）文化党员13名，初中以下文化党员20名。积极分子5名。在党总支带领下，明确自身肩负的重大责任，牢记党的嘱托，不孚重望。一个党员就是一面旗帜，一个岗位就是一份责任，共产党员的先进性就应该体现在求真务实、忠于职守的日常工作中，体现在带头发挥主人翁精神、乐于奉献的日常行为中，体现在爱岗敬业、勤勤恳恳的职业道德中，勇挑重担、奋进前行。只要从点滴做起，勇敢地扛起富民强国的伟大使命，定能实现民族振兴的宏伟目标。

哈达彦村土地肥沃、渔业资源丰富，享有"棒打狍子、瓢舀鱼、野鸡飞到饭锅里"的美誉。依靠自身的地理条件优势，成立合作社是哈达彦村脱贫致富的主要途径，现有哈屯现代玉米农机专业合作社、犇旺养殖合作社、卫疆种植合作社等五个合作组织。哈屯农机合作社是其中的代表，合作社成立于2012年，现有固定资产5 000余万元。入社农民214户，2017年经营土地46 000亩，主要作物有高蛋白大豆21 000万亩、汉麻10 000亩、紫粒苋12 000亩、玉米3 000亩。合作社先后被黑龙江省授为"全省现代农机合作社示范社"、农业部授予"全国农民专业合作社示范社"称号，合作社党支部书记、理事长王跃龙先后获得"黑河市劳动模范""黑河市五四奖章""龙江最美创业人""黑龙江省劳动模范"等称号。现重点打造汉麻制品、西瓜等"霍尔漠津"品牌系列产品。

2016年成立的犇旺肉牛养殖合作社，购进安格斯肉牛300头，结合全县安格斯肉牛养殖优惠政策及贫困户贷款融资政策，养殖产业取得不错的发展，带动了8户贫困户脱贫。养蟹产业，利用哈屯现有的200亩河蟹养殖水面，通过养蟹带动贫困户14户脱贫。养鱼产业，由哈屯合作社组织，哈达彦屯的7户贫困户参与。

村党支部积极响应党中央的号召，在发展农村新型经济组织，农民合作社规模经营，为青年开展"学、育、奔"给予了大力的支持和帮助，为他们展示才华拓展了空间。青年农民王跃龙，在退下来的村主任王新山的支持帮助下，组织5户农民，于2012年春天，创办了哈达彦村种植业农机生产合作社。现已发展到有固定资产5 100多万元，配套大型农机械81台（套），村里240家农户加入了农机生产合作社，规模经营土地30 000多亩，年实现利润3 600万元，入社农户每公顷地增加收入2 000元，被农民称为走共同富裕的农机生产合作社。王跃龙也因此被县委、县政府授予全县种粮大户荣誉称号，并光荣地加入中国共产党。

王跃龙是哈达彦村土生土长的青年农民，初中毕业后和父辈经营家里的承包田。并承包了村里650亩鱼塘，利用江水养鱼，依靠党的富民政策，率先在全村富裕起来了，成了全县闻名的富裕户。纵观全村各农户，在以家庭承包责任制经营体制下，绝大部分农户走上了富裕道路，但与全面建设小康社会目标还有很大差距，一家一户的种植业生产经营方式，将大批农业劳动力束缚在土地上，不能适应大机械规模经营生产需要的实际情况。他沉思着为加快全村致富步伐，在种植业经营方式上，在保持家庭承包责任制和土地所有权不变的前提下，实行土地规模经营生产，创建村种植业农机生产合社，把大部分农民从土地中解脱出来，从事其他经营，使他们多渠道增加收入。经过反复考虑后，在王新山的鼓励、支持和帮助下，他动员村里其他5户农民，在上级有关政策的扶持下，在乡、村党政组织领导及有关组织的大力支持下，自筹资金和贷款300万元，创建了哈达彦村第一个种植业农机生产合作社。

合作社的宗旨和目的非常明确，就是为了全村农户走共同致富、规模生产经营的道路。因此，合作社大大地吸引了农户入社的积极性，第一年全村就有108户加入了合作社，占全村农户的33.7%，第二年214户加入了合作社，占全村农户的66.8%，截至2015年有240户，加入了合作社，占全村农户的75%。

王跃龙创办的村种植业农机生产合作社，按照他自己的话说："我带头组建村种植业农机生产合作社，是为了组织各农户规模经营，上级有关部门给合作社的优惠，让入社的农户得大头，让哈达彦村各农户都富起来，这是我带头创办合作社的真实目的。"作为合作社的董事长，他是这样说的，也是这样做的，他把国家补给农机合作社的全部资金、合作社大型农机械的补贴费，将其中的10%折旧费留给合作社，剩余的90%全部在入社农户的农业费及购买农用物资中予以返回给农户。如其他农业种植合作社播种每垧地300元，而他们每垧地收200元，整地每垧地

500元，他们每垧地收350元，买化肥每袋138元，他们每袋收132元（每垧地化肥的施用量为8袋），农药平均每垧地80元，他们每垧地收60元，收获每垧地1 000元，他们每垧地收600元，仅这几项入社农户每垧地可少支出700元左右。直接降低入社农户的经营成本，受到了入社农户的欢迎和好评。

合作社尽最大限度为入社农民谋利益，具体体现在合作社经营管理体制中，一是采取入股的形式。各农户将土地入股合作社后，所有权和经营权没有完全分离；二是明确了经营原则。农户的收益和经营权直接挂钩；三是体现优惠政策共享。各农户入社是以土地入股的形式，每个入社的农户都是合作社的股东，上级涉农部门的优惠政策，大型农机具的补贴、种子补贴等，入社的农户可直接享受。

合作社有绝对的经营自主权，在生产经营管理中以市场经济为导向，提高入社农户种植业的产量和经济效益，降低生产成本，实行"五统一"购销的方式。一是统一购肥。入社农户种地所需化肥由合作社统一购买，享受多购优惠的价格，降低了购买及运输成本。二是统一购种。合作社统一订购各类农作物的优良品种。三是统一机耕。土地由合作社大马力机械深耕、耙细、打垄。四是统一收获，入社农户各类农作物成熟后，由合作社机械收获，做到收获及时，精收、细收，降低损失。五是统一销售，合作社按着市场价格统一销售。王跃龙在生产购销的各个环节，处处走在前面，勇于承担风险，每年为入社农户减少生产成本240多万元。实行规模经营的生产方式和大机械生产操作以后，一部分青壮年劳动力从种植业生产中解放出来，流向沿海大中城市打工；一部分劳动力组建各类专业生产，组建了白瓜子协作生产合作社，新农村建筑工程队等。截至2015年底，已有180多名青壮年劳动力转向城市创业，转向各类专业生产合作社，每年创收达460万元。入社村民高昆山将自家150亩承包田，入股王跃龙种植业生产合作社，全家到俄罗斯阿穆尔州创办家庭农场和养猪场，年收入达50万元。生产力的发展，农民收入的增加，也大大增强了农民追求美好生活的信心，现在全村已有50%的农户在县城或其他城市买了楼房，已有30%的农户买了轿车。

王跃龙是个乐于帮助别人的人，在合作社这个群体中，体现了团结、友爱、互助、协作的关系。入社的每家农户，不管家庭条件如何，在生产和生活中发生困难的危难时刻，王跃龙和他的农机生产合作，总是急困难农户所急，想困难农户所想，主动提供帮助。入社农户赵金忠、宋力保，由于各种原因导致家庭经济困难，没有购买生产资料的资金，王跃龙为他们垫付。王跃龙虽然是哈达彦村发家致富的佼佼者，但他始终没有忘记村里的众乡亲，由于他的机械力量比较强，全村农户谁家有大事小情的，他都能主动去帮助，从不收取任何费用。作为村种植业合作社的董事长，他把农户共同致富作为自己的心愿，把帮助入社弱势群体转化为自己的职责。入社农户高昆明得了重病，缺少资金和医疗费，王跃龙代表合作社帮助解决看病医疗费20 000元；韩启刚儿子上大学，家庭困难交不起学费，王跃龙代表合作社，资助学费10 000元。

2013年8月上旬，连续几天的大暴雨，黑龙江水暴涨，沿江村屯遭遇百年不遇的洪水威胁，哈达彦村的沿江大堤出现10几处管涌，一旦江堤泄漏，肆虐的洪水冲垮大堤，堤外本村和临近几个村屯20多万亩庄稼，就会被洪水淹没，村民生命和财产将遭受重大损失。一场抗洪抢险救灾会战在哈达彦村外江堤上展开了，在那难忘的日日夜夜，王跃龙勇敢地站在抗洪抢险最前沿，他组织了合作社青年团员突击队，出动两台翻斗车、5台大马力拖拉机、两台铲车，夜以继日地往江岸大堤上运砂石，共运砂石3 000多立方。经军民合力奋战，江堤加固了，管涌堵住了，特大洪水被征服了。村民生命财产，堤外万亩良田安全无恙。在抗洪抢险期间，王跃龙和合作社出工、运砂石及油料，折合人民币共计60 000多元，有关部门意欲给予补贴时，被王跃龙婉言谢绝，他说我们应该向解放军学习，向武警部队官兵学习，我和村农机生产合作社，只是做了我们应该做的事情，王跃龙再一次用自己的实际行动，诠释了社会主义核心价值观的真谛。

哈达彦村现已全面实现"三通三有"目标。村内共有道路11.8千米，已全部硬化；广播电视和宽带网络已实现全覆盖；有占地80平方米的村卫生室一个；有具有乡村医生资格证的村医1名；有村级活动室两个，共340平方米；有文化活动广场两处，共4 600平方米。全村共有房屋403座，其中砖瓦结构356座，砖瓦化率88%以上；共有路灯112盏，全村面貌焕然一新。目前，哈达彦村村民在党支部的带领下，认真落实十九大精神，聚精会神地实施"十三五"规划，把哈达彦村建设得更加富裕、更加美好，更加辉煌。

第五节　革命老区四季屯村

沿江乡四季屯村，坐落在黑龙江畔，一架山脚下，与俄罗斯康斯坦丁诺夫卡区隔江相望。全村286户，1 142人，有党员20名。村总面积1 731公顷，其中，耕地923公顷，林地 774

公顷，草原 26 公顷，水面 8 公顷，是省级文明村。2011年，全村总收入1 766 万元，人均收入 9 100元。

四季屯村建于17世纪中叶，沙俄势力侵入黑龙江地区，清朝政府以宁古塔为基地多次调入八旗兵至黑龙江流域抗击入侵，雅克萨战役胜利后，萨布素将军率八旗和达斡尔兵丁开始在黑龙江两岸屯田戍边，四季屯是其中屯垦点之一，逐步形成自然屯。

清光绪二十六年（1900年），四季屯被沙俄侵占，村民逃散。收复后，村民陆续返回，人口逐渐增多。四季屯村以张（札库他氏）、富（富察氏）、关（瓜尔佳氏）、臧（萨克达氏）4个氏族为主，据资料记载，1919年四季屯共有61户居民，其中满族33户。

四季屯村的满族居民，勤劳、勇敢、善良、好学、淳朴、乐观，坚忍不拔。他们的风俗独特，服饰新颖，尤其袍、褂、鞋、帽，更具有浓郁的民族风格。在生产中，他们以种地、射猎、捕鱼为主，特别是他们生产的黄烟，质优、品佳，很受人们青睐，一度成为进贡的御品。

在革命战争期间，四季屯人在党的领导下，与日本侵略者和国民党反动势力展开了不屈不挠的斗争，为抗日战争的胜利和全国解放做出了贡献。村民关文元、肖老五、何士环、苏翠芝等人积极参加抗日活动，自发组成志愿队，在当时日军并村集屯的重重看守下，冒着生命危险，秘密筹集粮物、生活日用品和一些日军情报，送往沿江深山中的抗联。据统计，当时志愿队曾秘密为抗联送米面约400斤、火柴13包、盐30斤，还送去了大量的其他生活用品，解决了抗联的生活困难。

四季屯作为抗联去苏联的过江通道之一，经常有抗联人员在当地老乡的帮助下往返两岸。原黑龙江省政协副主席、抗联老战士李敏回忆：1940年7月，受抗联总部派遣，侦察员老辛和国际交通队长姜立新等一行5人，去苏联学习无线电。到黑龙江边一个叫四季屯的地方，从那里过江去苏联。在当地老乡的帮助下，趁着风雨交加的夜色，躲过了日军的巡逻队，摸到了黑龙江边，坐小木船渡江。天蒙蒙亮了，大家奋力划着桨，身后突然传来清脆的枪声。子弹在木船周围"嗖嗖"地飞过，大家紧紧地趴在木船上，两只手死命地抓住船帮。一直漂出了10多里地，终于到了对岸，与苏军接上了关系。

1942年，抗联北野小分队、陈雷小分队就在此往返渡江。

1941年，日军一行40余人的小分队沿西山军事要道，到四季屯处加强军事力量。四季屯村民得到这一消息后，立刻告知抗联。抗联部队集中优势兵力，在大桦树林子西山日军军事道路两侧山坡密林中设伏。当日军车队到达该处时，抗联部队突然袭击，打得日军措手不及，慌乱逃跑。此战役共歼敌22人，这就是著名"西山围歼战"。

1945年8月10日苏联红军步兵的一个加强团，乘坐军舰从四季屯登岸，沿孙四公路挥师而进，配合从东南嘎巴亮子登岸的部队进攻胜武屯南山日军阵地，四季屯的"孙大胡子"为苏军当翻译，登岸后还有多名村民为苏军带路，最终苏军夺取了胜山要塞战役的胜利。

1946年6月，在剿灭土匪的一架山、大桦树林子、老西窝堡的战斗中，四季屯的乡亲们拿出吃的、用的慰问解放军，组成30多人的担架队支援剿匪战斗。1947年四季屯响应县政府的号召积极筹措粮食物资支援前线。

1949年，在当地党组织的领导下，四季屯村成立了农会，臧海峰担任会长，带领农民进行土地改革。1952年正式建立了村党支部，吴秀芝任第一任党支部书记，建立了村组织，闫文锁任第一任村主任。

四季屯村在土改、初级社、高级社时期，由于当时刚刚解放，村民的生产力水平较低，主要以牛马和人的体力劳动为主，工作效率不高，土地开垦较少，经济十分薄弱，农民的生活非常困难，住的是茅草屋，吃的是玉米团。

人民公社时期，在党的领导下，四季屯人，不甘落后，不愿贫穷，他们用自己的双手、聪明的智慧，发扬艰苦奋斗、战天斗地、奋力拼搏的精神，开荒扩种，江中捕鱼，多种经营，架设电线、购买机械，发展生产力，改善了农民的生产、生活条件。农民住上砖瓦房，开始向国家交粮，劳动日值逐渐提高，成为全县的佼佼者。多次受到县乡政府的表彰。党支部书记张庆丰出席了国家召开的表彰大会。

四季屯护岸工程是1965年7月经黑龙江省人民委员会批准的国境河护岸工程，1965年8月动工，1968年8月竣工。总长4 400米，投资153万元，工程量86 980立方米。

1968年，知识青年响应党和政府的号召，下乡到边疆，支援建设。四季屯村接纳上海知青62名，他们与四季屯人密切配合，并肩作战，创业开发，与四季屯人结下了深情厚谊，为四季屯的发展做出了不可磨灭的贡献。

1969年有了第一台东方红75拖拉机，第一代拖拉机手吴良才。

1978年4月，时任沿江公社四季屯大队支部书记的张庆丰，代表满族乡亲们，参加了全国少数民族参观团，参观了江西、湖北、河南、河北、辽宁、山东等，历时两个月。

党的十一届三中全会的胜利召开，吹响了农村改革的号角，四季屯村和全国一样，土地实行了家庭联产承包责任制，土地到户，由家庭进行经营。责任制的推行，使农民的积极性得到迸发，在党支部、村委会的带领下，实施了西山截水和筑堤工程，修了田间路，栽了防护林，打了灌溉井，购置了农业机械，改善了农业生产条件，使粮食产量成倍增长。1982年，人均交粮3 100斤，劳动日值4.8元，位居全县之首。农民收入的大幅度提高，随之出现了一些新变化，有的农民开始经营饭店、食杂店、小商店、榨油作坊等；有的农民盖起了二层楼和宽敞明亮的大砖房。电视、电话、手机、摩托、小轿车进入了各家，开始与城市居民比高低。

四季屯人利用新农村建设的良好机遇，积极向上争取，得到了有关部门的大力支持，投入资金，实施了七大民生工程：一是富民增收工程。打了40眼深水井，建了1 000亩示范田和沙棘园区，搞了养殖业，网箱养鱼达到60户。村民刘志强养殖大鹅3 000只，年收入10万元。村民关伟养鸡、养猪，收入十分可观。特别是钱国强等6户村民，到俄罗斯承包土地800公顷，年收入150万元。二是农田建设工程。修田间路11公里，桥1座，涵11处，栽防护林2万株，清理了西山截水沟。三是农机合作社工程。购置了1042型联合收割机2台，1204型胶轮拖拉机2台，农机具6套。建设了标准的场库棚。四是道路硬化工程。硬化了村屯11条路，总长5公里。五是环境整治工程。改造茅草房59户，房屋进行了粉刷，修建了铁栅栏，建了边沟，栽植了云杉，安装了路灯，建了210户统一的环保厕所。六是安全饮水工程。在县开发办的帮助下，打了深水井，安装了净化装置的自来水，使村民喝上甘甜、清澈的放心水。七是社会公益事业工程。建了村级活动室，修建了文化活动场所，参入了医疗保险，使农民老有所乐，病有所医。新农村建设使四季屯美了、绿了、亮了、富了。四季屯村变了，先后被省、市、县授予文明村；市、县先进村荣誉称号。

四季屯村的发展巨变，是四季屯人智慧的结晶，也凝聚着各级领导对四季屯村和各民族人民的关爱与厚望。2006年3月8日在十届全国人大四次会议上，胡锦涛总书记同县少数民族代表德爱琴亲切握手交谈，体现了党中央和中央领导对少数民族的关怀。原黑龙江省委书记钱运录、黑龙江省老促会会长于万岭、黑河市老促会会长孙作舟和会长马力等先后来到四季屯村调研，给予了殷切希望与嘱托。特别是县委、县政府及县老促会，乡党委、乡政府的领导经常来到四季屯村，检查指导工作。还有县直有关单位积极争取项目资金，使四季屯村的新农村建设逐年提档升级。这些都激发了四季屯人美化家园的建设热情。目前，四季屯人正在按照"十三五"规划，着力打造一个"农业现代化、庭园花园化、生活城市化、环境和谐化"的社会主义新农村。

四季屯村的发展，离不开村历届党政班子的坚强领导。从新中国成立初到建设社会主义新农村的今天，无不凝聚着他们辛勤与汗水，他们的功绩将永载史册。

四季屯，人杰地灵，人才辈出。有39人在解放战争和新中国成立后参加了解放军，为保家卫国做出了杰出贡献；有16人担任了市、县、乡不同岗位的领导；有28人考入大中专院校，为社会进步、人民幸福，做出了一定贡献。1983年，时任妇女主任的臧春姬，当选为黑龙江省人大代表。1982年到1990年，时任党支部书记的张庆丰，当选为孙吴县第八届、第九届、第十届人大代表和孙吴县人大常委会委员。何世环老人通晓满语，一些满语专家经常与她探讨满族语言；以擅长用纸吹出歌曲的盲人艺人李张淳，参加了黑龙江省电视台"咱村也有文艺人"的演出。这些优秀的人才，成长在四季屯这片沃土，是四季屯人的骄傲！

现任村党支部、村委会按着"十三五"规划，为四季屯村的今后发展，制定了宏伟计划，他们将在县委、县政府和乡党委、乡政府的领导下，以毛泽东思想邓小平理论、"三个代表"重要思想、科学发展观、习总书记的系列讲话为指导，深入贯彻落实十九大精神，带领全体村民发展现代农业，建设和谐社会，奔向更加美好的明天！

第六节　革命老区辰清村

孙吴县辰清镇辰清屯建于清朝时期，当年辰清屯只有几人，是清朝在此设的一个驿站，当时称三站。

现在发展中的辰清镇位于孙吴县城西南40公里处，东邻奋斗乡，西连正阳山乡，北靠清溪、西兴两乡，南与红旗乡毗邻，辖区总面积278平方公里。全镇辖辰清、春清、宝泉、冬

青、常青、曙光、团结、繁荣、核心、七里营10个自然屯，境内有辰清林场和五大连池农场辰清分场。全镇总人口7 279人，有汉族、满族、蒙古族、达斡尔族、回族、朝鲜族等6个民族。镇内地势平坦，三面环山，西面临草原，辰清河沿边流过。镇政府驻地距辰清屯南1公里处。北黑铁路及202国道穿镇而过，是北往黑河、孙吴、逊克等地的必经之处。

辰清镇辰清屯开发较早，清朝时期在此设一驿站，时称三站。1900年7月，沙俄血洗江东六十四屯，并过江残杀沿江地区居民，强占大批土地，禁止黑龙江沿岸5俄里内居住中国人。居民纷纷外逃，清政府在辰清设善后局，赈济安置逃难的居民。1916年修筑龙逊官道，辰清为二站。1934年北黑铁路在这里设

站，因临辰清河故名辰清站。现辰清镇正是在辰清站和辰清屯的基础上逐渐发展起来的，由于建在北黑铁路沿线，是日军侵华时期关东军入侵孙吴后的军事要地，也是东北抗日联军艰苦卓绝打击侵略者的游击区。

1937年，日本军侵占东北后，随着对孙吴军事重地的不断建设和扩张，也加强了对这里人民的欺压和迫害，残酷镇压抗日军民。关东军强征10 000余名劳工修筑和加固孙吴县城西部与北部的逊别拉河、辰清河大堤以及河上节制闸，在辰清把许多贫弱的人们赶上工地，让其超长时间超强度劳动，不给吃饱穿暖，患病不给医治，对劳工们轻则打骂，重则枪毙，使得劳工们死伤无数。日军对中国人民的暴行，更加引起了辰清军民和抗日部队对他们的愤怒与仇视，抗日军民对日本侵略者进行了坚决的还击和艰苦卓绝的斗争。

辰清一带的抗日部队与日军的战斗大小不下数十次。在1935年的6月19日，抗日部队某部袭击辰清8公里处一个日军据点，缴获军马10匹，并有10余名劳工参加抗日部队。在8月28日，抗日部队某部袭击辰清日军守备队，击毙日军军官曹井平。1940年，东北抗日联军第三路军第三支队，受三路军总指挥李兆麟的批示，转战在辰清、清溪和小兴安岭一带。3月上旬，三支队为了解决部队急需的粮食和马匹问题，决定攻打辰清。

一天夜晚，抗联三支队奔袭辰清的途中，在辰清东10公里的公路上与辰清开往茅栏顶子大本营的日军马爬犁运输队遭遇，双方展开激战。三支队居高临下，将敌人击溃。战斗中七大队长白福厚不幸牺牲。七大队下属部队指导员姚世同撤退时与部队走散，他一个人撤到东兴山炭窑窝棚。抗联英雄姚世同誓死不做俘虏，机智勇敢地和敌人周旋，毙敌多人，在敌众我寡的情况下，用最后一颗子弹结束了自己年轻的生命。这场遭遇战破坏了抗联部队夜袭辰清的计划，为摆脱敌人的围追堵截，尽快获得给养，三支队队长王明贵、政治部主任王钧与徐宝和、杨利荣（七大队中队长）重新制订了"截马夺粮"的作战方案。次日天黑，部队顺着杜德河东岸通往孙吴的马爬犁道，行军20公里，于天亮时出其不意地迂回到孙吴东10公里日军木营附近。这里每天早晨有从县城出来的二三百张马爬犁，到东山木营往回运木材。东山木营有粮食和物资仓库，有数百名工人在这里做工，只有少量日军把守。三支队埋伏在山脚下两座山包后面的河汊里，天亮时，日本伐木公司100多张马爬犁顺着山路钻进抗联部队埋伏圈，被抗联部队截获。按照爬犁老板（穷苦劳工）指引的山路，抗联部队进军东山木营。20余名守敌闻风而逃，只剩下200多名工人和一座无人把守的粮食仓库。抗联部队一枪未发，冲进木营打开仓库，获得许多大米、白面、豆油、食盐等，每人带3袋粮食，骑马向辰清方向迅速撤离。部队行进10公里离开公路，进入原始森林，边走边在雪地里挂手榴弹。

　　同年7月，由政治部主任王钧带领的一支18人的小分队决定攻打敌军的南屯据点（现曙光村），这是日军设在距辰清站南5华里处的一个前哨，是进入辰清的必经之路，他们在这里修建了一处碉堡，可以据守、封锁道路，并建有几栋木棚，供生活和休息之用。驻在这里的日军只有10多个人。小分队决定在半夜趁敌人熟睡之时进行突袭。于是战士们在临出发前吃饱喝足，天刚一黑就出发，借着夜色的掩护下神不知鬼不觉地摸到敌人的据点附近。敌人早已熟睡，站岗的哨兵也无精打采，小分队决定分成两组，一组攻打木棚里休息的日军，一组攻打守在碉堡里的日军。大约半夜光景，两个小分队同时行动，睡梦中的敌军还没明白是怎么回事，就被抗联战士击毙。碉堡里的日军也被几个手榴弹炸得魂飞魄散，尸骨无存，不到5分钟，战斗就结束了。战士们缴获许多弹药和生活用品及食物，能带走的尽量带走，剩下的连同木棚子一同烧掉了。小分队趁天还没亮，迅速离开了据点，走进了茫茫的大山里，等到辰清的守军赶到这里，小分队早已没了踪影。

1941年4月，抗联三支队又一次夜袭辰清。当时，辰清伪警察所有近50名伪警察，火车站有10几名伪站警，伪警察村公所有几名伪武装警卫。抗联三支队的作战方案是由七大队进攻辰清火车站，八大队进攻伪警察所，利用夜间隐蔽接近目标。出发前部队召开动员大会，宣布杨利荣为七大队队长。

天黑时，部队在离辰清一公里远的地方打好马桩子，按照战斗方案分头行动。八大队奔向伪警察所，经过激烈战斗，支队副官吴法川身负重伤。八大队缴获了40多条枪和数千发子弹。在辰清火车站，七大队以同样的战术，将10几个站警堵在屋里，全部缴了械，同时还顺利地占领了辰清伪村公所，那里的几个警卫也一个个束手就擒。还缴获了部分伪币和10 000份大烟。在辰清伪警察所的拘留所里，解放了被关押的所谓"犯人"。鄂伦春族青年莫桂林和汉族青年姜海波，被救后自愿参加了抗联。

在当时，春青屯是敌人较为重要的一个据点，那里有30多个伪军，并有100名烧炭工人，这里距敌军所修的铁路只有百米远，距辰清也只有10华里，是驻辰清敌军的一个重要补给站。我抗联三支队决定拔掉这个据点，破坏敌人的补给线。1942年5月的一天清晨，天刚蒙蒙亮，三支队的战士就已来到了敌人据点，做好了战斗的准备。支队长杨利荣一声令下，战士们一同开火，以迅雷不及掩耳之势冲到了敌人的窝棚里，有些伪军还没来得及穿上衣服，就被击毙，有的还在迷迷糊糊，就到阎王那里报了到。战斗结束，缴获2挺机枪和几十支步枪及1 000余发子弹，还有数枚手榴弹，战士们挑好的武器装备自己，其余全部销毁。

100余名烧炭的工人被解救了出来，他们是被抓来干活的，大家经常遭到打骂，常常连工钱也不给发。支队领导决定，愿意参加部队打日本人的可以参加部队，不愿意参加的也可以解散回家。当即有20多人表示愿意参加部队。但又考虑到部队没有固定的根据地，补充给养比较困难，目标太大容易遭到敌人打击，最后只挑选了5人吸收到了支队中来。

像这样抗联部队对敌人的战斗还有很多，如在东山炭窑（现冬青屯）附近的一次战斗中，抗联八大队与敌人的运输队突然遭遇，双方展开了激战，我军只有10几个人，而日军却有30余人，敌众我寡。战斗中，我军虽击毙敌军8人，但我部战士也有3人受伤，战斗再打下去，对我军不利。由于不熟悉地形，加之敌人死缠烂打，很难甩掉，我军陷入困境。在这紧急关头，东山炭窑附近居住的一个猎户赵二福及时赶到，领着战士们甩开了敌人。这之后，他就参加了八大队，后来在一次战斗中牺牲了。我们的抗日军民对敌人有着同样的仇恨，他们团结一致，同仇敌忾，沉重地打击了日军，使日军葬身于人民战争的汪洋大海中。

如今辰清人民在党的富民政策的指引下，逐步过上了美满幸福的生活，但是人们永远也不会忘记在这里战斗过和牺牲的战斗英雄们，白福厚、姚世同、吴法川、陈雷、王钧、徐宝和……他们的名字将会被辰清人民一代代记住并会传颂下去。

目前，辰清村共有718户、2 046人。有非常丰富的森林、草原和水面资源，全村耕地面积近3万亩，其中集体耕地面积6 820亩。生猪存栏达到3 810头，是生猪养殖规模量最大的村屯，奶牛存栏272头、黄牛存栏2 298头，羊存栏9 750只，2010年人均收入7 020元。是黑龙江省第一批省级新农村建设试点村。先后获得市级平安村、市级民主法治示范村和县级文明村标兵、"五个好"党组织等多项荣誉。

全村砖瓦化率达到95%，自来水入户率达到98%，有线电视入户率达到100%，程控电话入户率95%，村内道路硬化率65%，有120平方米的村综合活动室及250平方米的室外文化活动场所。

自2006年开展新农村建设以来，加大了泥草房改造力度，投入资金920万元推进新区建设，完成27栋64户新型节能住宅及附属仓房、甬道、栅栏建设，完成260户新型卫生厕所建设。2011年筹集资金120万元，新建500平方米农村社区服务中心，新建占地面积3 000平方米的休闲广场，并安装栅栏、体育健身器材等，社区服务中心和休闲广场的建成极大地丰富了村民的文化娱乐生活。辰清村村民2017年人均纯收入达8 000元以上，达到了新农村建设四星级标准。

第七节　革命老区宝泉村

孙吴县宝泉村位于辰清镇西北9公里处，行政区划面积为30平方公里，是一个典型的山区贫困村，全村有人口188户502人，党员15名（女党员1名）。现有耕地1.89万亩，其中：集体耕地0.93万亩、速生丰产林整地0.56万亩、草原熟化地0.4万亩，人均耕地37.6亩。宝泉村是一个具有光荣历史的村子，1949年以前，由于距辰清较远，没有什么正式的道路，加之山深林密，敌人很难到达这里，可这正好成了我抗

联部队的天然屏障，这里俨然成了战士们的给养补给站、行军中转站和伤员养病的好地方。据原来村里的老人讲宝泉村是在原敌人据点或炭窑及猎户居住的地方发展起来的，这些地方都曾留下过抗联战士战斗的足迹，也有我抗日民众那份矢志不渝的爱国之心。抗战期间，抗联部队经常在此处活动。1940年的夏季，一支由队长姜立新带领的5人抗联侦察小分队（原省政协副主席李敏同志就是队员之一）侦察敌情途经此地，得到过炭窑工人的帮助，躲过了日军的袭击。

现在全村共有大小农用机械200余台（套），2010年全村年总收入达350万元，其中：农业收入占总收入的75%，畜牧业收入占总收入的15%，采集和劳务收入占10%。2017年，农民人均收入9 000元。

辰清镇宝泉村党支部把加强党建与扶贫攻坚紧密结合，以党建工作引领精准扶贫，助力贫困户脱贫致富。村党支部积极开展"党建领航，合力脱贫"活动，充分发挥党员干部在精准扶贫工作中的先锋模范作用，定期召集村干部、党员、贫困群众代表召开精准扶贫座谈会，探讨脱贫办法，并向他们通报扶贫开发相关政策、扶贫项目、安排落实情况，积极探索符合本村实际的产业扶贫模式。村党支部认真分析贫困户致贫原因和家庭条件，对有耕地的贫困户，采取特色种植的扶贫方式，扶持经济条件较好的党员带领贫困户脱贫致富。实行"党支部+合作社"发展模式，先后成立了玉米和汉麻种植合作社，并帮助完成了玉米烘干塔和汉麻加工厂建设，采取土地入股的合作方式，将贫困户的土地集中规模经营。2016年，宝泉村玉米和汉麻种植面积分别达到3 000亩、3 500亩，两个合作社解决贫困户劳动力50余人。

村党支部还与县纪委结对共建，携手助力脱贫攻坚。在包村单位县纪委的帮扶指导下，采取"党支部管合作社、合作社促产业、产业带贫困户"的方式，开展扶贫攻坚。县纪委积极帮助寻找致富门路，引进北京盖圃科技公司发展林下鸡养殖。村党支部带领党员、群众成立林下鸡养殖专业合作社，县纪委全体干部职工还出资4.7万元，解决了合作社成立初期资金紧张难题，并协调盖圃公司预付收购款3万元，为合作社解决了1.05万只鸡雏资金问题。合作社承包3公顷林地，建造鸡舍3栋、650平方米，用铁丝网围成6.8万平方米的养鸡场。2016年，林下鸡的销售收入达50万元，辐射带动贫困户81户、180人增收。目前，全村砖瓦化率达到90%以上，程控电话入户率85%，有线电视入户率达到98%，村内道路硬化率达100%，有100平方米的村综合活动室和200平方米的室外文化活动场所，文化生活十分丰富。

第八节　孙吴县老促会组织沿革

孙吴县老区建设促进会成立于2000年7月，历任孙吴县老区建设促进会领导小组主要领导：

孙组干发【2009】29号

组　长：张战勇　县委副书记

副组长：姜晓刚　县委常委、县政府常务副县长

　　　　段迎春　县政府副县长

　　　　王翠霞　县老促会会长

孙组干发【2011】20号

组　长：张战勇　县委副书记、政法委书记

副组长：袁　强　县委常委、政府副县长

　　　　贺玉斌　县政府副县长

　　　　王翠霞　县老促会会长

孙办发【2017】35号

组　　长：张　明　县委副书记

副组长：杨子亮　县委常委、常务副县长

　　　　郁帮华　县政府副县长

　　　　王翠霞　县老促会会长

孙吴县老区建设促进会组成人员任职时间

名誉会长：王斌（2000.7—2003.9)

会　　长：魏士新（驻会）（2000.7—2003.9）

副 会 长：杨柏林（驻会）（2000.7—2005.1）

　　　　　徐秀媛（驻会）（2000.7—2003.9）

秘 书 长：蒋垂悦（驻会）（2000.7—2003.9）

名誉会长：程晓光（2001.4—2003.9）

副 会 长：付子斌（驻会）（2001.4—2002.3）

副 会 长：高春堂（驻会）（2002.3—2003.9）

副 会 长：张丰源（驻会）（2002.3—2003.9）

副秘书长：孔　飞（2001.12—2005.1）

名誉会长：德爱勤（2003.9—2005.10）

　　　　　屈树广（2003.9—2006.11）

会　　长：高春堂（驻会）（2003.9—2006.11）

副 会 长：杨柏林（驻会）

　　　　　蒋垂悦（驻会）（2003.9—2005.8）

副 会 长：张志军（驻会）（2005.8—）

秘 书 长：孔　飞

会　　长：王翠霞（驻会）（2006.11—2018）

副 会 长：张志军（驻会）（2006.11—2015.6）

　　　　　孟小宝（驻会）（2007.3—2018）

　　　　　金　欣（驻会）（2015.9—2018）

孙吴县老促会历年争取老区建设项目资金到位统计

单位：万元

年度	乡村	项目内容	到位资金	资金来源	备注
2000	清溪乡	改水	8	省老区扶贫资金	
2001	正阳山乡艳阳村	改水	5	省民政老区资金	
2002	正阳山乡	卫生院改造	5	省老区扶贫资金	
2002	清溪乡	维修大桥	15	省交通厅	
小计			33		
2003	正阳山乡高山村	打井	10	国债资金	
2003	正阳山乡正阳村	冻配站	4	省老区扶贫资金	
2003	正阳山乡北四村	修路	3	省民政老区资金	
2003	奋斗乡奋斗村	冻配站	4	省老区扶贫资金	
2003	清溪乡	道路改造	3	省民政老区资金	
小计			24		
2004	奋斗乡锈河村	冻配站	4	省老区扶贫资金	
2004	奋斗乡阿象山村	打井	10	省老区扶贫资金	
2004	正阳山乡林河村	冻配站	4	省老区扶贫资金	
2004	奋斗乡新业村	打井	7.5	国债资金	
2004	清溪乡金沟村	打井	7.5	国债资金	
2004	清溪乡腰岭村	打井	7.5	国债资金	
小计			40.5		
2005	正阳山乡向阳村	肉羊基地	6	省老区扶贫资金	
2005	奋斗乡阿象山村	冻配站	4	省老区扶贫资金	

续表

年度	乡村	项目内容	到位资金	资金来源	备注
2005	正阳山乡清泉村	饮水安全	12.5	国债资金	
2005	清溪乡清溪村	饮水安全	12.5	国债资金	
2005	奋斗乡新河村	水网建设	10	省民政老区资金	
小计			45		
2006	奋斗乡新业村	畜牧站	5	省老区扶贫资金	
2006	正阳山乡	中心卫生院	35	国债资金	
2006	清溪乡	卫生院	20	国债资金	
小计			60		
2007	清溪乡永青村	沙棘园林	30	省农业开发资金	
	清溪乡平顶村	獭兔养殖	10	省财政扶贫资金	
小计			40		
2008	沿江乡四季屯村	沙棘园林	30	省农业开发资金	
年度	乡村	项目内容	到位资金	资金来源	备注
2008	孙吴县	爱国主义教育基地	300	省财政厅	
2008	正阳山乡	淀粉厂	50	省财政扶贫资金	
小计			380		
2009	沿江乡四季屯村	沙棘园林	20	省财政扶贫资金	
2009	正阳山乡环山村	优质可繁母羊600只	18	省财政扶贫资金	
2009	正阳山乡环山村	木耳20万袋	10	省财政扶贫资金	
小计			48		
2010	清溪乡腰岭村	村内水泥路	10	省财政扶贫资金	
2011	奋斗乡阿象山村	养鹅基地	10	省财政扶贫资金	

续表

年度	乡村	项目内容	到位资金	资金来源	备注
小计			20		
2012	奋斗乡		10	省财政扶贫资金	
2012	正阳山乡		10	省财政扶贫资金	
2012	孙吴县	陈列馆	220	省财政预算内补助	
2012	奋斗乡奋斗村	村内水泥路	30	县老区发展资金	
小计			270		
2013	沿江乡四季屯村	村内水泥路	30	县老区发展资金	
2013	沿江乡四季屯村	村内水泥路	3.5	市老区发展资金	
2013	正阳山乡岩峰村	生猪养殖基地	3	市老区发展资金	
2013	清溪乡清溪村	食用菌基地	20	省财政扶贫资金	
年度	乡村	项目内容	到位资金	资金来源	备注
小计			56.5		
2014	正阳山乡岩峰村	生猪养殖基地	3	市老区发展资金	
小计			3		
2016	正阳山乡岩峰村	生猪养殖基地	5	市老区发展资金	
2016	清溪乡清溪村	食用菌	3	市老区发展资金	
小计			8		
2017	正阳山乡岩峰村	生猪养殖基地	4	市老区发展资金	
2017	辰清镇宝泉村	林下鸡	3	市老区发展资金	
小计			7		
2018	沿江乡哈达彦村	河蟹养殖	3	市老区发展资金	
2018	辰清镇辰清村	村史馆	3	市老区发展资金	
小计			6		
累计			1041		

近年来，孙吴县老促会在县委、县政府的正确领导下，在市老促会的指导下，紧紧围绕着老区脱贫这一中心，当参谋，献良策，添砖瓦，做助推，促进了老区脱贫致富，实现了脱贫目标，收到了明显效果，得到了老区人民的称赞与好评。

一、针对老区贫困，主攻脱贫目标

孙吴县的5个老区乡，34个老区村中，由于诸多不利因素影响，老区乡经济发展相对滞后，人民生活较为贫困。有20个村是省级贫困村，占老区村总数的58%；有贫困户1 489户，占老区总户数的29%；有贫困人口2 552人，占老区总人口的6%。市级三类村有3个，莲山村2013年人均收入达2 967元。党的十八大、十九大提出了建成小康社会的宏伟目标，为老区人民脱贫致富，提供了千载难逢的良好契机。如何带领老区人民抢抓机遇，利用政策，发展自己，甩掉贫困，这一课题，摆在了县老促会面前。面对这一艰巨任务，老促会在王翠霞会长的带领下，深入老区乡镇，为党委、政府当参谋，献良策，并会同乡镇党委、政府一起，分析乡情，研究脱贫致富的主攻方向。主要矛盾确定后，老促会协助老区乡镇重新部署兵力，选准发展经济新产业的突破口，作为脱贫致富的重要支撑，围绕着县委、县政府确定的汉麻、安格斯肉牛、食品大豆三大产业发展为重点，集中力量，集中资金，集中技术，进行攻破。同时，各老区乡镇还利用本乡的优势条件，进行挖掘，充分利用，使脱贫致富得到了高质量发展。如正阳山乡确定以环山村汉麻加工产业为龙头，延伸链条，扩大规模，引领农民持续增收，成为振兴全乡经济的支柱产业；确定以马铃薯加工产业为龙头，建立马铃薯种薯繁育基地，扩大种植规模，增加经济效益，成为农民脱贫增收的特色新产业；确定岩峰牧业养殖产业为龙头，进行标准化、科学化、规模化、舍饲化经营，拉动畜牧业的大发展，农民的持续增收和养殖结构的大优化。辰清镇确定了以利用山林资源，发展林下养殖为突破口，主攻大鹅养殖项目，形成规模发展态势。清溪乡确定以奥凯利养殖公司为产业龙头，主攻肉牛养殖和有机生物质颗粒肥料，引领农民内生动力，主动投资，发展养牛业，致富兴家。奋斗乡确定阿象山汉麻加工产业为龙头，主攻麻屑生物质颗粒燃料，拓宽经营空间，延伸产业链条，增加附加值，实现高收入。以大架子村家庭农场为龙头，主攻规模种植，规模养殖，实现规模效益，探索出山区土地流转，实现双赢的新路子。沿江乡确定以旱改水发展水稻新产业为突破口，调优结构，主攻特色与增加收入。确定利用江水资源，进行低碳循环，科学经营，探索出一条水资源致富的新路子。科学的主攻方略，收到了明显成效，20个贫困村，如期脱贫，实现了脱贫目标。

二、培育脱贫亮点，做大致富产业

为了加快促进老区脱贫致富，县老促会转变工作方式，创新工作抓法，用抓亮点、促一般的工作办法，提升工作效能。在召开会议和下乡调研时，都把抓工作亮点作为主要任务进行安排部署，要求集中精力，把亮点做大，做成大产业，拉动经济高质量发展，助推老区农民脱贫增收。因此，老促会协助乡镇党委、政府，积极探索出了一条用亮点带动，做成产业的新方式，主要办法是：集中唱响三大亮点产业，进行宣传推动。一是汉麻产业。县乡两级老促会，对老区乡的汉麻经营状况进行了详细调查，写出了专题报告。同时，总结了《辰清汉麻园区喜获丰收》《汉麻大王宋卫国》《清溪汉麻获得高产量》《奋斗新上2条汉麻生产加工线》等典型事例，并在老区乡进行宣传，强有力的典型示范引领，产生轰动效应，老区乡人民纷纷行动，跃跃欲试，想捷足先登。汉麻经营规模迅速扩增，2018年汉麻种植面积突破10万亩，占全国汉麻种植面积的三分之一，成为名副其实的汉麻之乡，也为老区人民长期致富铺就了一条金色之路。二是养殖产业。老区乡资源丰富，泡泽纵横，草原众多，具有发展养殖业得天独厚的条件。因此，老促会抓住这一优势亮点，在老区乡大力宣传本县老区的养殖典型："养蜂大王苏贵臣""养鱼大王王金纯""养牛大王曹务宝""养鹅大王吴国臣"的事迹，引领老区人民利用区域资源优势，发展养殖业，在强大的舆论导向下，老区人民的养殖积极性空前高涨，养殖态势良好。正阳山乡岩峰村畜牧业收入占村总收入的半壁江山。沿江乡农机合作社的1 000多头安格斯肉牛，膘肥体壮。清溪乡奥凯利公司像一盏导航灯，引导农民养殖向规模化、标准化、经营方式多样化方向发展，老区呈现出"泡泽变鱼塘，林下鹅、鸡捉迷藏，风吹草低见牛羊"的喜人景象。三是特色产业。老促会围绕着老区的种植亮点，引导老区人民围绕市场，大做文章。为加快发展特色种植项目，形成规模，做成产业，老促会认真总结了老区人民经营的芽豆、白瓜子、石葵、药材、地栽木耳、西瓜等经验，进行宣传引领，大力推进特色产业的加快发展，成为老区人民致富的"钱袋子"。亮点的引领与推进，使老区人民富了，正阳山乡双山村2018年人均收入达到10 450元；奋斗乡阿象山村2018年人均收入达到10 200元。

三、广辟增收门路，夯实脱贫根基

为了巩固脱贫成果，县老促会深入老区乡镇，给老区人民当起了"诸葛亮"，进行致富献计，引导农民从十个方面挖掘潜力，增加收入。主要是:发展绿色农业，发展新产业（如米面加工、大豆加工等），发展畜牧业，发展水产业，发展林下经济，发展养蜂业，发展劳务经济，发展庭院经济，发展新能源，发展电子商务。经过招数指引与点拨，村民们茅塞顿开，一时期，老区乡镇出现了挖潜力增收入的致富热潮，有的种药材，有的养鹌鹑，有的养大鹅；有的搞起了米面加工；奋斗乡估河村民杜丽养蜂达到250箱，年收入25万元。

四、突出工作重点，助推精准扶贫

县老促会在王翠霞会长的带领下，分清工作主次，拿出主要精力，与乡镇老促会一起，进行聚焦扶贫攻坚。老促会在精准扶贫战役中，不当旁观者，勇当主攻手，进行添砖加瓦，拾遗补阙，并实实在在地做了三件事：一是向上争取项目资金。王翠霞会长，勇于担当，积极作为，主动跑市、进省，向主管项目单位的领导，汇报老区的贫困状况，产生贫困的主要原因，以及老区人民的所需、所盼，用耐心、真心、诚心，感动了省、市厅局的领导，向老区投入项目资金1 041万元，为老区发展注入了生机与活力。特别是在2012年，王翠霞会长多次向省有关部门汇报，争取项目资金220万元，建设了鼓舞人、教育人、激励人、给人力量、催人奋进的爱国主义教育陈列馆，让老区人民牢记历史，珍惜和平，振作精神，挖潜增收，壮大自己，发展自己，建设家园。二是协调部门投入资金。王翠霞会长主动协调县直单位，支持老区，倾斜老区，关注老区，关爱老区，加大支持老区资金的工作力度。几年来，投入老区项目建设资金达1.6亿元，仅2016年至2017年，就投入老区建设资金6 687万元。仅县扶贫办投入20个老区贫困村的资金就达4 000多万元，进行整村推进，使20个贫困村如期脱贫，走向富裕。2018年，老区成员单位，在王会长的协调沟通下，向老区清溪乡投入资金达2 365万元。向沿江乡哈达彦村投入700万元，把257户装点成了俄罗斯风格的农家院，让家家户户更加靓丽，更加秀美。2019年，又向哈达彦村投入1 100

万元，建设民族馆，把哈达彦村，打造得更加凸显少数民族村的独特风格，让村民们不但脱了贫，而且生活得更加优雅、更加安康。三是争取老区资金。王会长积极向市老促会汇报，争得市老促会的支持，几年来，争取到支持孙吴县老区的资金30万元，11个项目：修路、养猪、食用菌、养鹅、养鸡、河蟹、村史馆等。同时，王会长积极汇报，主动争取，得到县委、县政府的大力支持，每年为老区增加拨款30万元，作为老区发展资金，用来改善老区的生活环境及生产条件。几年来，向老区投入资金170万元，资金额度虽小，但起到了四两拨千斤的作用，解决了老区村民资金短缺的燃眉之急，如辰清镇宝泉村林下养殖合作社，在市老促会的支持下，发展了鸡、鹅，2018年，养大鹅2万只，纯收入40万元，扶持了8户贫困户。沿江乡哈达彦村农机合作社，在市老促会的扶持下，养了鱼、河蟹，他们致富不忘穷乡亲，创新扶贫方式，邀请全县钓鱼爱好者，到哈达彦鱼塘，钓鱼、蟹，一天收入1.8万元，全部投给贫困户，发展再生产，开辟新门路，进一步脱贫致富。

孙吴县老区靠项目支撑，老区变了，村民富了，腰包鼓了，农民笑了，不仅脱了贫，还致了富。这些成绩的取得，得益于省、市老促会领导的支持；得益于县委、县政府的政策倾斜；也得益于县、乡老促会的加油助推。老促会将一如既往，为老区发展献计出力，让老区盛开脱贫致富之花，把老区建设得更加美丽昌盛！

第九节 孙吴县老促会取得的成绩及荣誉

多年来，县老促会紧紧围绕着县委、县政府的中心工作，认真落实中办发【2015】64号文件精神，为老区经济社会加快发展，当参谋，搞谋划，做项目，争资金，助产业，抓亮点，促脱贫，真做实干，献计出力，收到了明显成效，受到老区人民的称赞与好评。

一、在发展思路上，谋划

孙吴县有5个老区乡，34个老区村，5 096户，15 705人。前些年，老区乡村由于受历史、区位、资源、交通、环境等因素制约，经济发展滞后，农民生活较为贫困。如何改变老区贫困面貌，为老区人民脱贫致富服务，这一新的课题，摆在了老促会面前。摆脱贫穷，任重道远，县老促会一班人，没有退缩，没有回避，而是用真心，用真情，在王翠霞会长等历任会长的带领下，深入乡村，进行调研，倾听致富良策，征求脱贫举措。在此基础上，县老促会与老区乡党委、政府，共同商讨，精心策划，当参谋，出良策，制订了"发扬老区精神，利用老区优势，紧盯市场需求，发展汉麻产业，做大规模养殖，生产双高大豆，增加农民收入，抢抓政策机遇，建设美丽新村"的发展、致富、脱贫目标，让老区尽快富起来，美起来，亮起来，农民过上更加殷实的新生活。

二、在项目建设上，做大

项目建设，是加快老区发展的重要支撑，是夯实脱贫致富的主要根基。因此，在老区项目建设工作中，县老促会针对老区乡不同情况，建立了近期、中期、长期项目库，做到了项目建设有序推进。与此同时，跑市、进省，向上争取到了46个项目，1 041万元建设资金。为了把老区项目做大，做成产业化，县老促会采取了抓亮点、做蛋糕的办法，进行支持推进：对正阳山乡岩峰牧业合作社，进行重点扶持，连续几年投放老区发展资金，扩规模，上档次，上标准。目前，合作社年养猪出栏达到10 000头，实现纯效益200万元。还扶持了15户贫困户，脱了贫。同时，为本乡2个万头猪场提供了科学的管理经验。老促会对清溪乡食用菌厂，注入了老区发展资金，进行了技术改造，购入了菌包分离机、木耳筛选机、菌包装袋机和菌包封袋机，提高了工作效率，增加了经济效益，年纯收入40万元，解决了本村40多人的打工就业问题，还带动周边30多户农民发展木耳生产，加快了脱贫致富步伐。对辰清镇宝泉村林下养殖合作社，从管理指导入手，投入一定规模的发展资金，向养殖规模化、管理科学化、生态效益化、脱贫达标化发展。合作社养鸡3 000只，大鹅8 000只，每只大鹅纯效益15元左右，效益较为可观。合作社扶持9户村民脱了贫。还新建了孵化场，明年要进行规模饲养，孵化鹅雏20万只，采取小规模、大群体、户户饲养、合作社引领的方式，进行推进，共同携手走上多元化经营发展之路。

三、在资金投入上，协调

加大资金投入，是老区加快发展的重要保障。为了让老区尽快富起来，美起来，亮起来，县老促会抓住新农村建设契机，深入老区村屯进行调研，写出报告，呈送县委、县政府，并提出了向老区倾斜支持、加快老区发展的几点建议。同时，老促会重点向涉农部门以及社会各界，宣传老区的重大变化，老区人民的期盼与诉求，让社会了解老区，支持老区。在老促会的努力工作下，2016年至2017年，老区获得了6 687万元资金，建设了村级活动室，硬化了文化广场和乡村道路，改造了泥草房，安装了自来水和铁栅栏，安了路灯，栽植了花卉，给农民创造了一个舒适、温雅、优美的生活环境，村新了、庄亮了，农民笑了。

四、在特色产业上，助推

特色产业在市场竞争中有较强的生命力，发展潜能巨大。为了把老区的特色产业做大、做强、做成规模化，县老促会重点对老区的汉麻产业、安格斯肉牛产业、食品大豆产业，进行了广泛宣传，总结了不同方面的典型进行推广，让老区人民看到了本村、本乡的支柱特色产业，很受感动，很受震撼，很受启发，都纷纷行动，跃跃欲试，积极调结构，上项目，做产业，出现了："林下鸡、鹅捉迷藏，标准舍饲养牛羊，昔日泡泽变鱼溏，农民作起了汉麻产业大文章"的繁荣富裕的新景象。

有耕耘，就有收获，孙吴县老促会一班人，在王翠霞会长的带领下，为老区人民竭诚服务，得到了组织的肯定，孙吴县老促会2007年，被省老促会授予"先进集体"荣誉称号，2010年，被省老促会授予"先进单位"荣誉称号；2011年，被省老促会授予"先进单位"荣誉称号。2012年先后4次，被省老促会授予"先进单位"荣誉称号。2009年，王翠霞会长光荣出席了"中国老区妇女工作经验交流暨褒奖大会"，并获感动老区杰出人物奖。2013年，王翠霞会长被中国老促会妇工委理事会增选为理事。2015 年，受到省委组织部、省老干部局的表彰奖励。副会长孟小宝2009年、2011年分别荣获省老促会系统宣传工作先进个人、一等奖，2010年荣获市老促会系统先进个人、市老促会系统优秀通讯员，2013年荣获市老促会系统优秀通讯员，2015年荣获中国革命老区减贫贡献奖。县老促会2016年荣获全省老促会系统宣传工作先进单位，2010年，被市老促会授予"先进单位"荣誉称号，2010年，被市老促会授予"优秀组织奖"。2016年，荣获全市老促会系统宣传工作先进单位。

第十节　改革开放40年老区绘就新画卷

四十年来，孙吴县老区乡村，在县委、县政府的正确领导下，认真贯彻落实党的十一届三中全会以来的路线、方针和政策，以一往无前的进取精神和波澜壮阔的创新实践，积极推进改革开放，并取得了举世瞩目的新成就。

党的十一届三中全会召开后，全县老区乡村逐步由计划经济转向市场经济，农村实行了土地家庭承包的双层经营体制。尤其是党的富民政策的进一步落实，使农民生产积极性得到迸发，生产热情空前高涨，经营项目科学尽力，经济连年翻番，农民的钱袋子鼓了，农民富了，农民们乐了。老区乡农业总收入从1978年的625万元，发展到2007年的11 428万元，增长了17倍；人均收入由156元，增加到2 237元，增长了13倍。

40年改革开放，使老区人民生活水平发生了巨变，由缺衣少食，到丰衣足食；由贫困型向小康型转变。随着生活水平的提高，老区人民的消费观念有了明显变化，开始注重衣着打扮，着力改善自己的衣食住行，用现代家用电器装备家庭，家中配置了电视、微机、固定电话、移动手机、冰箱、洗衣机、摩托车，告别了1978年当时家庭仅有"手电筒电器"的时代，试与城市人民比高低。例如老区沿江乡砖瓦化率由不足20%，达到现在的91%；手机电话入户率100%。特别是有的农民住上了宽敞明亮的大砖房，有的还住上了小楼房；房屋整洁漂亮，庭院花草飘香，环境清雅别致，犹如花园一般。

在70年代，老区乡人口少，耕地少，经济落后，生活贫穷。党的十一届三中全会的召开，为老区发展农业带来了"艳阳天"，老区人民欢欣鼓舞，笑逐颜开，抓住良好的发展机遇，大作农业发展新篇章：

开荒扩种，增加粮食产量。为加快农业发展，改变耕地少的现状，老区人民在县委、县政府的领导下，合理规划、利用土地资源，向荒山进军，向荒山开战，披荆斩棘，开荒造田，唤醒了千年沉睡荒野，开垦耕地5 474公顷，每年增加粮食产量8 211吨；老区乡耕地面积从1978年的17 482公顷，增加到2007年的22 956公顷，增长31%；粮食总产量从1978年的16 409吨，增加到2007年的19 540吨，增长19%。为国家经济建设、国家粮食安全、城镇居民粮食供应，做出了一定的贡献。

改变经营方式，实行家庭承包责任制。党的十一届三中全会以来，党中央高瞻远瞩，尊重农民的首创精神，在农村首先进行了改革，以磅礴之势推向全国。老区人民也积极推进经营方式的改革，打破多年的"大锅饭"，实行了家庭联产承包责任制。责任制的实行，极大地解放了劳动生产力，农民劳动热情空前高涨，连创效益新高。

调整种植结构，优化经营品种。为了提高农业经营效益，老区人民大力调整种植结构，严格遵循市场经济规律，把种植品种不断调优，种植规模不断调大，种植效益不断调高，使种植结构趋向合理化，形成了亚麻基地、北药基地、芸豆基地、马铃薯基地、高油大豆基地、小麦、玉米基地等。老区正阳山乡，2007年种植经济作物45 118亩。有大麻、亚麻、马铃薯、水飞蓟、萝卜、芸豆、高油大豆等品种，并实现了订单种植。老区沿江乡哈达彦村"潘氏西瓜"，闻名遐迩，远销北京。

应用农业新技术，努力提高经济效益。改革开放，助推了老区人民的学习热情，提升了农民整体的文化素质，为推广和应用农业新技术奠定了良好条件。40年来，老区人民特别注重应用标准化农业新技术，使经济效益连创新高。如在农业种植上，他们应用了土壤深松、测土施肥、叶面施肥、药剂灭草、大豆大垄密、大豆小垄密、地膜覆盖等新技术，大豆平均公顷产量由1978年的1 500斤，增加到2007年的4 200斤。

积极发展生产力，用现代机械装备农业。1978年，老区人民的生产力水平很低，农民从事农业耕种，主要靠牛、马、犁，劳动效率低，经济效益差。改革开放，给老区发展注入了活力，给农民发展生产增添了动力，老区人民有了用武之地，农民们都摩拳擦掌，争先恐后，购买农业机械，武装农业，向现代农业迈进。目前，在老区的田间里、乡间的大路上，农业机械，比比皆是，都竞相作业，发挥效能，创造财富。农业机械到2007年已有大、中型机械664台，小型机械4 506台。农业机械的增加，生产力水平的提高，极大地改善了生产条件，减轻了农民的劳动强度，提高了劳动效率，降低了生产成本，增加了经济效益，提高了农民收入。

落实优惠政策，激发农民生产积极性。党中央、国务院对农业、农村、农民非常重视，制定了优惠政策，向农村倾斜。老区各级组织，认真贯彻落实优惠政策，免除了农业税；对种粮农民进行粮食直补、农资综合补贴；对农民购买大型农机具进行资金补贴。优惠的富民政策，极大地调动了农民种地的积极性，农民们辛勤耕作，科学管理，夺取了一个又一个农业大丰收。

在70年代，老区人民养几只小鸡下蛋，是为了换点零花钱，买点食盐，想搞点其他项目致富，因受当时政策限制，也只能望洋兴叹。党的十一届三中全会的召开，为老区人民致富，指出了新路。农民们纷纷行动，跃跃欲试，搞起了致富项目，培育起主导产业，给畜牧业、林业上发展。在致富经营中，他们科学管理，精心培育，把畜牧业、林业做成了支柱产业。

发展养殖业，脱贫致富。老区人民打破了单一靠种植业经营的生产格局，并认真总结单一经营的经验教训，在养殖业上下了功夫。老区乡养殖业，从1978年的寥寥无几，发展到2007年的牛8 198头，猪1 797头，羊39 301只，大鹅176 688只，獭兔7 000只，蓝狐1 140只，貉子1 401只，养鱼135亩，蜂170箱，林蛙5万只。实现养殖收入3 922万元，占老区乡总收入的34%。在促进牧业上，一是购买良种，规模养殖。在养殖业中，农民们积极筹措资金，千方百计，购进良种，提高品质，形成规模养殖。正阳山乡正阳村农民韩关顺，购买了西门塔尔黄牛，进行规模养殖，2007年，黄牛存栏达到45头，年纯收入5万元，一举脱贫。向阳村农民李金成，购买了黑头羊，养殖规模达到200只，2007年卖羊纯收入2.4万元。二是科学饲养，标准养殖。老区农民发展养殖，十分注重科学，坚持标准化饲养。沿江乡哈达彦村农民王金存，进行科学驯化养鱼，2007年纯收入5万元。本村23户俄罗斯族农民进行网箱养鱼，效益也十分可观。四季屯村农民关伟，进行科学养鸡，规模达到2 000只，年纯收入4万元。三是改良品种，效益养殖。奋斗乡在县老促会、扶贫办、畜牧局的支持下，先后建了5个冷配站。养殖户积极利用冷配站的优势，进行冷配改良，收到较好效益。奋斗村农民王学，2007年养牛达到110头，他三年改良肉牛39头，纯增效益3.5万元。靠山村农民王贵和，2007年养羊1 830只，改良羊170只，每只增收50元。四是发展特色，品牌养殖。老区农民在发展"牛羊经济"的同时，按照市场需求，积极发展特色养殖。辰清镇辰清村农民薛福贵，科学养殖蓝狐，进行规模经营，年人均收入达到5万元。宝泉村农民王海英养殖獭兔，2007年达到1 500只。正阳山乡椅山村农民张凤霞，养殖莱茵鹅，年收入3.5万元。

发展林产经济，富民强乡。老区人民积极利用山区资源优势，大力发展林产经济，实现了富民强乡。特别是按照县委、县政府提出的"沙棘立县"的发展战略，积极推进沙棘产业，建立沙棘基地，造沙棘林10 289亩，有的沙棘林已见效益。老区农民积极利用林木剩余物，变废为宝，2007年搞食用菌栽培80万袋。同时，他们还积极发展林下经济，种植药材3 006亩，采集蕨菜、都柿、榛子、木耳、蘑菇、药材等山产品。老区人民每年人均林业收入达350多元。

在70年代，老区乡村存在着"行路难、用电难、上学难、吃水难、看病难"问题。社会事业发展缓慢，基础建设十分落后，人民生活较为困难。改革开放，为老区发展社会事业带来了良好机遇。老区人民在党的英明领导下，在社会各界的大力支持下，积极推进社会事业各项建设，使老区呈现出欣欣向荣的新气象，旧貌换新颜。

路。过去，老区乡村的路坑坑洼洼，坎坷不平，十分难行。改革开放后，经过老区人民的不懈建设，道路实现了畅通，由泥泞路变成了水泥路，真是天堑变通途，成为致富路。特别是近几年，省、市、县加大了对老区道路建设的支持力度，累计投资8 503万元，完成通达项目工程29个，修路202.27公里，建桥5座，修涵洞161道，建客运站2处。"富民"道路的畅通，有力地解决了老区人民的出行难，运输难、经商难问题，改善了人民的生产、生活条件，促进了老区的经济发展，推进了新农村建设进程。

电。老区乡村，大部在偏远的山区。在改革开放前，老区乡村不通电，农民生活照明是煤油灯，米面加工靠石磨，生活十分艰难。改革开放后，在党的富民政策的支持下，电业部门把一条条电线，架往老区乡村，照亮了家家户户，为老区发展带来了光明，带来了动力。

校。党的十一届三中全会的召开，使教育迎来了发展的明媚春天。老区人民在各级党组织的带领下，积极推进教育事业，建教室、配教具、装备微机，改善教学条件，为学生学习提供了良好环境。特别是党的优惠政策，免除了学生的学杂费等，减轻了学生负担，激发了学生们奋发向上的学习热情，使学习质量大大提升，升学率逐年提高。

水。在70年代，老区人民的饮用水，品质较差，农民饮用后，发生很多病变，特别是大骨节病，比比皆是，农民的身心十分痛苦。改革开放，为老区人民改善饮水环境提供了条件。在各级部门的大力支持下，老区人民积极行动，打井改水，改善水质，解决了2 854户农民的安全饮水问题，保证了老区人民的身体健康。在抓好饮用水的同时，老区人民进行了节水灌溉、河道清淤、农田改造等工程建设，受益农田达到6万亩，为夺取农业丰收奠定了基础。

医。看病就医，是70年代老区人民最头痛的一件难事。改革开放以来，党的各级组织，十分关心老区人民的身体健康，投入资金，新建了乡级卫生院，配备了仪器，增添了科室，医疗卫生条件大为改观，农民纷纷参加农村合作医疗，2007年参合率达到90%以上，乡级卫生院的加强，为老区人民防病、治病提供了保障。

劳力转移。生产责任制的实施，生产力水平的提高，使农村出现了富余劳力。在党的政策的鼓励下，老区人民纷纷走出家门，独辟蹊径，外出淘金。2007年，输出劳力3 058人，劳务收入达1 580多万元。

农贸市场。改革开放，打破了长期计划经济的束缚。老区乡根据本乡实际，纷纷建起了农贸大集。农贸市场，商品丰富，产品众多，琳琅满目，美不胜收。农贸大集，活跃了农村经济，为农民销售农产品提供了场所，成为农民商品交易的集散地，农贸大集越办越火。各老区乡都相继办起了每月三次的农贸大集，从初期的10几个摊位发展到现在的几百个摊位，并吸引了哈尔滨、海伦、北安、黑河等地客商，每年的交易额达1 000万元。

民营企业。改革开放，为老区人民发展民营经济提供了条件。农民们纷纷行动起来，大展身手，办起了饭店、商店、旅店、米面加工、砖厂、养殖场、粉坊等服务和加工型企业，为农民发展农业产业化奠定了基础。

党的建设。改革开放40年，老区乡党员队伍不断壮大，党的建设不断加强。党的各级组织，认真组织党员深入学习毛泽东思想、邓小平理论、"三个代表"重要思想科学发展观和习近平新时代特色社会主义思想，用科学的思想理论武装头脑，提高素质。同时，还开展了"先锋工程""三个代表责任区"活动，凝聚党员力量，发挥党员作用，竭力为农民服务，为农民办实事、办好事、解难事，党组织的战斗力更加坚强，带领老区人民，克难攻坚，拼搏奋斗，夺取了一个又一个胜利。

改革开放40年，老区旧貌变新颜。老区人民回眸四十年历程，豪情满怀，信心倍增。老区人民决心，在党的英明领导下，高举旗帜，科学发展，认真贯彻落实党的十九大精神，与时俱进，奋发图强，集中精力，把老区建设得更繁荣、更富裕、更美丽。

第九章 党的领导 老区发展

第一节 农业种植篇

一、发展汉麻产业，增加农民收入

孙吴县老区乡镇在县委、县政府的正确领导下，把汉麻经营作为脱贫致富的重要产业进行推进，使汉麻种植面积不断增加，汉麻加工企业不断增多，经营效益不断提高。

因此，老区乡农民种植汉麻的积极性空前高涨，汉麻发展势头强劲，成为老区农民致富增收的新产业。

2016年，全县老区乡种植汉麻75 000亩（其中正阳山乡30 000亩，辰清镇30 000亩，奋斗乡9 000亩，清溪乡6 000亩），占全县汉麻面积的75%。特别是正阳山乡有14个村种植了汉麻，种植汉麻的农户有215户，其中种植50公顷的有8户，100公顷以上的有5户。汉麻种植品种有吉林一号等3个品种，播种时间4月20日左右，播种量每公顷240~260斤，保苗株500~600万株之间，施肥量每公顷550~700斤（氮磷钾 15：10：15），收获期8月20日左右，每公顷产量6~10吨，收获后经过雨露脱胶，降低费用，提高品质，适时加工，增加效益。2016年，汉麻总产量在37 500吨左右。

（一）从汉麻生长习性看，老区乡最适宜发展汉麻种植

老区乡除沿江乡外，均属第五积温带下限、第六积温带上限，常规作物效益较低，但汉麻适宜在山区的环境下进行生长，汉麻自身含有多种特有的化学成分，具有较强的抑草、抑虫害功能，在整个生长过程中，不需要使用杀虫剂和除草剂，对环境没有污染。汉麻喜温、喜湿、喜肥、喜光；抗病虫、抗倒伏、抗严寒，是一年生、草本、碳三植物，汉麻生长期分为两个时期，营养生长和生殖生长，一般生长高度在1.8~3米左右。老区乡镇经过几年的汉麻种植，都收到明显效益。特别是2016年，农业遭受自然灾害，玉米、大豆作物减产严重，但汉麻仍获得较高经济效益。由此可见，老区乡发展汉麻产业是最佳选择。

（二）从汉麻种植规模看，老区乡发展汉麻势头强劲

老区乡种植汉麻，从小到大，从少到多，从农户分散小面积种植，到种田能手集中大规模经营，发展势头迅猛。如正阳山乡双山村汉麻种植大户宋卫国，2016年种植汉麻13 500亩；环山村农民王宝成种植汉麻6 000亩；东岗村周德福种植3 000亩；清泉村张志民种植2 000亩；阳山村胡春龙种植1 000亩；高山村孙明军种植1 500亩；清溪乡平顶村农民何海军种植汉麻6 000亩。辰清镇曙光村种植大户孙继飞，2016年种植汉麻4 500亩；核心村刘志海种植1 050亩；宝泉村胡宗铡种植4 500亩；辰清村农民何兴国种植5 000亩；奋斗乡阿象山村农民张宁种植汉麻4 500亩，靠山村农民郑德友种植汉麻3 600亩。

（三）从汉麻种植效益看，老区乡发展汉麻是脱贫致富的最佳产业

随着玉米收储政策的调整，玉米出现销售趋缓，价格较低的现象，而汉麻经营，异军突起，效益凸显，汉麻种植户得利较高。如2016年，正阳山乡双山村农民李玉峰，种植75亩，收入达30 000元；农民高继洪，种植100亩，收入50 000元；阳山村农民胡春龙，种植1 000亩，收入达45万元；辰清镇核心村农民马忠，种植80亩，收入达35 000元；农民赵洪河，种植105亩，收入达45 000元；辰清村农民姜兴村，种植1 000亩收入达42万元。2016年，种植汉麻的效益，是大豆的5~6倍，玉米的6~8倍。

（四）从汉麻加工增值看，老区乡发展汉麻的基础建设不断增强

全县老区有11个村建了汉麻加工厂（占老区村的32%），有15条加工生产线（其中正阳山乡4个村5条生产线；辰清镇4个村7条生产线；奋斗乡2个村2条生产线，清溪乡1个村1条生产线）。平均每4吨汉麻原茎，生产1吨汉麻韧皮纤维（费用在7 500元，其中4吨原茎6 000元，加工费1 500元），其中长麻韧皮纤维占40%，二粗韧皮纤维占60%；长麻韧皮纤维每吨在18 000元左右，二粗韧皮纤维每吨在8 000元左右；每5吨麻屑制炭1吨（费用在1 000元左右），每吨炭销售5 000元左右。奋斗乡加工厂自己种植汉麻、加工、制炭，每公顷纯收入16 000元。2015年，正阳山乡双山村汉麻加工厂，投资465.3万元，新增一条汉麻生产线，建设炭厂（电烧炭和窖烧炭），硬化地面1 000平方米，办公室宿舍和食堂300平方米，加工长麻、短麻和制炭总收入达600万元。双山村李英龙在汉麻纤维初加工车间当检修员，每天工作8小时，每月工资3 000元，年收入在25 000元左右。艳阳村于长富，在制炭车间，每天工作8小时，年总收入在25 500左右。清溪乡平顶村汉麻加工厂2015年建厂，当年收回投入，略有剩余，解决了30人的就业，人均收入30 000元。

（五）从农民经营汉麻的劲头看，老区乡发展汉麻是结构调整的最佳选择

老区乡经过几年的经营实践，尝到了种植汉麻的甜头，经营汉麻劲头十足。2016年，正阳山乡新上4条汉麻加工生产线；奋斗乡新上2条汉麻加工生产线；辰清镇新上1条汉麻加工生产线。特别是正阳山乡阳山村农民胡春龙，不仅种植面积增加了，而且在2016年投资200多万元，建设了一条汉麻加工生产线和制炭车间。双山村农民宋卫国，又投资350多万元，引进一条加工生产线，建设制炭车间和储屑库。东岗村周德福，投资200多万元，建设了汉麻加工车间，引进了一条加工生产线。

（六）从市场对汉麻产品的需求看，老区乡发展汉麻前景广阔

汉麻产品多种多样，由它制成的服装衣饰具有吸湿、透气、舒爽、散热、防霉、抑菌、抗辐射、防紫外线、吸音等多种功能，随着科技进步，既可军用又可民用。发展汉麻产业有利于保护生态，带动促进相关行业发展。汉麻用途广泛，可开发产品多，容易拉长产业链条。汉麻秆芯可制木塑材料，性能比木材好，耐用、不易变形，防水、防潮、防电、阻燃，可回收利用，无甲醛和苯酚等有害物质，是木材使用寿命的3~4倍。可用于造纸，替代木材，减缓生态压力。麻纤维属优良纺织原料，有吸湿透气、天然抗菌保健、柔软舒适、抗紫外线辐射、耐高温等独特功能。发展汉麻产业，有利于拓宽纺织工业原料来源，适应不同层次消费需求，提高纺织产品市场竞争力。

二、小土豆变身"金蛋蛋"

　　孙吴县正阳山乡科学经营马铃薯产业，在土豆上做文章，把小土豆变成了"金蛋蛋"，成为农民致富的支柱产业。

　　正阳山乡积极引导农民调整种植结构，扩大马铃薯种植面积，不断把马铃薯产业做大、做强，做成"金蛋蛋"。一是培育品种，增值。乡政府投资1万元，栽植马铃薯试管秧苗1万株，品种有：兴佳2号、尤金885、延薯4和克新18 等四个品种。平均亩产原原种1 000斤，每斤原原种可出售10元。栽植马铃薯原原种30亩，平均亩产原种3 500斤，每斤原种可出售2元。二是科学栽培，增产。2016年，全乡种植马铃薯10 000亩，选种了高产品种：兴佳2号、尤金885、延薯4和中薯5。同时，亩增施有机肥一吨。还加强了田间管理，喷施乐果和敌百虫农药灭虫，为马铃薯生长发育创造了良好环境，使马铃薯公顷产量达到50 000~80 000斤，每斤马铃薯可出售0.5元。向阳村农民杜立伟，种植马铃薯75亩，获效益7万元。三是精深加工，增效。农民自筹资金，建了马铃薯加工厂，对马铃薯进行加工，增加附加值。正阳村葛维春不仅种植马铃薯150亩，自己还建了马铃薯加工厂，年加工马铃薯500吨，加工干淀粉和粉条，年纯收入达30万元。莲山村张永吉种植马铃薯150亩，承包正阳马铃薯加工厂，跟农户签订单300亩，年加工鲜马铃薯600吨，加工干淀粉和粉条，年纯收入达45万元。

三、"潘氏西瓜"协会真起作用

孙吴县沿江乡"潘氏西瓜"协会，积极发挥协会作用，组织带领农民发展特色经济，种植"潘氏西瓜"，2007年达到3 000亩，总收入800万元，纯收入350万元，成为农民致富增收的重要途径。

沿江乡"潘氏西瓜"协会，是能人+协会+农户的组织形式。2001年，哈达彦村村民潘庆友，开始种植西瓜，他有丰富的种植经验，曾在绥棱县获得过西瓜大王的称号；2006年被评为省级农民致富模范。在西瓜种植中，他形成了自己独特的管理模式，连续5年，年年盈利，所种的西瓜平均每公顷的产值都在50 000元，扣除生产成本，每公顷纯收入在20 000元以上。他为了带领农民致富，在村"两委"的支持下，成立了"潘氏西瓜"协会，并注册了"潘氏"西瓜商标，将全乡西瓜种植户吸收为会员，会员达84户。2007年哈达彦村西瓜种植面积达到1 500亩，带动全乡西瓜种植面积达到3 000亩。目前，哈达彦村种植西瓜的农户已达52户，成为小有名气的"潘氏西瓜"种植屯。在"潘氏西瓜"

经营中，"潘氏西瓜"协会主要发挥了以下作用：一是统一组织。"潘氏西瓜"协会建立了章程，制定了制度。协会统一组织会员定期开会，学习西瓜种植技术，座谈交流在西瓜经营中遇到问题、解决问题的主要经验，进而提高会员们的经营能力。二是统一品种。会员种植西瓜所用的种子，统一由协会供应有（早、晚两个品种，早西瓜在7月中旬上市，晚西瓜在9月20日左右上市），不准种植其他品种，以免影响西瓜产量和效益。三是统一技术。协会对会员进行"潘氏西瓜"栽培技术的培训，详细讲解"潘氏西瓜"的种植规程，让会员掌握什么时间育苗、什么时间定植，用什么绿色肥料，怎样押蔓定瓜，什么时间摘瓜出售等技术。同时，还打印"潘氏西瓜"栽培技术要点，发给会员，供其使用。四是统一标识。"潘氏西瓜"协会申请办理了"潘氏西瓜"标识品牌，由会员统一使用，会员在出售西瓜时，把"潘氏西瓜"商标贴在西瓜上。顾客一见"潘氏西瓜"，都争先购买，供不应求。贴有"潘氏西瓜"商标的西瓜，比没有商标的西瓜，每斤多卖5~6分钱。五是统一销售。"潘氏西瓜"在销售时，他们利用微机，在网上发布销售信息，统一组织销售。"潘氏西瓜"现已远销北京，在协会的积极服务下"潘氏西瓜"品牌已远近闻名。会员们也尝到了"潘氏西瓜"品牌的甜头，会员王景贵2007年种植西瓜3公顷，纯收入65 000元，会员安铁军2007年种植西瓜1公顷，纯收入25 000元。

第二节　畜牧养殖篇

一、利用资源优势，加快发展养殖业

孙吴县正阳山乡岩峰村党支部、村委会，积极引导村民，利

用本村三大优势，实施典型带动，大力发展养殖业，2015年，畜牧业收入占村总收入的半壁江山，促进了村民收入的持续增长。

（一）利用优势，发展养殖

岩峰村位于孙吴县西，距县城六十公里，有81户，281人，耕地9 200亩，林地350亩，草原910亩，属第六积温带，无霜期短，产量低，效益差，农民生活较为贫困。村两委班子，为改变村民贫困面貌，多次召开班子会议，研究致富发展方略；同时，召开村民座谈、村民大会，探讨致富发展的新思路。广泛的共同探寻，大家一致认为：要想把岩峰村的经济搞上去，就应就地挖潜，利用好本村的三大优势，念好发展畜牧业这本经。一是资源优势。岩峰村有独特的地理优势，有较多的耕地，丰富的草原，充沛的水源，广阔的林地，有充足的养殖饲料，可以降低生产成本，提高经济效益。二是环境优势。岩峰村四面环山，科洛河横贯其中，环境优美，天然草场无公害，没有任何污染，发展养殖，具有天然的环境优势。特别是在这样的环境里搞养殖，交叉感染少，疫病发病率低，是发展绿色有机养殖的最佳地域，可以有效增加农畜产品的附加值。三是经验优势。岩峰村村民对养猪、马、牛、羊，有着丰富的经验，有多年的养殖技术，还有养殖专业户，尤其是村民对致富的愿望强烈，养殖积极性空前高涨，是发展畜牧业的强大动力。思想认识的统一，为加快发展养殖业奠定了坚实基础。

（二）引领带动，形成规模

岩峰村党支部、村委会，带领村民，趁热打铁，说干就干，搞起了养殖业。在工作中，他们采取了三项举措：一是干部带动。村支部书记崔久田，带领5户村民，组建了岩峰牧业专业合作社，注册资金300万元，占地面积40 000平方米，建猪舍面积超过3 500平方米，基础设施完善，设计合理，养猪1 200头，年产值超过300万元，2015年，盈利100万元。二是大户推动。曹务宝与三户农户合资，引进86头西门达尔肉牛，推动了村的养牛业，有20户村民效仿，搞起了养牛。2015年，曹务宝新建牛舍近1 000平方米，种植了14公顷青贮玉米，西门达尔肉牛饲养量达到160头，盈利70万元。现在岩峰村周围，四处可见牛群，初步形成了赶着黄牛奔小康的喜人画面。三是特色拉动。王中奎是特色养殖户，人称"弼马温"，他来自内蒙古，有祖传的养马技术，在原有4匹马的基础上，于2012年，在内蒙古购进了10匹种马，2015年又购进19匹种马，现已发展到70多匹。他充分发挥自己的特长，经常与周边一些养马农户密切联系，初步形成了不定期在岩峰村进行肉马交易的小市场，成为嫩江马肉干的货源地之一。他养殖的马，一匹最多曾卖到30 000多元，2015年，他养马收入达到36万元。在他的影响拉动下，村民都跃跃欲试。村民赵国军，养马22匹，年收入80 000多元。

（三）科学经营，增值增效

在村党支部、村委会的引领下，在养马户的科学经营呵护下，岩峰村出现了六畜兴旺的好势头：一是总量扩增。全村养猪从过去的30头，发展到现在的2 100多头，是三年前的70倍；黄牛从过去的20头，发展到现在的310多头，是三年前的15倍；2015年黑头羊存栏700多头；肉马由三年前的17匹，增加到现在的130多匹，增长了近8倍。二是比重增长。2015年，岩峰村总收入达到1 050万元，畜牧业总收入达到550万元，占村总收入的52%，打破了靠种植业收入的经济格局。三是收入增加。2015

年，岩峰村人均收入达到9 500元，比2012年的4 600元，增加了一倍多。村民吴娟养羊320头，年收入8万多元。

二、招商引资建龙头，引领发展新产业

清溪乡在县委、县政府的领导下，紧紧围绕着农民增收这一目标，落实新理念，适应新常态，再造新优势，创建新产业。筑巢引凤，招商引资，用真情感动了黑龙江鑫宇牛业有限公司，落户清溪乡，投资1.2亿元，建设肉牛育肥繁育生产基地。2015年，投资8 000万元，建设了标准牛舍8栋、3处青贮窖、办公楼等，项目建设得热火朝天，如火如荼。建设项目，规模庞大，十分雄伟，它像一盏光芒四射的导航灯，将引领清溪人民致富兴家、奔小康。

（一）依托资源，考察招商，创建龙头

清溪乡地处山区，属第六积温带，无霜期短，产量低、效益差，农民生活较为贫困。为改变这一贫穷现状，乡党委、乡政府结合本乡实际，利用清溪乡林草资源丰富，耕地面积较多，农民有养殖欲望的诸多优势，加大了招商引资力度。他们一不等、二不靠，采取走出去、请进来的办法，招商、客商、亲商。在上级领导的引见下，他们与黑龙江鑫宇牛业有限公司进行了对接。黑龙江鑫宇牛业有限公司是一家实力非常雄厚的私营企业。为引进这家公司，他们在县领导的带领下，多次到黑龙江鑫宇牛业有限公司，主动登门洽谈，详细介绍清溪乡的资源、地域、优惠、服务等方面的优势。经过不懈努力，他们终于用诚心和真情，打动了公司范总，几经实地考察后，拍板决定在清溪乡永青村建设肉牛育肥和繁育养殖基地，搞肉牛育肥、繁育和深加工。鑫宇公司在清溪乡龙头企业的建设，将成为引领清溪乡农民致富的新兴支柱产业。

（二）、心组织，竭诚服务，加快建设

为使鑫宇牛业有限公司在清溪乡顺利建厂办企业，乡成立了项目建设服务领导小组，由乡主要领导任组长，下设办公室，由主管乡长任主任，领导小组具体负责项目建设的协调服务工作。良好的服务，是项目建设和产业发展的必要保障。因此，在项目实施过程中，乡党委、政府积极协助鑫宇公司选场地、定位置，协调征地、办证、环评、架电等有关事宜。在乡的精心协调下，建厂事宜进展顺利。特别是在厂区占地时，有一农户与公司发生了纠纷，乡里与农户做了深入细致的工作后，很快达成了协议，同意串换土地，为鑫宇公司顺利开工奠定了基础。在乡全力支持和真诚服务下，鑫宇牛业有限公司坚定了在清溪投资办厂发展畜牧业的信心和决心，从而也加快促进了企业的建设进程。

（三）广建项目，种养结合，实现双赢

目前，鑫宇牛业有限公司，已投资8 000万元，占地45 070平方米。完成了办公楼3 100平方米，牛舍8栋、9 360平方米，生物有机肥生产车间，6 700平方米，青储窖14 000平方米等项目设施建设。在乡党委、政府的积极争取下，通过省农开办高标准农田建设项目，帮助鑫宇牛业实施了农机具补贴、4公里水泥道硬化和三座桥涵新建任务等辅助工程建设，为企业在清溪乡顺利发展提供了良好的基础保障。鑫宇牛业公司的肉牛育肥项目，采用无公害肉牛绿色养殖技术，按照绿色食品生产操作规程要求，进行管理和生产，保证牛肉中没有化肥、农药、激素、抗生素等对人体有害物质的残留。并采取"公司+农户"的合作经营模式，充分宣传、包装和营销本项目产品，形成产品的市场竞争优势。2015年，鑫宇牛业有限公司与清溪乡3个养殖大户和11户农民，展开了合作，养基础母牛153头，育肥牛800头，增加收入300万元，其中养殖户增收68万元，实现了公司与农户的双赢。鑫宇公司还承租了永青村11户农民流转的3 100亩土地，种植了甜玉米，出售甜玉米棒，纯收入200多万元，青贮玉米秸秆800吨。

肉牛育肥和繁育基地的建立，有效地提高了农户开展肉牛养殖的积极性，并带动了饲料领域等相关产业的发展，也使更多的农副产品、秸秆得到了过腹增值，既节约了粮食，又减少了因焚烧、废弃造成的环境污染，养殖基地实现了品种优良化、生产过程设施化、生产规范化、防疫制度化、粪污无害化。同时，也将废弃污染物变废为宝，生产复合有机肥，为地方的绿色生态农业，建设无公害农产品基地，提供了有机肥供应保障，加快促进了农业生产的良性循环。最终实现了农民增收、企业增效的双赢目的。

三、开发江水资源，致富老区百姓

孙吴县老区沿江乡党委、政府，把农民致富增收作为首要工作来抓，积极引导农民调整经营结构，开发江水资源，进行网箱养鱼，借水生财，致富增收，已收到较好效果。

沿江乡与俄罗斯康斯坦丁诺夫卡区隔江相望，界江线长达35公里，水资源十分充沛。近年来，乡党委、政府对农民致富特别关注，积极带领农民调整种植结构，进行科学经营。但是，由于受土地资源的一定限制，农民增收趋向缓慢。靠单一经营制约农民致富增收的问

题，越来越凸显。如何带领农民致富增收一度成为党委、政府关心的工作重点，他们经过认真思考和反复论证，把眼睛盯在了江

水资源上，大胆带领农民在黑龙江水域作起了大文章，为农民致富增收开辟出一片新天地。

（一）宣传引导，借水生财

为更好更快地开发江水资源，致富于民，乡党委、政府与县水产局密切配合，加大了宣传引导工作力度，组织专人，逐村宣传省委关于"以水兴业，以水富民"的战略思想，宣传黑龙江水域无污染和水质优质的养鱼优势，宣传江鱼的高价位、高效益，宣传哈达彦村农民王金存利用江水养鱼致富的事迹，用哈达彦村网箱养鱼联合体的事迹说服农民，让农民干有榜样，奔有方向。经过深入广泛的引导宣传，农民对网箱养鱼有了新的认识，都摩拳擦掌，跃跃欲试，想借水发财。

（二）加大投入，网箱养鱼

农民对网箱养鱼认识提高后，乡党委、政府、县水产局加大了对网箱养鱼农民的服务力度，积极向上争取网箱养鱼的项目资金，进行多方的资金筹措，确保网箱养鱼的顺利开展。2011年，县财政投入网箱养鱼资金达273万元，加快了网箱养鱼的工作进程。全乡组建了9个网箱养鱼专业合作社，注册资金450万元，有养鱼社员157人，经营养鱼网箱400个，面积9 600平方米，放养了鲤鱼、鲫鱼、鲶鱼、鳜鱼。经过精心饲养，获得了好收成，鱼总产达到100吨，产值实现800万元。信德养鱼专业合作社经营200个网箱，纯获利150万元。俄罗斯族养鱼专业合作社，有23户俄罗斯族农民进行网箱养鱼，也获得好效益。农民王金存用江水养鱼，年纯收入15万元。

（三）科学配套，助推发展

为把网箱养鱼做大、做强、做成支柱产业，乡党委、政府与县水产局联手，为渔民实实在在地做了四件事：一是科学规划。制定了《江水网箱养殖高产、优质、高效发展规划》，利用3年时间，投放网箱5 000个，形成规模养殖、规模效益，使之成为农民增收的支柱产业。二是技术培训。为确保网箱养鱼的质量，乡党委、政府组织举办了养殖生产及渔业安全生产综合培训班，提高渔民的综合养鱼技能。三是引进鱼种。乡党委、政府多方联系，为养鱼户调运优质鱼种3万多斤，并免费为网箱养鱼户暂养，保证了养殖成活率，促进了网箱养鱼的健康发展。四是建设鱼池。为加快发展网箱养殖，培育特色产业，乡党委、政府搞了网箱养殖基地配套工程建设，建综合用房184平方米，室内越冬池3 000平方米，配备了增氧机等设备，保证了6 000公斤的鱼类安全越冬，为冬季市场提供江鱼创造了条件，也相应提高了江鱼的销售价格，增加了渔民收入。与此同时，还在江边建了2处度假村，3处渔家乐，形成了养鱼、旅游、观光、娱乐为一体的休闲、渔业经济发展带，一个"以水兴业，以水富民"的新格局展示在老区人民面前。

第三节　农机带动篇

一、农机合作社推动了"土地的新革命"

孙吴县老区沿江乡大桦林子村，有376户，1 247口人，耕地面积31 500亩，村规模较大，土地集中连片，有利于大型农业机械的作业。前些

年，村里的农机具，机型较小，严重阻碍了村农业的发展。为

了提高农业机械化作业水平，2006年，村抓住国家和省的惠农政策，投资70万元，组建了农机作业合作社；2007年，又投资70万元，对农机合作社进行了扩建，购置了大型农机具8台（套），其中大型农机有纽荷兰"1004"三台，东方红"1004"一台，纽荷兰"110-90"一台，大型联合收割机"1048"一台，佳联-5两台；2009年，又投资120万元，购入大型联合收割机4台，胶轮车3台。农机合作社固定资产达到418万元，有经营人员26人，其中，理事1人，副理事2人，管理人员3人，机手20人。2009年农机合作社规模经营土地面积达到27 000亩，占村总土地面积的85.7%。几年来，村农机合作社采取"承租土地（流转户的土地）、代耕服务、连片种植、集约经营"的办法，充分发挥机械效能，提高了土地的利用率和产出率，增加了农民的经济效益，促进了土地流转，为深化"土地改革"探出了新路，加快推进了现代农业的发展进程。

农机合作社组建后，生存与发展成为关键问题。为确保农机合作社健康发展，他们在经营上大做文章，采取了以下办法进行推进：一是降低作业收费标准，扩大经营作业范围。农机合作社成立初期，很多难题困扰着他们，尤其是作业量不足，机车吃不饱，小地块与大机械的矛盾十分突出，严重制约了大型机车作用的发挥。当时，大桦林子村共有中小型拖拉机300多台，由于受传统整地技术的影响，大多数农户不愿意使用农机合作社的机车，导致农机合作社的机车大量闲置，直接影响到农机合作社的生存与发展。如何解决机车作业量不足和小地块与大机械的矛盾成为农机合作社面临的首要问题。他们多次召开理事会，商讨解决办法，最后确定了"降低收费标准，提高作业质量，扩大整地范围，推广应用新技术，逐步增加土地租赁经营面积的集约化经营"的发展思路。2006年，县政府出台了秋季深松整地补贴政策，调动了农民整地的积极性。农机合作社抓住这一有利时机，让利于民，降低收费标准，提高标准化作业质量，每公顷翻地收费180元，深松240元。而村里其他机车翻地每公顷收费230元，深松320元。在提高整地质量和降低收费标准的情况下，村里的大部分机车不再下地作业了，全村80%的耕地开始使用农机合作社的机车整地。到2006年秋，农机合作社机车整地面积实现了57 000标准亩，机车台均作业量7 125标准亩，纯收入实现35万元，农机合作社彻底扭转了被动局面。2008年，农机合作社整地68 000标准亩，纯收入达到38万元，从此，农机合作社逐步走上了健康发展的道路。二是租赁承包土地，进行规模经营。农机合作社按照农民意愿，在村委会的协调下，采取"明确土地所有权，放活土地使用权，实施土地租赁承包"的方式，把村里132户（占村总户数的35.1%）农民的土地租赁承包过来，由农机合作社统一集中耕种。租赁承包采用两种方式：（1）包耕地产量。每公顷大豆年产量基数定为3 500斤，生产资料由农户负责，农机合作社负责整地、播种、管理和收获，机车作业费用由农户承担，产量超出部分农机合作社与农户各分配50%，产量不足3 500斤，农机合作社补足3 500斤。2008年，农机合作社包产量租赁承包土地1 500亩。2008年由于干旱少雨，产量没有达到基数要求，农机合作社每公顷补给农户180斤的大豆。尽管这样，通过全年算账，合作社每公顷土地纯收入实现300元。收入虽然不多，但毕竟向前迈出了关键的一步。（2）耕地定价承包。农机合作社根据本村耕地等级，对耕地进行定价，承包费每公顷1 800~2 000元不等，2008年定价租赁承包土地达12 750亩，为规模连片经营奠定了基础。三是进行连片种植，实行集约化经营。农机合作社对租赁承包的土地实行集中统一管理，连片种植，规模经营，最大连片面积达3 000亩。在此同时，他们实行了"六统一"的作业方案,降低生产费用,即统一调整种植结构、统一购买生产资料、统一整地、统一播种、统一收获,统一出售农产品,集中机车入库管理,特别是实行的单车核算制度,保证了农机合作社的健康发展。四是为村民代耕服务,坚持作业质量。农机合作社为充分发挥机械化效能,积极扩大了作业范围,为村民代耕服务,同时,坚持标准化作业,坚持作业高质量。优质的服务,标准化作业,赢得了村民的信任,2008年,农机合作社为村民代耕达到12 000亩,给村民让利少收机车作业费96 000元,也为村民夺取农业丰收创造了条件。

农机合作社组建几年来,发挥了重要作用,推动了村经济的加快发展,成效十分显著:

一是促进了土地流转,土地流转户的经济收入有了明显增长。全村有132户,把15 000亩耕地转租给农机合作社,使土地流转做到了有序、快步、健康的转移。特别是为土地流转户增加收入创造了条件。据调查,土地流转户平均每人每年收入在1.2万元(劳务收入+土地租金+养殖收入+第三产业收入),比土地流转前增长了2倍。

二是促进了机械效能的发挥,土地利用率和产出率得到较大提高。村民把土地流转给农机合作社,为大型农业机械进行规模经营、连片种植提供了条件,尤其是解决了小地块和大机械的矛盾,为大型农业机械进行连片作业提供了舞台。更为重要的是减少了机车空运转,机械效能得到充分发挥,生产费用大大降低,据统计,每台机车作业量达到5 000亩,降低机车空运转费达到12万元。特别是大型农业机械进行连片作业,提高了整地质量,为农作物生长发育创造了良好环境,2009年小麦公顷产量达到8 000斤。最高产量达到10 000斤。

三是促进了农业新技术的应用,村民从中得到较大实惠。土地规模经营，连片种植，为应用农业新技术提供了条件，特别是在承担农业项目推广应用时，村民从中得到较大利益：如2009年小麦连片种植6 000亩，得到县项目补助资金35万元；2009年大豆良种繁育1 500亩，得到县项目补助资金5 000元；2008年深松整地24 000亩，得到县补助奖励资金12万元；2008年大豆大垄密1 500亩，得到县项目补助资金5 000元；2008年深松整地种植的大豆每公顷增产350斤、大豆大垄密每公顷增产500斤。

四是促进了农业生产标准化的推广，示范效应得到显现。为做到农业生产标准化，给村民生产做出榜样，2008年，农机合作社租赁承包了村南土地1 200亩，推广大豆大垄密植高产栽培技术，建立了农业生产标准化示范园区。园区从整地、播种、管理到收获，全部实施农机标准化作业，使用大型机械，对土地深松、起垄、镇压，增强了土壤蓄水保墒能力，在当年严重干旱的情况下，园区内的大豆产量每公顷实现4 500斤，比全村平均产量每公顷增产500斤，真正起到了示范带动作用。

五是促进了劳动力在生产结构中的调整，大多数村民开始从种植业中分离出来。村民把土地流转给农机合作社后，开始独辟蹊径，积极拓展新的致富领域，寻找新的致富项目，探索出了一条致富增收的新路子。据统计，全村外出务工158人，年人均收入8 500元；有135户搞起了养殖业（占村总户的36%），养牛607头，羊1 000只；有8户捕鱼；4户开了饭店；6户经营了小卖店；3户办起了豆腐坊；3户经营服装；6户收购药材、蕨菜；有146人采集药材，日收入80多元。

六是促进了现代农业的发展，土地经营的整体功能有了明显增强。土地流转，规模经营，提高了土地经营的专业化、组织化、科学化、规模化、标准化、集约化的整体功能，具备了承担实施项目的整体能力，提高了农业生产力水平，提高了生产质量，加快推进了现代农业的发展。

二、发展多元经济，辟宽增收路径

孙吴县桦林现代农机合作社，经过十年发展，已走上集种植、养殖、仓储、加工、销售为一体多元经营的农业产业化发展之路。2016年合作社总资产达9 600万元，入社农户345户，自主经营土地6.73万亩，实现总收入5 453万元，户均纯收入4.88万元，是当地农民纯收入的1.68倍。全村50%以上的家庭拥有小轿车，80%的农户都到县城购买了楼房，桦林村已成为远近闻名的富裕村、文明村。合作社先后被评为"国家级示范社""全国农产品加工示范单位"和"全国种粮售粮大户"等多项荣誉，吴德显个人获得了"全国劳动模范""全国十佳农民"和"龙江最美创业人"等称号。

（一）优化种植增效益

始终根据市场需求调整种植结构，发挥现代大机械作用，实施标准化生产，提高单位产出率。前几年，紧紧抓住国家玉米、水稻政策性收储机遇，减大豆、增玉米、扩水稻，粮食产量逐年大幅增加，实现了增产增收。2016年，合作社根据市场变化，本着为养而种、为加工而种的原则，大幅减少籽粒玉米种植面积，扩大了青贮、鲜食玉米、有机水稻、高蛋白大豆和特色作物面积。种植玉米1.2万亩，青贮、鲜食玉米0.6万亩，水稻1.5万亩，大豆2.6万亩，牧草、高粱和杂豆等特色作物1.1万亩，粮食总产2.6万吨，种植收入3 815万元，亩均收益483元，比其他农户亩多收61元。另外，利用水稻育秧、大棚栽植的食用菌、西瓜和蔬菜增收达145万元。差异化、特色化种植确保合作社收入稳定。

（二）种养结合增效益

坚持种养结合，发展畜牧业不放松。建设标准化养殖场3个，占地12万平方米，畜舍3.2万平方米及配套设施，始终保持存栏900头可繁母牛，年育肥出栏肉牛1 300头的养殖规模。2015年，在黑龙江省农科院的帮助下发展高端养殖，进行了品种改良和技术引进。已成功繁育种牛58头。建立了"黑河马"种马站，引进种马35匹，骒马98匹。与日本好食实业公司达成和牛与肉马养殖战略合作协议，畜产品全部出口日本。在偏远的山区乡采取产业扶贫带动方式，建设安格斯牛养殖基地，从澳洲引进600头可繁母牛。养殖业每年能够吃掉4 000多吨玉米，牧业增值1 000多万元。合作社通过延长产业链、提升价值链，促进粮经饲统筹、种养加销一体，发挥优势、挖掘潜力，打造优质安全生态高效的现代畜牧产业。

（三）产业融合增效益

以"粮头食尾""农头工尾"为抓手，发展农产品初加工，延伸产业链条，提高效益。发展建设了3套粮食烘干塔，日处理潮粮1 600吨，2015年带动合作社及周边粮食烘干增值1 500多万元，2016年增值600余万元；投资2 000多万元，建设国标保温钢板平房仓6栋1.67万平方米，圆仓5个，为国家代储7.9万吨玉米，每年租赁费就达573万元；投资190万元，建成日处理水稻60吨的自动加工生产线，仅加工合作社水稻就能增收160万元；投资310万元，建设年屠宰800头牛的生产线和500平方米冷藏保鲜库，可增收95万元；投资450万元，正在建的糖化饲料厂，将快速推进特色作物种植及原粮转化和酿酒、储酒产业发展，同时酒糟还可用于育肥肉牛，推动农牧业全产业链发展，提高合作社综合产出效益。

（四）品牌销售增效益

瞄准市场、优化品质、培育品牌，提升产品竞争力。投资
260万元，在孙吴县城设立合作社农产品直销店，去年销售额达
到800万元。积极参加上海、北京等地大型展销会，并以每斤
大米3.6元的价格与青岛、杭州的超市签订长期供货合同。将大
棚生产的西红柿、彩椒等蔬菜进行保鲜后，错季销往俄罗斯。
在做好线下销售的同时，合作社注册了桦林现代农机合作社网
站，完成了农业物联网基地建设，利用"互联网+农业"模式，
实现了有机大米、绿色大豆生产全过程智能管理和农产品质量
可追溯，保障了农产品生产质量，"昊北"牌大米网上销售额
1 800余万元。

三、聚焦产业发展，实施整村搬迁，实现脱贫致富

孙吴县哈屯玉米现代农机专业合作社成立于2012年，经过三
年的探索发展，入社农户214户，机车和农机具79台105套，固定
资产3 155万元。2015年，合作社规模经营土地达到3.6万亩，粮
食总产2 389万吨，总收入5 152万元，总盈余2 114万元，社员人
均纯收入达到2.6万元，
是全县农民人均纯收入
的2.1倍，被评为"全省
现代农机合作社示范
社"和"全国农民专业
合作社示范社"。2016
年与天马彩钢强强联
合，成立了孙吴县哈屯

天马农产品种植专业合作社。为贯彻县委、县政府坚决打赢脱

贫攻坚战的战略部署和响应东部平原乡镇带动西部山区乡镇共同发展的号召，合作社经过多方考察市场、积极同县乡两级接洽，通过整村搬迁、发展产业等形式，全力推进红旗乡建设村整村扶贫开发工作，取得了较好成效。孙吴县哈屯天马农产品种植合作社已经在红旗乡建设村完成投资2 702万元，投入机械总动力3 390马力。共搬迁常住村民27户，整村流转耕地7 800亩，促进农民增收78万元。组织群众采取带地带牛入社的方式，建设汉麻种植加工基地，建成汉麻加工生产线一条，2016年生产总值460万元，建成千头安格斯牛养殖基地，存栏安格斯肉牛300头。带动贫困户107户。

2015年，农业部启动了北方农牧交错区"粮改饲"试点，并出台了《镰刀弯》地区玉米结构调整的指导意见，力争在黑龙江省调减玉米种植面积1 000万亩以上。根据相关政策和市场经济现状，合作社按照精准扶贫工作要求，形成了发展特色作物和畜牧业的脱贫攻坚工作思路。在赴新疆、江苏、云南等地进行考察后，确定了发展汉麻种植加工以及安格斯肉牛养殖项目，逐步摆脱单一的种植业发展模式，走出一条效益更好、更合理的农业综合发展道路，确保扶贫工作有的放矢。2012年开始引导推广种植汉麻以来，已逐步成为孙吴县扶贫脱贫项目的重要举措。种植汉麻增收效果明显，每公顷汉麻干茎常规产量7吨计算，净收可达11 000元。同时，在安格斯肉牛养殖上，从犊牛到育肥牛，养殖每头育成牛纯利润可达6 500元。2016年，县与鑫茂华商、海尔产业金融签订合作协议，年末购进安格斯基础母牛4 000头，到2018年建成3万头安格斯基础母牛养殖基地，到2020年，全县利用本地基础母牛杂交改良安格斯牛7万头，可带动5 000户贫困户发展安格斯肉牛脱贫解困。其中哈屯天马种植合作社在红旗乡建设村建立规模为1 800头的养殖基地，购入基础母牛30个月后可繁育犊牛，年可繁育犊牛1 620头，按每头牛10 000元利润计算，产值可达1 620万元。综合分析效益后，合作社正式确定以发展汉麻种植和安格斯肉牛养殖作为推进扶贫开发的重点产业项目。推进肉牛养殖、汉麻生产与加工项目资金需求量大，要求技术配套，仅靠合作社的自身力量难以完成。合作社经过召开理事会和股东代表大会，决定寻找合作伙伴，共同推进产业开发。经过多方洽谈，合作社与天马彩钢公司最终达成合作意向，申请注册了哈屯天马种植合作社。经协商双方共同投资2 000万元，其中哈屯合作社出资1 020万元，占总投资的51%，天马彩钢出资980万元，占总投资的49%。解决了资金、技术发展难题，形成了强强联合态势，进一步提升了项目的可操作性，确保整村搬迁和扶贫产业项目发展顺利推进。

在实施整村搬迁工作中，大家坚持严谨细致的工作态度，科学制定了搬迁方案。方案制定后，积极与乡、村两级对接沟通，通过召开村民大会等形式，充分听取村民的意见和要求，对方案进行进一步细化和完善，在保障合作社自身发展的情况下，实现村民利益的最大化，确保整村搬迁工作顺利推进。通过各方面的协调和努力，合作社于2016年4月初完成了建设村整村搬迁工作，置换农村建设用地7.85万平方米，为扶贫产业项目发展奠定了坚实的基础。始终坚持保障村民获得合理收益的工作原则，严格按照搬迁方案确定的标准对搬迁村民进行补偿。合作社共投资70余万元，搬迁常住村民27户，其中拆除房屋27栋，每栋房屋补偿2 000元，购买宅基地27处，补偿标准为6.5元/平方米，租赁流转土地570公顷，租赁价格为每公顷4 000元，比市场价格高500元。为保障搬迁村民的长远利益，在汉麻加工厂和安格斯肉牛养殖基地建设完成后，安排搬迁居民进厂工作，转移农村劳动力30人。其中汉麻加工厂吸收搬迁农民20人，工资为每人每月3 000

元；安格斯肉牛养殖基地吸收搬迁农民10人，工资为每人每月3 000元，确保了搬迁村民实现双向增收、长期受益。为抢抓施工进度，在项目审批手续办理过程中，合作社积极开展项目建设备料等前期准备工作。建成牛舍、农机库、汉麻车间、办公室等建筑面积2 762平方米，其中办公室344平方米，农机库1 326平方米，汉麻车间1 092平方米，硬化地面8 000平方米，建牛舍3 250平方米，并安装完成了国内最先进的汉麻加工生产线，全部工程10月末完工并投入使用。

四、土地流转，规模经营，推进现代农业发展进程

孙吴县老区沿江乡党委、政府，认真贯彻落实中央一号文件精神，不断深化农村改革，积极创新土地经营模式，实行土地流转、规模经营，极大地提高了土地的利用率、产出率，增加了农民收入，加快推进了现代农业的发展进程。

乡党委、政府，积极组织农民认真学习中央一号文件精神，结合本乡实际，深化农村改革，进一步探索土地经营模式，创新土地经营权流转方式，用转包、租赁、入股和代耕等形式，进行土地流转，规模经营，连片种植，使土地利用率、产出率达到最大化，进而提高了农民对土地经营的经济效益。全乡共流转土地2.5万亩，占总耕地面积的25%；涉及农户450户，1 575人，分别占总户数、总农业人口的19%、20%。连片种植面积达到6万亩，占耕地面积的60%。在土地流转、规模经营的过程中，主要采取了以下办法：一是加大宣传，积极引导。在工作中，乡成立了由乡长任组长、主管农业的副乡长任副组长，农机、农技和各村为成员单位的土地流转、规模经营的专项工作小组。为切实做好此项工作，加大了对农民的宣传引导力度，通过召开现场会、座谈会、典型会，用身边人、身边事，引导土地经营"困难农民"

进行土地流转，另辟蹊径，寻求增收新渠道。二是多措并举，精心流转。（1）确定土地流转户范围。土地流转户主要是：贫困户、地少户、种地无车户、外出务工户、无经营能力户、种地效益较低户。（2）土地流转方式。货币流转方式。以本乡当年每公顷土地转包的市场价值计算，以现金方式，一次结清。产量流转方式。以本乡前三年大豆平均公顷产量计算，秋收后，按土地流转数量，承包户付给土地流转户大豆（扣除生产成本）。作业流转方式。土地流转户的耕地，由承包户负责管理，双方确定大豆的合理产量（扣除生产成本）。超过产量部分，双方按5：5分成；如低于产量，由承包户补齐；如遇自然灾害，达不到确定的合理产量，不足部分，由双方各负担50%。（3）签订流转合同。土地流转方与土地承包方，依据《土地合同法》签订土地流转合同，合同签订时由村委会参加。（4）土地政策优惠享有。对国家补贴给农民的种地资金，仍由土地流转户享有。（5）妥善安置土地流转户人员。对土地流转户闲置人员，乡组织进行劳务输出；对没有一技之长的人员，由乡负责组织培训；乡村积极引导他们从事养殖业、第三产业等，为他们再辟新路，致富增收。三是土地流转，成效凸显。（1）土地流转户增加了收入。土地流转户平均每人每年收入在1万元左右（劳务收入＋土地租金＋养殖＋第三产业）。（2）土地经营向种田能手集中。哈达彦村农民潘庆友与本村3位农民一起，承包了胜利屯村土地流转户的26公顷土地（每公顷土地流转资金6 000元），种植西瓜，每公顷获纯效益3万多元。（3）发挥了机械效能。土地流转，规模经营，连片种植，提高了机械效能，提高了作业质量，降低了生产费用，机械作业每公顷收费降低了40~50元。（4）先进技术得到较快推广。深松整地达到2万亩，占土地流转面积的80%。大豆大垄密1 500亩，大豆小垄密800亩，高效作物西瓜覆膜3 450

亩。（5）土地产出率明显增长。先进技术的应用，土地集约化的经营，使大豆平均公顷产量增加800斤左右，纯增效益1 600元左右。（6）推进了现代农业的发展进程。土地流转，规模经营，提高了土地经营的专业化、组织化、科学化、标准化、集约化、规模化的整体功能，调动了土地经营者的积极性，有3个村承包流转土地的农民，借助国家的优惠扶持政策，投入400万元，购买了10台大型农业机械，极大地提高了农业生产力水平，加快推进了现代农业的发展进程。

（一）以转变农民土地经营观念为先导，推动土地流转工作

首先，加大宣传工作力度，用身边人、身边事说服教育群众，在典型村、典型户，适时召开现场会，座谈讨论，使农民对土地流转的现实意义有了充分认识，自己觉得实行土地流转大有好处，激发农民参与土地流转的积极性、主动性。比如，哈达彦村西瓜产业发展得比较好，每公顷西瓜地租金达到5 000~6 000元，这样的土地流转起来收益就很高。前几年，在绥棱县请来的西瓜种植大户潘庆友的带动下，成立了"潘式西瓜"种植协会，每年这个村西瓜种植面积在100公顷左右。工作组用西瓜种植户以及出让土地户"现身说事"，指出其中好处，如种植西瓜每公顷纯收入3万元左右，土地流转户年务工收入加上土地租金的收入也在1万元以上，比自己单独耕种大豆收入高出一倍多。一方面，承包户和土地流转户都实现了双赢，另一方面又实现了种植结构调整。第二，结合实际确定了土地流转户。通过走村到户，深入走访座谈，把贫困户、少地户、靠贷款种地户、没有机车户、外出务工户，确定为土地流转对象、做重点宣传引导，把这类户的土地重点流转给种地大户、农机大户，目的就是实现土地规模化经营。这些户大多是土里刨食，由于劳动能力、机械力量弱、经营管理不到位等客观因素，导致种地成本高，一年下来基

本没有收入，年复一年，始终摆脱不掉贫困状态。工作组通过举一反三、算账分析等方法，让土地流转户心里有一本明白账，那就是：流转+转移，土地实行流转，源头活水自然来。现在全乡68%这类土地流转户都已脱贫致富，年收入都达到2 800元以上。第三，妥善安排好土地流转户工作。一是对于一些把地包出去，又暂时没有赚钱门路的农民，通过劳转部门为其提供劳务输出服务，目前在外务工的土地流转户有300户，514人。二是对不愿土里创食，又不想离开家的农民，乡里广开门路为他们实现就地转移。扶持他们搞第二、第三产业，跑运输、发展养殖、上山采集药材和山野菜等土特产品，为种地大户打工等增加收入。三是对一些流转户进行了技能培训。

（二）以深松整地为基础前提，推进土地规模经营

推进土地规模经营实现农业标准化作业，发展好现代农业，首要任务是解决好大面积深松整地。只有进行了统一整地才能实现连片种植，促进农民增收。一是转变农民观念，让农民对深松整地有一个高度认识过程。几年来，通过县、乡农业博览会、到附近大机械作业的农场参观、召开秋整地现场会、实地比较优势和效益对比分析等形式，逐渐让广大农户改变了小四轮耕种多年不翻、不深松、简单破垄种庄稼几十年不变的传统栽培方式。深松整地提高了种地打粮水平，每公顷产量提高了800斤左右。很多农户，秋收结束后都主动找到农机大户为他们整理土地。从2005年的2万亩发展到现在6.3万亩，为连片种植打下了坚实基础。二是政策扶持，推进深松整地和连片种植。乡党委、政府坚持做好引导、扶持、服务工作。先后组建了四季屯、大桦林子、胜利屯三个村级农机合作社；借助购买大型农机具补助资金政策，全乡购买了大马力机车8台（套）；秋整地补贴资金、粮种补贴资金集中优先于深松整地，土地规模经营户；在农业贷

款投放上重点向种地大户、连片种植户倾斜；依托农场大机械作业优势，协调农场跨区到村作业。通过以上办法，2007年末秋整地实现了6.3万亩，其中农机合作社作业面积2.5万亩，农机大户作业面积1.8万亩，农场跨区作业面积2万亩，全乡秋起垄面积达60%。三是示范带动，促进土地规模经营。2005年春，乡里选定基础条件好，农民对土地流转、连片种植认可程度较高的大桦林子村作为全乡示范。大桦林子村农机合作社由村种田大户吴德显等3家承包管理，农机社在经营管理过程中，把农户流转的土地全部承包下来，实行统一籽种、统一整地、统一田间管理、统一收获、统一销售的现代农业经营模式，效果明显。乡党委、政府为树立典型推广连片种植的做法先后协调县农机部门、水利部门、农技部门，为农机社增添了农机具、打了抗旱井、购买了优良品种和实行了测土配方等。已建成标准化示范园区，连片种植面积达到300公顷。连片种植每公顷地收入提高了700元，农民看到了实在效益，都说：以前都是各家各户用小四轮自行耕种，单打独斗，马力小、质量差，成本高。实行连片种植、大机车统一作业、统一管理，不仅作业标准高、质量好，还节本增效多打粮、多挣钱。通过这一有效载体和有效途径示范给其他村屯的农户，影响和带动了农户土地流转和规模经营理念，避免了行政干预，从而真正实现了增收的目的。

（三）活化流转方式和方法，最大限度增加收入

沿江乡土地流转规模化经营，探索于2005年，实践于2006年，发展于2007年，推广于2008年。经过几年的探索与发展，流转方式和方法已初步形成了模式。一是货币流转方式。即以当前每公顷市场价格计算，一年一发包，也可以一包3年或多年，以现金形式一次结清。二是产量流转方式。即每公顷产量按前三年产量的平均数计算，秋后返回给流转户。流转户付给承包户机耕

费、收割费。比如，西屯村2005年每公顷地产量4 500斤，2006年4 520斤，2007年3 060斤，则2008年的产量定为4 026斤。三是作业流转方式。流转户每公顷交给承包户2 700元耕地成本费，秋收后承包户返给流转户3 600斤黄豆，超出3 600斤的产量按双方五五分成，低于3 600斤产量差额部分由承包户补偿。比如，正常年景，2008年秋后流转户的土地每响地合计产量4 200斤，则超出的600斤，由二者平均分配，每家300斤。如遇受灾等因素，秋后每公顷产量合计3 000斤，则少的600斤由承包户补给流转户。如果流转户不拿生产成本金，秋后承包户少给流转户100斤豆，作为承包户为流转户垫付生产成本的补偿。不同的流转方式和方法，使土地流转户和种田大户、农机大户之间建立了利益联结机制。"风险共担"看似平常，但它最大的好处就是"管用"，起作用，让双方都得到了实惠，既达到了双赢的理想效果，又达到了农民增收的目的。同时通过土地的合理流转，必然实现土地经营规模化，加快现代农业发展进程。

流出的是土地，流回的是收入。实现土地流转，推进土地规模化经营，是发展现代农业的必然要求，在一定程度上提高了农民的组织化程度，最大限度地增加了农民收入，是农民致富、奔小康的必由之路。

第四节　林下经济篇

一、孙吴县荣膺"中国大果沙棘之乡"美誉

孙吴县被"中国经济林协会"命名为"中国大果沙棘之乡"，已颁发匾牌和证书。

中国经济林协会是认定"中国名特优经济林之乡"名称

的权威机构。此荣誉的获得是由中国经济林协会组成的专家评审组，通过对孙吴县大果沙棘的树种品质、种植面积、产量规模、管理水平、生产加工等情况进行实地考察，整体考核评审得出的结果。评审组认为："俄罗斯大果沙棘品种是沙棘中的优良品种，孙吴县是我国最早引进俄罗斯大果沙棘进行栽培的县份，经过多年繁育、推广和种植，逐渐形成了'孙吴大果沙棘'地域品牌。"

孙吴县把沙棘产业作为"立县产业"，举全县之力发展推进，沙棘产业成为这个县的支柱产业、生态产业和富民产业。孙吴县已成为中国引进俄罗斯大果沙棘原种苗木最多、繁育原种苗木量最高、栽植面积最大的县份。

2001年，孙吴县被国家林业局沙棘办命名为"国家林业局东北沙棘良种繁育基地"；2002年，在全国《社会林业工程创新体系研究与实施》项目中被评为"大果沙棘生态经济林建设模范县"；2003年，孙吴县的"优质大果沙棘示范基地和研究推广"项目被列入国家级星火计划；2004年孙吴县的优质大果沙棘标准化示范园区通过了国家质量监督检验检疫总局审核，确立为"国家级一类大果沙棘示范建设"项目；2007年被国家授予"地理标志保护产品"。

"中国大国沙棘之乡"美誉的获得，将对孙吴县沙棘产业做大做强、招商引资、扩大孙吴知名度起到积极的促进作用。

二、发挥林区新优势，做大沙棘新产业

孙吴县栽培大果沙棘面积规模较大，产品销售市场有较大空间，发展势头强劲，是老区农民致富的新产业。孙吴县有林地面积379万亩，其中沙棘林8万亩。大果沙棘基地户均增收1 500元。

孙吴县经营沙棘新产业，是从1998年开始的。10年来，在省

委、省政府和省老促会的关怀下，在市委、市政府的支持下，在县委、县政府的带领下，经过全县人民的克难攻坚和不懈努力，大果沙棘新产业有了长足发展，开始向农业产业化方向推进，沙棘农业产业化框架已初步构建，实现了经济效

益、社会效益、生态效益的同步发展。一是大果沙棘良种繁育基地已经建立。1998年以来，在县委、县政府的支持下，林业局先后从俄罗斯引进了秋伊斯克、契契克等6个不同生育时期结实的优良品种，共进口俄产苗木140万株，建采穗圃1 500亩，年可培植扦插苗350万株，保证了沙棘基地的用苗质量。目前，县苗圃林业技术人员已掌握了沙棘无性繁殖新技术（硬枝扦插、嫩枝扦插、蘖生苗），现开始向生物组培繁殖无性苗方向发展，已培育出"乐思捷"等3个孙吴品系苗木。2001年，"国家林业局东北沙棘良种繁育基地"在孙吴国有苗圃挂牌成立。县国有苗圃已向省林业厅申报了沙棘自主知识产权苗木系列新品种。二是大果沙棘生产林基地初具规模。全县栽植大果沙棘林累计投资1 440万元，共栽植大果沙棘8万亩，成为全国栽植俄罗斯大果沙棘的最大县份，被中国林产经济协会命名为"中国大果沙棘之乡"；2004年，孙吴县大果沙棘栽植基地，被列为国家"优质大果沙棘标准化种植示范区"；2006年，建成了6 000亩大果沙棘标准化果园式管理示范区；2008年孙吴县长乐山大果沙棘种植园通过了省检验检疫局出境水果果园认证，孙吴县成为我省唯一的沙棘果出口县。2008年，长乐山大果沙棘种植园已向德国出口沙棘果150吨。2008年，大果沙棘结实面积达到3万亩，其中5 000亩已进入

盛果期，收获果实1 000吨。随着盛果期的到来，果实产量将逐年增大，到2015年，可达到3万吨，能满足大型加工企业原料所需。三是大果沙棘产品开发已向系列化发展。2002年，孙吴县建设了长乐山大果沙棘有限公司沙棘饮品厂和沙棘制品厂，已投资1 800万元，2005年被省批准为省级农业产业化龙头企业。该企业生产的产品已成系列化，有大果沙棘宾酒、原汁饮料、清汁、沙棘冰茶、沙棘黄酮、沙棘油、β胡萝卜素、天然色素等，沙棘产品深受消费者欢迎，产品销售供不应求。2008年生产沙棘汁20万箱，沙棘油150公斤，实现销售收入500万元，利润90万元，上缴税金70万元。四是大果沙棘新产业带动农民致富已开始显现。全县大果沙棘栽植共带动基地农户4 000户，基地农户增收额达到600万元，农民靠沙棘致富增收非常明显。如西兴乡永丰村农民张登胜经营大果沙棘1公顷，2008年采果6吨，每斤2元，纯收入1.7万元，是种植大豆经济效益的8倍；孙太祥经营大果沙棘1公顷，2008年采果5吨，纯收入1.4万元。大果沙棘栽植已成为全县农民、特别是老区人民脱贫致富的重要产业。五是大果沙棘产业为社会富余劳力就业提供了广阔空间。大果沙棘产业的发展，整合了社会生产力，为社会富余人员就业增收提供了门路，给社会带来较大效益，沙棘企业安置社会人员348人。2008年，沙棘果采集雇用社会人员1.6万人次，采集收入128万元；2008年，栽植大果沙棘3 300亩，用工550人次，造林收入2.75万元，苗圃销售苗木收入28.5万元。沙棘新产业，也带动了运输等相关产业的加快发展，有力地促进了社会的和谐与稳定。六是大果沙棘大面积栽植为荒山荒坡披上了翠绿新装。大果沙棘产业的发展，不仅为孙吴人民建造了绿色银行，还带来了生态效益。大果沙棘大面积栽植，为防风固沙和水土流失，起到了积极的保护作用，也为美化环境、净化空气、涵养水分、调节气候创造了条件，为孙吴大地建造了一道美丽的绿色屏障，为人民生活幸福增添了美好空间。

10年来，孙吴县委、县政府带领全县人民，坚持不懈、一以贯之地把发展沙棘产业真正拿在手上，并克难攻坚，精心经营，使沙棘产业从无到有，从小到大，逐渐辉煌。这里蕴含着领导和人民的共同努力、聪明才智和辛勤汗水。在沙棘产业工作推进中，采取的主要做法是：

第一，解放思想，创新林业经营新项目。过去，孙吴县林业由于长期大量采伐，林业资源一度枯竭，出现了两危状况（资源危机、经济危机）。县委、县政府为了改变林业面临的严重现状，充分发挥林区新优势，采取走出去的办法，到俄罗斯考察学习，经过反复论证，选定用经营沙棘项目，来破解当前的重大难题。他们趁热打铁，说干就干，到俄罗斯引进了大果沙棘苗木，并试栽成功，使俄罗斯大果沙棘树种在孙吴县安家落户。

第二，依靠群众，建立大果沙棘原料基地。大果沙棘基地是发展大果沙棘新产业的重要基础。因此，县委、县政府在发展沙棘基地上大做文章，打破过去由林业独家造林经营的局面，在营造大果沙棘经济林上实行"谁造谁有"的政策，并在全县范围内进行大发动、大投入、大引导，积极鼓励农民、职工大造沙棘林，为子孙后代打造一个"绿色小银行"。同时，对农民、职工营造的沙棘林，给予建账、建卡，实行档案管理，在法律上予以保护。在县委、县政府的积极引导下，农民积极参与，主动退耕造大果沙棘林2万亩。为了进一步调动农民营造沙棘林的积极性，县政府对农民、职工营造的沙棘林，采取了合同管理、技术培训、科技指导、种苗准备、检查验收、补贴兑现的"一条龙、六流程"的管理办法，科学发展的推进举措，既提高了沙棘林的成活率，又使农民从沙棘林中获得实惠，从而加快了沙棘原料基地的建设步伐，使沙棘林基地逐渐壮大。

第三，制定政策，全力打造大果沙棘新产业。为了加快推进沙棘产业又快又好地发展，县委、县政府制定出台了《关于进一步加快大果沙棘产业发展的意见》《孙吴县营造大果沙棘暂行管理办法》《孙吴县大果沙棘目标管理考评办法》等若干政策。同时，实施了以大果沙棘为主栽品种的"退耕还林工程""千户千亩百棵沙棘扶贫养老工程""承包荒山荒地营造沙棘林工程""速生丰产林整地内营造大果沙棘工程""置换地栽植大果沙棘工程"等工程，并及时兑现了退耕还林政策，给农民兑现粮食补助200多万斤，生活补助230多万元。优惠政策的制定和兑现，极大地调动了农民、职工营造沙棘林的主动性、创造性，为大果沙棘产业加快发展提供了强大动力。

第四，引联共建，做大沙棘新产业。为了做大沙棘新产业，县委、县政府加大了招商引联力度，走出去，引进来，引资共建，合作开发。经过不懈努力，实现了区域联合，租赁了"九三"荣军农场沙棘栽植基地和加工车间。同时，引进了四川德农公司到孙吴加工5万吨沙棘果；还有偿提供给德农公司3万亩宜林用地，栽植沙棘。2008年，德农公司已栽植沙棘2 300亩，投资200万元，建了沙棘果冷库和综合楼。加工企业已破土动工，开始兴建。合作开发共建的整体效能得到体现，大果沙棘新产业逐步做大。

第五，强化领导，保证沙棘产业顺利推进。孙吴县委、县政府对发展大果沙棘产业十分重视，并提出了"沙棘立县"的发展战略，县、乡两级成立了大果沙棘专项工作推进领导小组，专门负责推进沙棘产业；县委还定期召开常委会议，专题听取汇报，及时提出发展意见。与此同时，还聘请俄罗斯大果沙棘专家进行技术现场指导和专业培训，举办培训班18期，培训人员2 800人次，培养了60名大果沙棘专业技术人员；与黑龙江省农科院浆果研究所建立了长期合作关系；与东北林业大学签订协议，把孙吴沙棘基地作为教学试验基地；聘请中国林业大学黄铨教授为孙吴大果沙棘技术顾问。另外，还支持县有关部门多次参加不同层次举办的展销会，大力宣传孙吴大果沙棘，积极向社会宣传推介，从而保证了孙吴大果沙棘新产业的发展与壮大。

为加快发展沙棘产业，拉动县域经济的快速增长，应着力从以下四方面入手，进行重点推进：

第一，更新观念，引进苗木，在采穗圃建设上坚持上档次。大果沙棘结果率取决于沙棘苗木的质量。因此，在沙棘产业经营上，必须把沙棘苗木的培育放在首位来抓，应侧重三个环节：一是苗木引进。应坚持到俄罗斯引进大果沙棘扦插苗，确保大果沙棘种苗的生物特性，确保种苗的纯度和质量。二是分区培植。要建设具有一定规模标准的大果沙棘采穗圃，根据引进的不同生育时期结实的苗木，严格按区域培植，杜绝混杂；采穗圃中的苗木，要严格按科学规程操作，施肥、浇水、治虫等都要按标准进行，把沙棘苗木培植成为抗逆性强、抗病虫的健壮苗木，为生产经营者提供合格、优质的扦插苗。三是大苗上山。要坚持大苗上山的原则，要坚持大果沙棘苗能分清雌、雄苗时再出圃的原则，以便栽植沙棘树时，做到雌、雄苗合理搭配，避免浪费和因雌、雄苗搭配不当造成结实下降，甚至不结果的重大损失。

第二，高举旗帜，科学发展，在沙棘管理上坚持高标准。在沙棘产业经营中，要以党的十七大精神为指导，坚持科学发展观，坚持向管理要效益，向管理要质量，向管理要竞争，向管理要发展。因此，在沙棘管理上，应坚持把好五关：一是沙棘栽植关。严格做到：不是大果沙棘扦插苗，不能用；大果沙棘扦插苗分不清雌、雄苗，不能用；大果沙棘苗没有出圃检验单，不能用。二是生长发育关。大果沙棘生长发育的快慢，关系到大果沙棘林的结实。因此，要在大果沙棘生长发育的管理上，侧重抓好营养生长和生殖生长的关键时期，做到施肥、浇水、灭虫、剪枝，科学合理，为大果沙棘生长发育创造良好条件，促使早日开花结果。三是园区建设关。培植标准化示范园区，对推动大果沙棘的科学管理十分重要。因此，组织社会力量广泛参与十分必要。发展沙棘的县份，应根据本县实际，划出一定区域的大果沙棘面积，分包给县直单位负责管理，进行园林式标准化培植，为大果沙棘生产者提供示范，提高沙棘管理的质量和水平，从而提高大果沙棘的结实率。在此基础上，可以把林场的部分沙棘林对外招商，吸引外部资金，建设标准化大果沙棘林示范园区，进一步推动大果沙棘林管理，上档次、上水平。四是果实采收关。随着大果沙棘林管理水平的提高，大果沙棘结实面积不断加大。因此，搞好大果沙棘果实的采收非常重要。县、乡、村各级组织，应抓住大果沙棘果实的成熟期，适时组织动员农民、职工集中采收，力争使每一粒沙棘果都变为致富增收的经济效益。五是品牌创新关。大果沙棘品牌，是推动沙棘产业加快发展的动力。在抓好大果沙棘苗品牌申报的同时，更要搞好大果沙棘产品的不断创新和产品的更新换代，满足人民对大果沙棘新产品的渴望与需求。

第三，积极争取，捆绑使用，在沙棘项目上坚持多投入。大果沙棘基地的不断扩增，大果沙棘产品的不断更新，需要较大资金作支撑。因此，县直各单位应围绕县委、县政府确定的"沙棘立县"这一中心，积极向省、市汇报沙棘项目，争得省、市领导的大力支持。同时，县政府对沙棘项目资金，进行捆绑集中使用，把沙棘产业做大做强，成为农民、职工致富增收的重要产业。

第四，强化领导，创新工作，在沙棘产业发展上坚持新目标。大果沙棘户——沙棘基地——加工企业——沙棘市场，它们是完整统一的有机体，在大果沙棘产业运行中，只有统筹兼顾，协调运作，才能相得益彰。因此，在沙棘产业发展中，应强化工作领导，创新工作方式，创新工作目标。应建立链式工作机制，一级抓一级，一级为一级负责。同时，应对沙棘产业发展，确定工作目标，对承包单位，签订工作目标责任状，实行奖惩机制，确保大果沙棘产业开创新业绩、真正成为孙吴县的靓丽品牌。

三、建基地，扩规模，推进木耳产业加快发展

孙吴县清溪乡位于孙吴县城西 21 公里处，辖 6 个行政村，8 个自然屯，总人口 2 760 人，总耕地面积 77 347 亩，森林面积 276 321 亩。属于第六积温带，气候寒冷，粮食产量低、效益差。为了寻找高效产业，增加农民收入，乡党委、乡政府通过考察市场，选择了木耳产业。经过几年来的实验，通过示范带动，全乡木耳产业发展迅速已基本初成规模。2014年新建黑木耳基地一个，改扩建食用菌菌包

厂一个。全乡栽培地栽木耳 103 万袋，利润 100 余万元，人均增收 362 元。

（一）依托资源，外出考察，确定产业

几年来，乡领导带队到牡丹江市东宁县进行地栽木耳考察，认为发展地栽木耳投资小、用工少、风险小、效益可观、

市场前景好。一方面清溪乡自然条件适宜，昼夜温差大，木耳长势好；另一方面森林资源丰富，森林抚育产木材剩余物多，原料充足，发展食用菌产业，不但能使抚育剩余物得到充分利用，也可在带动农民增收致富、促进农村剩余劳动力转移等方面发挥积极的作用。经乡党委、政府综合考察，决心把黑木耳发展作为清溪乡的立乡产业、支柱产业。

（二）政府引导，强化服务，推动发展

为使黑木耳产业不断发展壮大，乡成立了黑木耳产业推进工作领导小组，由政府乡长任组长。并下设专门办公室，由主管乡长任主任，具体负责黑木耳产业业务指导、推进等工作。良好的服务是产业发展壮大的必要保障。乡对本乡发展食用菌产业的合作社及散户的生产经营情况逐一进行了登记造册，时刻掌握产业发展动态。设立了专门的服务电话，对菌农生产经营过程中出现的问题，及时联系有关专家和技术人员给予指导与帮助。还聘请了牡丹江宏大食用菌研究所的专家，举办了关于菌种生产、菌包栽培与管理、食用菌生物学等方面的专题培训班。同时，还积极协调辰清林场，黑河木材厂帮助合作社、菌农联系低于市场平均价格木屑原料，为菌包生产提供坚实的原料保障。

（三）新建基地，改建设备，扩大规模

争取项目资金100万元，继续加大地栽木耳产业示范园区和食用菌厂建设，新建园区2万平方米，新扣5个大棚1 000平方米，新建养菌房500平方米，打灌溉井2眼，安装了变压器，建蓄水池2个60立方米，配备了全套喷灌设备，改扩建原有接菌室，更换了接菌超净台、白钢菌锅和1吨蒸汽锅炉，为木耳产业的发展提供有力的保障，日蒸木耳菌可达到2万袋。2014年加工生产木耳菌103万袋，利润100余万元。

（四）典型带动，建合作社，利益共享

产业的发展壮大都要由典型去引领，去带动。木耳经纪人赵洪鑫就是很好的典型，他有多年的种植经验，而且经营效益好，通过他的示范带动，农民非常信服。他组建了孙吴县菌丰食用菌专业合作社，形成了"专业合作社+基地+农户"的联合机制，这样既解决了产品销售难、产品加工增值等问题，又进一步发挥了农民的主导作用，促进农民就业增收和共同富裕。生产线开工时，雇用本村工人达50余人，解决了农村剩余劳动力转移问题。合作社统一购原料、统一生产、统一技术服务、统一销售，结成利益共同体，外联市场，内联种植户。2014年在木耳经纪人赵洪鑫的典型示范引领下，周边农户40余户的木耳都取得了很好的经济效益。

（五）提高品质，创新品牌，增加效益

要做大做强黑木耳产业，提高品质，创新品牌非常关键，清溪乡2014年主推食用菌品种为黑三、森丰五号、七号，具有抗烂性强、肉质厚、色泽光亮、口感好等特点。同时，还在黑木耳产品的品牌文化、命名、商标、包装等方面，进行了全方位策划、设计，申报注册了"得健"商标，定制了专用的包装盒，产品经过精细包装直接打入各大超市，增加收入15%以上。同时积极申请条形码，申办无公害农产品认证、绿色有机农产品认证，为黑木耳加快发展打下坚实基础。

第五节 新村建设篇

一、凝心聚力，促进清溪繁荣昌盛

这两年，在老区清溪乡，村民嘴边常念叨着一句话：小乡不大，风景如画，收入攀高，领导有招。的确，这几年清溪发生了日新月异的巨大变化，山青了，水绿了，路通了，庄新了，民富了，

这无疑不凝聚着乡党委、乡政府一班人的聪明智慧。

（一）凝聚力量，穷则思变

清溪乡地处六积温带，土地瘠薄，沟壑纵横，河流交错，资源贫乏，经济薄弱。前几年，市有位领导到清溪乡检查工作，当听了汇报，看了村情、村貌后，感到十分遗憾，连连说："落后，真落后！"他带着郁闷的心情，离开了清溪。前几天，这位领导又莅临清溪检查工作，当他看了村屯后，心花怒放，高兴地说："清溪变了，真得变富了，没想到呀！"

县委、县政府对清溪乡发展，十分关心与关注，对乡党政班子进行了充实和加强。以党委书记苏福来、乡长付军为首的新班子，有创新思想，富有朝气，具有强烈的事业心和责任感，他们不甘心落后，不情愿让百姓受穷。在新班子上任伊始，就发誓定叫清溪换新颜！他们紧握拳头，暗下决心，说干就干，带着一班人，深入村屯，进行调研，掌握制约发展的主要瓶颈。他们在前

届班子规划的基础上，又细化了发展蓝图，确定了发展目标和举措，并召开大会，向全乡人民告知，凝聚力量，激起共鸣，唤醒共识，携手并肩，辞贫致富，奔向美好明天！

（二）以民为本，铺路架桥

道路问题，是制约清溪发展的重要障碍。俗话说：要致富，先修路。2009年，通往富库山村、金沟村、清溪村的大桥，由于年久失修，桥面腐烂，致使一辆运输水泥的大货车压断桥面，坠入河中，幸好无人员伤亡。但是，给富库山村、金沟村、清溪村的村民出行，带来诸多不便，村民过河，就得淌水，十分危险，严重影响了全乡经济社会的加快发展。这一断桥现象，苏书记、付乡长看在眼里，急在心上。他们找领导，跑部门，汇报、求助，筹措建桥资金。经过多方努力，他们争取到一部分建桥款项，但还有较大缺口。为了清溪百姓，他们毅然决然，毫不犹豫地将乡政府唯一的行政用车卖掉，把卖车钱用在了修桥上。为了保证修桥质量，他们到黑河联系，购买了俄罗斯自然生长的红松，作桥木，用油榨干做垫木，用防雨油纸铺盖在桥木上，防止木材腐朽。在苏书记、付乡长认真组织下，大桥修建很快竣工。百姓们看到阻塞的断桥，又恢复了通行，真是笑在脸上，喜在眉梢。市县领导到清溪检查工作，被他们卖车为百姓修桥的行为所感动，当场宣布奖励清溪乡政府一台小轿车。

为确保清溪河两岸百姓过上幸福生活，乡党委、乡政府研究决定，在清溪河上建一座永久性桥梁。但建桥资金需200多万，谈何容易？然而，他们一班人没有被资金困难所吓倒，在苏书记、付乡长的带领下，以坚韧不拔的毅力，一往直前的拼搏精神，克难攻坚，筹措资金。他们跑省城，进市、县，向领导汇报建桥事宜，详细反映百姓对建桥的期盼与要求。经过不懈努力，终于用为百姓一心一意谋福祉的行为，感动了各级领导，都慷慨支持，大力帮助。在乡党政一班人的精心组织下，历时3个月，一座60米长的水泥大桥飞架在清溪大河上，天堑变通途。清溪百姓看着新建的水泥大桥，惊叹了，欢呼了，跳跃了，骄傲了，为有一届能为百姓干事、想事的乡领导而自豪！

乡党委、政府一班人，没有被架桥的功绩所陶醉，他们抓住新农村建设的良好机遇，千方百计，争取项目，建设通村道路。在县委、县政府和县有关部门的支持下，3年投资450万元，建通村水泥路5条，15公里，通村路硬化率100%。2011年，他们争取资金417.6万元，为5个村，修建了13.6公里的村内巷路，成为全县第一个完成通村、巷路硬化的乡。投入96万元，为金沟村修建农田路8公里，为腰岭村修建农田路4公里，为平顶村修建农田路4公里；投入6.9万元，为各村修涵51处。道路的通达，为清溪百姓致富带来了无限商机，客户纷沓而至，每斤农副产品比以前多卖5~8分钱。百姓们喜笑颜开，不停口地夸他们的苏书记、付乡长！

（三）优化结构，致富兴乡

苏书记、付乡长，坚持执政为民的服务理念，始终把清溪乡百姓的致富，拿在手上，挂在心上。他们积极引导村民调整经营结构，发展经济，致富兴家，不断把结构调优、调特、调大、调强，调出高效益。在种植业上，乡建立了示范田，给百姓做出样子。村民们在乡政府的引领下，2012年种植玉米16 000亩、芸豆10 000亩。如富库山村农民曹喜东，2011年种植玉米375亩，收入26万元，2012年，他又种植玉米750亩，还买了一台210玉米联合收割机。2012年，农民种植的芸豆每公顷纯收入1万元。在养殖上，他们突出抓了"两社、一区、四大户"建设，促进了养殖业的蓬勃发展。2012年，全乡黄牛存栏3 681头，羊14 977只，牧业收入达到516万元，占总收入的25%。在木耳栽培上，他们建立了木耳栽培基地，成立了菌包厂。2012年，全乡栽培30万袋，每袋纯收入1.5元。特别是木耳大户赵洪鑫，2012年收入达20万元。党委、政府一班人带领全乡农民艰苦创业，认真打拼，使乡域经济飞速发展，2012年，人均纯收入达到8 000元。

（四）陶冶情操，全面发展

农民富了，对生活有了新的需求。党委、政府在抓好农民致富的同时，集中精力，推进了精神文明建设。他们利用多种形式，向农民宣传毛泽东思想、邓小平理论、"三个代表"重要思想、科学发展观和习近平新时代特色社会主义思想。并邀请县农业部门、高等院校专家，向农民授课，同时融合具有乡情特色的农业主导产业，主推品种、主推技术，高效农业创建新模式、新设施等，培训菜单，供农民选用，提高农民的科技素质，用新思想、新理论武装农民头脑，指导农民致富发家。为了活跃农民文化生活，他们又争取资金25万元，为5个村新建了多功能活动室；投入70万元，为清溪、腰岭、平顶等6个村，新建了8 400平方米，集娱乐为一体的文化小广场。投资24万元，建了300平方米的乡综合文化站，配备了电子屏、音响、投影仪。在此基础上，组织了农民艺术节，让农民跳出健康，扭出和谐，唱出心声。让社会主义文化占领清溪阵地。

几年来，党委、政府一班人，还加强了民主政治建设，落实惠农政策，推进了农村社会保障。三年发放救济金42万元，1 361人得到救助；110户，181人享受最低生活保障；争取红十字会和其他扶贫资金9 500元，为15户农民，解决了生活难题；争取泥草房改造资金61.5万元，改造泥草房81户；合作医疗参保率达98%。争取资金50万元，为富库山村、永青村实施了自来水入户工程，让农民喝上了清澈、干净的放心水。

（五）绘制蓝图，再创辉煌

三年来，党委、政府一班人共争取资金1 587.8万元，建设了村屯基础设施，使清溪美了、亮了、繁荣昌盛了，它像一朵灿烂夺目的红花，展示着娇艳的姿容：白杨垂柳植路旁，鲜花点缀村屯香。房屋整齐又敞亮，硬化路面铺中央。木耳栽培财源长，五谷丰登六畜旺。彩电微机歌飞扬，幸福生活胜小康。但他们并没满足，又制定了"十三五"规划，着力打造一个"农业现代化、庭园花园化、生活城市化、环境和谐化"的社会主义新农村，喜迎更加灿烂、昌盛、美好的新清溪！

二、抢抓政策机遇，推进新农村建设

孙吴县老区沿江乡，依托政策，抢抓机遇，借助少数民族乡优势，积极向县直部门及市县帮建单位争取，捆绑使用项目资金，加大了基础设施建设。

在新农村建设中，他们主要实施了七大工程：一是道路硬化工程。几年来，共争取资金793.8万元，自筹资金145.5万元，完成9个村屯35.1公里村内道路硬化，硬化率达99%。极大地改善了道路状况，方便了群众出行。二是安全饮水工程。近年来，共投入资金380万元，新建7个村、改建2个村自来水。目前，全乡自来水入村率达100%，入户率89%，让百姓都吃上了放心水。三是清洁能源工程。在四季屯村、东光村、胜利屯村实施了沼气池建设，争取资金230万元，自筹资金100余万元，使农民用上了清洁能源，告别了做饭烟熏火燎的历史，家庭主妇脸上露出了欣喜笑容。四是村容整治工程。修建3个村铁栅栏15 200延长米，硬化3个村边沟6 000延长米，1个村各户修建了砖围墙。全乡共绿化栽树56 558株，其中：公路边绿化树木50 708株、四旁绿化树木5 100株、沙棘苗木750株。清理柈子1 200立方米，柴草垛1 300立方米，清理边沟8 000延长米，清运垃圾6 000立方米，改厕190个，改圈202个。通过整治，村屯实现了净化、绿化、美化。五是茅草房改造工程。全乡投资6.5万元，完成13户茅草房翻建，砖瓦化率达到了95.5%。特别是胜利屯村投资470万元，完成一号住宅楼工程，村民入住新居。六是节水灌溉工程。投资180万元，建立了1 000亩节水灌溉项目，打抗旱井53眼，有效灌溉农田面积2 000公顷。七是合作社建设工程。筹措2 000余万元，建立了大桦林子、四季屯、胜利屯三个大型农机生产专业合作社，全乡农业生产机械力量大幅度提高，为发展现代农业，奠定了坚实基础。成立了潘氏西瓜种植、朝益马齿苋种植和鹏博南瓜加工等生产专业合作社。通过建立专业合作社，实现了生产与市场的有效对接，农民增收不断增加。

三、改善人居环，提高生活质量

孙吴县奋斗乡党委、政府，十分重视改善村民居住环境，抢抓机遇，进行新农村建设，提高了村民生活质量，受到村民称赞。

2015年初，乡党

委、政府与各村签订了环境卫生综合整治责任状，明确了工作目标、任务，下发了环境综合整治倡议书，使农村环境卫生整治工作，做到家喻户晓，人人参与，把村屯建设得更美好、更优美。一是建设新农村。2015年完成了阿象山村和奋斗村整村推进，总投资500余万元，其中，阿象山村打水泥晒场2 000平方米，安装铁栅栏3 620米，硬化村内道路1.65千米，水泥边沟4 600延长米，共计投资200万元；奋斗村文化广场4 000平方米、铁栅栏720米、上沥青路面1.5千米、水泥路面硬化2.6千米、安装路灯43盏，共计投资300万元。让群众切实体会到可喜变化，感受到居住环境有了质的跨越，生活水平有了质的飞跃。二是发展民生事业。2015年，参合3 352人。新型农村养老保险稳步推进，全乡参保人数956人，321人现已领取养老金。认真落实国家惠民政策，重点解决弱势群体的生产、生活中的各种困难，2015年，发放救灾面粉8吨。扎实抓好双拥工作，优抚安置进一步加强。三是整治村屯环境。全乡共投入资金25 000元，出动车辆180车次、投劳460人次，清运垃圾450立方米，新设垃圾清运场地5个，改换垃圾放置场地5个，清理整顿村内路边柴草垛40余处，清理边沟9 000延长米，清理被损栅栏共计800米，拆除路边牲畜圈21个，清理陈旧、破损广告牌30余处，治理河道、沟渠2 000余米，养殖户移出村外11户，清理粪堆23处，扫清乱涂乱画100余处。设垃圾池40个，垃圾点15个，卫生保洁员15名，垃圾清运车15辆，改厕48户。村屯面貌焕然一新。四是建立管效机制。强化责任、舆论引导，各包片领导亲自带队，深入各村，利用广播、入户宣传等形式，营造农村环境卫生集中整治的良好氛围，党委书记、乡长入街、入点，包片领导、包村干部入户，亲自督战参战，做到了人人参与，人人负责。全乡发放宣传单700份，与村民签订了"门前三包"协议，落实了"六改""六清""六建"任务，每月一通报；同时，引导农民在村内和村庄周边的空闲地带，栽花、植树、种菜，让花草树木占领农村裸露空闲地，培养农民良好的生活习惯，让村屯绿了起来、洁了起来、美了起来。

四、抢抓机遇借助外力，加强基础设施建设

孙吴县沿江满达乡四季屯村共有农户286户，1 142口人，耕地面积2.6万亩，全村共有大小农用机械340余台（套）。有线电视入户率达到98%，程控电话入户率100%，砖瓦化率99%，自来水入户率100%，村内街路硬化率100%。2009年全村总收入达650万元，人均纯收入4 900元。

四季屯村是新农村建设首批省级试点村。几年来，在新农村建设中，借助外力累计投入资金975万元。主要实施了七大工程：一是致富增收工程。总投资62.6万元，打抗旱井14眼，建立了千亩高油大豆示范田和千亩沙棘园区。二是农田建设工程。投资32万元，整修田间路10.5公里，修桥1座、涵11处。栽植防护林2.8万株。清挖西山横山截流沟6公里，使940公顷耕地免受水患。三是农机合作社工程。投资136万元（省开发办投资106万元，村自筹30万元），购置1042型联合收割机2台，1204型胶轮拖拉机2台，农机具6台套，完成了标准化的场、库、棚建设。四是道路硬化工程。投资106万元，硬化村屯道路4.8公里，村内街路全部实现硬化。五是环境整治工程。投资15万元，各户统一修建铁栅栏3 000延长米；建水泥板边沟3 000米；植村屯绿化树12 000株。六是安全饮水工程。投资14万元，使286户农民喝上了甘甜的放心水。七是社会公益事业工程。投资20万元，修建了占地3 000平方米的活动广场；2009年自筹资金1.1万元，使1 119人参加了新型农村合作医疗保险，参保率达98%，使农民老有所乐，病有所医。

社会主义新农村建设，使四季屯村更美了，更绿了，更亮了，更富了。农民们生活得更美满、更安逸、更舒畅、更和谐。

五、改革开放四十年，老区旧貌变新颜

四十年来，孙吴老区乡村，在县委、县政府的正确领导下，认真贯彻落实党的十一届三中全会以来的路线、方针和政策，以与时俱进的创新实践，积极推进改革开放，并取得了前所未有的新成就。特别是从百户农民家庭发展变化看，更加彰明较著，概括起来，凸显出十大变化：

（一）农民家庭收入明显增长

党的十一届三中全会召开后，全国逐步由计划经济转向市场经济，农村实行了土地家庭承包的双层经营体制。尤其是党的富民政策的进一步落实，使农民生产积极性得到迸发，生产热情空前高涨，经济效益连年递增。从县老区百户农民家庭30年发展调查变化看，农民人均收入由1978年的不足百元，增加到2007年的3 000元~4 000元的有18户，4 001元~5 000元的有10户，5 001元~7 000元的有19户，7 001元~10 000元的有19户，10 001元~15 000元的有26户，15 001元~20 000元的有4户，20 001元~50 000元的有4户。特别是老区辰清镇农民薛福贵，科学养殖蓝狐，进行规模经营，年人均收入达到5万元；农民李常清靠种植、养殖、采集等综合经营，年人均收入3万元。老区清溪乡农民曹子彦，规模经营种植业，年人均收入3.2万元。

（二）农民增收渠道不断拓宽

改革开放，打破了农村多年农民靠单一种植经营的发展格局，为农民开辟了多种经营的广阔空间，老区人民抓住良好的发展机遇，大力调整经营结构，严格遵循经济规律，紧紧围绕市场转，两眼紧盯效益干，从而拓宽了经营渠道，经济收入实现了多

元化，从百户农民家庭发展调查变化看，2007年，百户农民家庭收入中，种植占69.3%、养殖占19.7%、林业（蕨菜、榛子、蘑菇、药材、柳编等）占4%、劳务占5%、其他占2%。

（三）农民消费观念明显变化

40年改革开放，使老区人民生活发生了巨变，由缺衣少食，到丰衣足食；由贫困型向小康型转变。随着生活水平的提高，老区人民的消费观念有了明显变化，开始注重衣着打扮，着力改善自己的衣食住行，用现代家用电器装备家庭，告别了1978年当时家庭仅有"手电筒电器"的时代，试与城市人民比高低。在百户农民家庭中，有电视106台、固定电话85台、移动手机149部、冰箱87台、洗衣机92台、摩托车69台。

（四）农民家庭生产力较快发展

1978年，老区人民的生产力水平很低，农民从事农业耕种，主要靠牛、马、犁，劳动效率低，经济效益差。改革开放，给老区发展注入了活力，给农民发展生产增添了动力，老区人民有了用武之地，农民们都摩拳擦掌，争先恐后，购买农业机械，武装农业，向现代农业迈进。日前，在老区的田间里、乡间的大路上，农业机械，比比皆是，都竞相作业，发挥效能，创造财富。在百户农民家庭中，有农业机械179台，其中东方红12台，大胶轮76台，小四轮86台，康拜因5台，汽车一辆。农业机械的增加，生产力水平的提高，极大地改善了生产条件，减轻了农民的劳动强度，提高了劳动效率，降低了生产成本，增加了经济效益，提高了农民收入。

（五）农民致富"领军人"不断增多

党的十一届三中全会的召开，为老区人民发展致富项目带来了"艳阳天"。农民们纷纷行动，跃跃欲试，搞起了致富项目。在致富经营中，涌现出了一些致富"领军人"，他们科学引领，精心培育，帮助农民把一些致富项目做成了家庭收入的支柱产业。在百户农民家庭调查中，有6名农民，已成为闻名遐迩的致富"领军人"。如老区沿江满达乡哈达彦党支部书记吴全明，他带领全村人民，克难攻坚，拼搏进取，致富奔小康，使农民生活得到明显改善。正阳山乡正阳村农民姚宝森，他带领农民科学利用冻配技术，使农民靠科学养殖致富尝到甜头。奋斗乡阿象山村农民谢珠龙，他靠规模养鹅、养猪，年收入6.5万元，但他富了不忘众乡亲，把养殖技术，无私传授给村民致富。

（六）农民文化素质明显提高

过去，老区乡由于多种因素，文盲较多，文化素质较低，平时过着"日出而作，日落而息"的清贫而枯燥的生活。改革开放，使老区人民对"知识改变命运，知识创造未来"的道理有了深刻认识，他们不但自己注重参加乡、村举办的各种培训班，提高文化素质，而且把精力、资金全部投放到对下一代的培养上，造就一批有知识、有技能、有素养的一代新人。经过老区人民的不懈努力，文化结构有了明显改变，文化素质有了显著提高。如老区奋斗乡奋斗村农民丁云祥，家有四口人，其中初中1人、高中1人、大学2人；清溪乡清溪村农民金朝福，家有4口人，其中初中1人、高中1人、大专2人；正阳山乡莲山村张之彬，家有6口人，其中初中2人、高中3人、大专1人。

（七）农民科技致富水平不断增强

改革开放，助推了老区人民的学习热情，提升了农民整体的文化素质，为推广和应用农业新技术奠定了良好条件。40年来，老区人民致富热情空前高涨，特别注重应用标准化农业新技术。使经济效益连创新高。如在农业种植上，他们应用了土壤深松、测土施肥、叶面施肥、药剂灭草、大豆大垄密、大豆小垄密、地膜覆盖等新技术，大豆平均公顷产量由1978年的1 500斤增加到

2007年的4 200斤，增长1.8倍；在肉牛养殖上，应用了冻配改良新技术，每头牛纯增效益1 000元；在大鹅养殖上，应用推广了大鹅养殖育肥技术，使每只鹅纯增效益20元。在调查的百户农民家庭中，靠应用新技术致富增收达到38%。

（八）农民生产经营方式有了重大变化

随着农村改革的逐步深入，老区农民仅以土地家庭联产承包责任制的生产经营方式，已经不能适应市场经济的快速发展的需要。老区人民根据生产经营实际，发挥自己的聪明才智和创造精神，不断创新生产经营方式，完善生产经营机制。从百家农民家庭经营调查看，农民的生产经营方式有了重大变化，运行效果较为明显：一是跨区承包经营。在百户农民家庭中，有42户，跨区承包土地3 131亩，每公顷纯收入可达3 500~4 000元。二是入股联合经营。有26户入股参加了农机合作社，有4户入股参加了网箱养鱼联合体，有4户入股搞了加工企业。三是协会带领经营。有48户，参加了不同行业的协会。老区沿江乡哈达彦村农民，有4户加入了"潘氏西瓜"协会，他们用无形资产——"潘氏西瓜"商标，销售西瓜，取得了良好效果，每公顷西瓜纯收入2万元。四是域外承包经营。在百户农民家庭中，有8户跨出家门，外出淘金。辰清镇曙光村农民杨树新到哈尔滨，经营了理发店，年收入达到30万元。正阳山乡高山村农民宋庆方，带领村民到俄罗斯，采伐木材，进行承包经营，年人均收入3万元。

（九）农民居住环境明显改善

70年代，老区农民的住房是"披头散发掉眼泪，摇摇欲坠顶小棍"。改革开放以后老区基础设施建设得到长足发展，道路、电力、饮水、学校、医疗等有了明显改观。尤其是老区农民家庭收入的变化，农民们再也不为吃穿犯愁了。随着生活的富足，他们的观念有了新的转变，开始把目光转到居住环境上，大刀阔斧地进行房屋改造。在百户农民家庭调查看，有96户农民住上了宽敞明亮的大砖房，有的还住上了小楼房；房屋整洁漂亮，庭院花草飘香，犹如花园一般。

（十）农民家庭和谐氛围日益浓厚

改革开放40年，老区旧貌换新颜。勤劳的老区人民，伴随着老区的发展，积极用"三个代表"重要思想和科学发展观武装头脑，用时代精神的主旋律锤炼自己，熏陶自己。他们丰衣足食，安居乐业。过去家庭"穷唧唧，唧唧穷"的现象没有了，有难相助的现象增多了，文明和谐户大大增加。从百户家庭调查看，文明和谐户达到94%。农民家庭和谐氛围的形成，促进了老区的社会稳定，使老区人民呈现出安定团结，和睦相处，共同建设社会主义新农村的美好景象。

第六节　文化繁荣篇

一、发展老区文化，丰富农民生活

孙吴县老区乡文化站有7人（其中3人大学文化，4人大专文化），文艺队5个，142人。学校5所，132名教师，806名学生。老区乡小学文化的有2 847人，初中10 412人，高中1 640人，大专以上413人。近年来，县委、县政府对老区宣传文化工作十分重视，认真推进，不断丰富农民文化生活，凝聚老区力量，促进了老区文化建设的发展与繁荣。

（一）领导重视，成立组织

县成立了老区工作领导小组，老区宣传文化工作由县委宣传部牵头，文化局、广播局、老促会等单位参加，形成了强大的舆论宣传阵容，为老区发展助力。老区乡积极贯彻落实县委、县政府关于加快老区宣传文化建设的发展要求，把文化工作纳入全乡的重要工作之中，成立了老区文化建设领导小组。组长由党委书记担任，成员有：宣传、文化、财政、共青团、妇联、教育的负责人。文化建设领导小组，负责组织全乡的文化活动和文化建设，推进精神文明建设的加快发展。领导组织的建立，为老区宣传文化建设起到了可靠的组织保证。

（二）精选人员，组建队伍

老区乡党委、政府，对老区文化建设高度重视，在本乡范围内，精选人员，组建了3支队伍，对老区文化，进行建设与引领。一是文艺队伍。老区乡村挑选了有文艺擅长的人才，组建了文艺小分队。辰清镇党委、政府，他们在原有的文艺演出队的基础上，扩大吸收镇农民精英文艺骨干，组建了"达紫香——映山红文艺队"，人员达30人。同时，各村也相应组建了"映山红文艺小分队"，成立了农民乐队、秧歌队等文艺团体，演艺在农村第一线，为农民增添了丰富的文化生活色彩。二是通讯员队伍。县乡老促会不断加强通讯员队伍建设，把通讯员扩大到每个老区村，老区通讯员已达到60人。他们用手中之笔，利用《孙吴老区建设》《黑河老区建设》《黑龙江革命老区》《黑河报》等各大平台，宣传老区，推介老区，让社会了解老区，支持老区加快发展。特别是老区优秀通讯员王殿收、徐志军、孟欣，由于工作出色，被组织安排到重要工作岗位。三是科教队伍。为了加快科技进步，提高科技对农业的贡献率，老区乡组建了科教队伍，由乡农机、农技、畜牧、农经的技术人员和教师组成。科教人员负责对老区农民的文化教育、科技培训、科技宣传等，用科学思想、科学文化、科学技术武装农民，引导农民依靠科学，致富兴家。

（三）加大投入，建立基地

文化是民族的血脉，是人民的精神家园，它鼓舞人的斗志，凝聚人的力量，推动社会进步。因此，要想加快老区文化建设，更好地落实《中共中央关于深化文化体制改革推动社会主义文化大发展大繁荣若干重大问题的决定》的重要精神，就必须加大投入，建设文化平台。各乡认识提高后，纷纷行动，筹措资金达412万元，建设了文化基地。一是建了5个乡文化馆，面积1 100平方米，33个村文化广场，面积达438 000平方米。二是34个村都建了文化活动室，面积达4 300平方米，室内有图书室、阅览室、娱乐室。室外建有夏季电影放映场地和健身器材。三是购置了文化学习设备。27个村配有书柜，图书56 000册，电脑27台，电视机27台。四是有文艺演出器材。乡文化站购买了鼓、锣、镲、唢呐和音响设备。政府还为村秧歌队购置了服装。有34个村安装了"农牧远程教育系统"。同时，县老促会积极向上争取资金，投资3万元，建设了四季屯《村史馆》，投资220万元，建设了《爱国主义教育陈列馆》，爱国主义教育基地，在党的群众路线教育实践活动中发挥了重要作用。在纪念抗战胜利70周年时，组织了老区党员、干部，到《爱国主义教育陈列馆》进行参观，声讨日本侵华罪行，让老区人民牢记历史，弘扬抗联精神，集中精力，建设老区。

（四）开展活动，丰富生活

农村文化基地建立后，乡村针对不同时期的工作要求，开展了丰富多彩的各项活动，来丰富农民生活。一是思想教育。老区乡镇发扬革命传统，对农民进行时代精神再教育，认真组织农民学习毛泽东思想、邓小平理论、"三个代表"重要思想、科学发展观和习近平新时代特色社会主义思想，用马克思主义中国化，教育农民，用先进的思想理念，引导农民，用老区革命精神，武装农民。让老区农民，紧随时代，永不落伍。二是科技武装。随着科学技术的不断进步，农业科技对农业的贡献率，越来越凸显。因此，老区乡村采取不同形式，对农民进行培训，提高素质，增加本领，致富兴家。如2014年，老区乡镇就办班106次，培训8 602人。三是文艺活动。乡镇文艺队伍组建后，开始紧锣密鼓地全力营造多元文化生活氛围，组织编创自己的文艺节目，农村文艺小分队创新思维，敢于试验，围绕着农民靠科技致富的典型事例，编创文艺节目，如：编创的《刘百岁换脑筋》《四大妈夸科技能手》《土地流转好处多》《靠棚室赚钱就是顺！》等50多个表演节目，在老区群众中引起强烈反响。在革命传统教育中，老区村文艺队根据抗日英雄白福厚、姚世同的英雄事迹，编创了《抗日英雄赞》，以京东大鼓的表演形式进行演唱，事迹感人，唱腔优美，深受广大群众喜爱。在演出形式上，不拘一格，创出特色，逐步形成了"一村一品"的演出风格。茶余饭后，模仿、品评、学唱所喜爱的节目唱段，成为农民文化生活中不可缺少的主要的内容。在表演形式上，各有千秋，能人众多。如：地方戏、小品表演、京东大鼓、快板书、数来宝、乐器合奏、独奏等表演，都各有专长，很具有观赏性。特别是老区人民在喜迎新中国成立60周年时，载歌载舞，欢歌祝福。（1）编排节目，进行庆祝。5个老区乡共编排了76个节目，主要节目是：《共产党好》《好日子》《祖国你好》《赞咱村》《新农村建设》《美了美了》等。（2）举办歌舞，进行祝福。老区沿江乡哈达彦村，组织了农民秧歌队，舞起了大秧歌。（3）图片展示，凸现变化。老区正阳山乡举办了图片展，共展出图片60幅，向老区人民展示了正阳山乡在中国共产党的领导下，发生的翻天覆地的巨大变化。县老促会也举办了图片展，展出图片百余幅，向全县人民反映老区人民的伟大创举，反映老区的发展变化。（4）举办演唱会，欢歌共祝。5个老区乡组织学生，共举办了10场诗歌演唱会，歌颂祖国，祝福祖国，把祖国伟大、昌盛的光辉形象深深铭刻在学生心中。（5）利用媒体，宣传老区。县老促会与县电视台联手，搞了纪念新中国成立60周年——老区新貌专题，共播放4集，重点宣传了老区人民在祖国母亲的抚育下的发展变化，反映了老区人民在党的领导下，用聪明智慧、勤劳双手，把老区建设得更加文明、富裕和繁荣。同时，也赞颂和祝福伟大的祖国越来越富强！与此同时，乡村还根据农时季节，组织农民开展篮球、下棋、书法、绘画、古诗朗诵等比赛，丰富农民的文化生活，陶冶农民的思想情操。

（五）宣传老区，传承精神

老区革命文化，是最为宝贵的历史财富，是推动建设老区的精神动力。因此，县乡老促会对老区文化进行了认真的再搜集、再发掘、再整理，撰写了《三进孙吴、建红色政权》《抗联英雄白福厚》《血火辰清》《北黑线上辰清镇》《孙吴抗战时期历史》等文章，进行广泛宣传，教育后人，牢记历史，传承革命精神。同时，还大力宣传老区的奉献精神，克服困难、建设家园的战斗精神，勤劳致富的创新精神，用老区的革命精神，来鼓舞人、感召人、激励人、推动人，紧紧抓住当前的最佳发展机遇期，加快建设老区、美化老区、富裕老区。

老区乡村在县委、县政府的带领下，牢牢把宣传文化建设抓在手上，大做文章，唱响老区，收到了明显效果：

一是宣传党的方针政策力度加大，农民得到了更大的实惠。老区乡村文化艺术队，坚持以为农民服务为宗旨，用农民喜闻乐见的形式，编创节目，向农民宣传新文化、新思想、新政策，向农民宣传党的优惠政策，宣传粮食直补，综合补贴给农民带来的好处；向农民宣传新农村建设，给农村带来的新机遇。特别是重点宣传省委老区工作会议精神和省委3号文件，县老促会采取办班培训的形式，培训宣传骨干，把《意见》精神宣传到了老区村。乡老促会召开乡村干部会议，进行组织学习，认真宣传省委〔2012〕3号文件精神，让乡村干部学深学透，把优惠政策用足用活，让老区人民得到最大实惠。乡村干部还深入村屯，利用会议、广播、座谈会等形式，向农民进行宣传讲解，让农民知道省委、省政府对老区人民的深切关怀，对老区建设的大力支持，更加激发老区人民建设老区的工作热情，把老区建设得更富裕、更美好。强大的舆论宣传，省委〔2012〕3号文件精神更加深入人心，在全县以及老区乡村引起强烈反响，都一致反映说：省委〔2012〕3号文件，是指导老区新时期发展的纲领性文件，高度体现了省委、省政府对老区人民的关心与关爱，体现了对老区建设的极大重视。省委〔2012〕3号文件中的40条，含金量高，实惠多，将会对老区发展起到巨大的推动作用。特别是县涉农部门，纷纷行动，主动为老区排忧解难，争取项目，加大投入，推动建设，形成了助推老区加快发展的工作氛围。如县农业局，积极组织农业技术人员，深入老区乡村，传授农业技术，进行答疑解惑，为农民插上了科学致富的新翅膀。

二是农民有了活动场所，文化生活更加丰富多彩。老区乡村投资建了文化活动场所，为农民文化活动提供了阵地与舞台。为了把农村文化活动搞得有声有色，更具有活力，各老区乡各自确定本乡某天为艺术节。节日确定后，各村农民纷纷参与，演唱排练，登台演出。如2014年，正阳山乡有400名群众一起观看演出。文艺演出在大合唱《歌唱祖国》《没有共产党就没有新中国》中拉开了序幕；歌舞、相声、诗朗诵、音乐情景剧等节目精彩纷呈，赢得了观众阵阵掌声。乡干部李想演唱的《山丹丹花开红艳艳》表达了祖国繁荣昌盛，人民群众建设祖国，建功立业的强烈愿望；小学生沈善新等同学表演的三句半《践行科学发展观》，高度赞扬了党员领导干部关心农民群众，为群众办实事办好事的工作作风，表达了共创和谐家园的美好愿望；最后，文艺演出在《难忘今宵》的优美旋律中圆满结束。几年来，乡村在"元旦""三八""五一""五四""七一""十一""春节"等传统节日时，都坚持开展活动，为农民进行演出，增添了农民的节日氛围。特别是四川汶川地震发生后，辰清镇党委、政府，积极组织举办了"情系灾区，爱心无限"的赈灾义演活动，当场农民捐款2 800多元。在全镇赈灾义演的助推下，农民们慷慨解囊，奉献爱心，为四川地震灾区捐款3万元，支持灾区人民恢复生产，重建家园。

三是农民有了学习场地，学文化、学科技蔚然成风。文化活动室、图书室和远程教育的建立，为农民学文化、学科学提供了良好的学习场所，农民们在闲暇之余，都到学习场所进行"充电强身"，武装头脑，增强本领。通过学习，农民的视野更宽了，气魄更大了，干劲更高了，都跃跃欲试，另辟致富蹊径。2014年，老区乡村外出务工农民达3 642人，收入7 284万元。

四是陶冶了农民思想情操，社会主义文化阵地在农村更加巩固。对老区农民进行社会主义核心价值的教育，使农民的爱国主义思想更加提高。特别是开展丰富、有趣、健康的文化活动，进一步陶冶了农民情操，使文化春风荡漾在乡村沃土上，让社会主义文化阵地更加巩固。如老区沿江乡大桦林子村，每天有200多名妇女，在广场练舞健身，其活动阵容庞大，吸引力、凝聚力展现出来，呈现出"三多三少"的新气象，即：学文化、学科学的人多了，赌博的人少了；向往文化生活的人多了，低级趣味的人少了；助人为乐的人多了，打仗斗殴的人少了。

五是大力弘扬老区精神，激发了社会各界对老区的关爱之情。大力宣传老区革命精神，宣传老区的发展变化，在社会各界引起震撼，引起反响。社会各界进一步了解了老区，看到了老区莺歌燕舞的新气象，万分高兴，慷慨解囊，进行助推。2014年，社会各界支持老区建设投资达9 219万元，建设了道路、泥草改造、活动室、休闲广场等。特别是茂田牧业，支持老区农民发展"鹅"经济，向老区村投放鹅雏75 000只，饲料15万斤，农民获纯效益262万元。雅格麻业有限公司，投资500万元，支持辰清镇农民发展汉麻产业，2015年，种植汉麻2.5万亩，带动正阳山乡农民种植汉麻1.5万亩，促进了老区经济快发展，农民快增收。

六是农民文化素质得到提高，助推了老区经济的加快发展。建设老区文化的大力开展，不但丰富了农民文化生活，更重要的是提高了农民的整体素质。农民素质的提升，使他们的思想意识有了质的飞跃，开始运用所学知识，经营致富项目，助推经济发展。尤其是近年来，老区人民，重新定位，确定目标，加快调整，优化结构，发展经济，增加效益。如2014年沿江乡四季屯村种植玉米800公顷，全乡种植玉米8 000公顷，形成了玉米示范带，玉米公顷纯效益1.4万元；他们乡还利用江水，种植水稻1 000公顷。正阳山乡积极扩种马铃薯，形成了规模，做大了产业。奋斗乡扩大了水飞蓟经营面积。辰清镇积极扩大小麦、马铃薯种植，并进行系列加工，形成了自己的品牌，逐步向一乡一业方向发展。

二、吹响老区发展号，促进老区大繁荣

近年来，县老促会加强了老区通讯员队伍建设，进行了规范化管理，组建了队伍，建立了网络，创新了机制，实行了目标管理，充分调动了通讯员的积极性、主动性和创造性，用手中之笔，宣传党的新政策，书写老区新生活，唱响老区新发展，弘扬老区正能量，促进老区大繁荣。

（一）组建队伍，唱响老区

老区通讯员队伍建设，是做好老区宣传工作的重要基础和保障。因此，老促会牢牢把通讯员队伍建设抓在手上，当作大事，摆上日程，常抓不懈，认真推进。在原有老区通讯员队伍的基础上，把通讯员扩大到每个老区村、县直老促会成员单位，并把黑河日报社驻孙吴记者站、孙吴电视台等新闻单位聘请为特邀通讯员，全县老区通讯员已达到57人，形成了以县老促会为中心，横向到县直帮扶单位，纵向到老区乡村的强大的通讯员队伍阵容。同时，建立了三大网络：（1）手机联系网络。老促会把老区通讯员登记建档，并把每一名通讯员的手机号码进行记录，打印成册，便于沟通情况，相互联系，掌握基层发展动态和典型事例等。（2）信息捕捉网络。针对每一时期的工作重点，利用手机网络，指导通讯员捕捉信息，提高了信息的时效性，准确性和利用率。（3）工作联动网络。老区通讯员在县委宣传部的领导下，县老促会、广播局、记者站、党史办、县志办、县直老促会成员单位、老区乡、镇、村屯，重要工作进行联动，形成合力，为老区发展进行精诚合作，互推助力。特别是传承老区革命精神、改变老区贫困面貌、实现老区小康目标，需要倾情加大老区宣传力度，让社会了解老区，理解老区，支持老区。因此，在工作中，对老区的宣传，应该常抓不懈，唱响老区旋律。一是宣传省委老区工作会议精神。省委老区工作会议召开后，老促会认真深入学习省委〔2012〕3号文件精神，深刻领会《意见》的时代精神、重大意义，并对40条反复研究，进行宣传贯彻，让老区人民感受省委、省政府对老区的关注与厚爱。让农民知道省委、省政府对老区人民的深切关怀，对老区建设的大力支持，更加激发老区人民建设老区的工作热情，把老区建设得更富裕、更美好。二是宣传老区的致富典型。为了加快老区脱贫致富，让老区人民学有榜样，奔有方向，总结了老区不同方面，不同层次的典型，利用多种形式，进行广泛宣传。特别是利用《孙吴老区建设》，发刊360期；《黑河老区建设》转发248篇，连续8年在全市名列第一；《黑龙江革命老区》刊发85篇；黑河日报发稿43篇。强大的典型引领，为老区人民致富，形成了鼓动力，产生了推动力。老区人民纷纷行动，争先恐后，搞起了鸵鸟、孔雀、八马香猪、和牛养殖和汉麻加工等。三是宣传老区新农村建设。抓住国家推进新农村建设的有利契机，向老区人民宣传政府对新农村建设的优惠政策，让老区人民学透、用活，积极向上争取，建设家园。在宣传的引导下，老区基础设施建设，突飞猛进，公路四通八达，形成网络，硬化路进入村屯，路通了，粮价升了，每斤大豆长了1角钱。特别是总结了桦林农机合作社的经验，进行了广泛宣传报道，在老区乡村引起强烈震撼，有3个1 000万元的农机合作社在老区应运而生，农机现代化装备进一步提升，为夺取农业丰收奠定了良好基础。四是宣传老区革命文化。老区革命文化，是最为宝贵的历史财富，是推动建设老区的精神动力。因此，老促会对老区文化进行了再搜集、再挖掘、再整理，撰写了《枪声回荡辰清河》《党在孙吴》等文章，还建立了村史馆，进行广泛宣传，教育后人，牢记历史，传承革命精神。同时，还大力宣传抗联精神，老区的奉献精神，克服困难、建设家园的战斗精神，勤劳致富的创新精神，用老区的革命精神，来鼓舞人，感召人，激励人们奋发进取。

（二）发挥作用，书写老区

为了更好地发挥通讯员作用，大力宣传老区，老促会在工作创新上做了文章，建立了通讯员工作机制，提升了宣传质量。一是目标量化机制。积极与乡镇党委、政府沟通协商，进一步加强了乡镇通讯员队伍建设。为了进一步调动通讯员的积极性，在原有十项制度的基础上，又制定了《孙吴县老区乡镇通讯员工作量化考核细则》，主要内容是：组织编辑电视宣传片每部得5分，上报宣传报道材料每篇得2分，被县采用每篇得4分，被市采用得8分，被省采用得16分，反映老区乡的报道，被市、省、国家级报刊采用的按10、20、40得分。半年通报一次，年终进行总评，给予表彰奖励。工作量化考核细则的制定，使通讯员有了目标，有了方向，积极性空前高涨，纷纷撰写文章，宣传老区，唱响老区，助推老区加快发展。二是业务培训机制。能否报道老区有价值、有分量的文章，老区通讯员的自身素质十分关键。因此，老促会加强了对老区通讯员的业务培训，内容全面、生动、形象、具体、细致，有老区发展史，有党的政策，邓小平理论和"三个代表"重要思想、科学发展观和"四个全面"战略布局，习近平总书记关于发展老区的系列讲话，写作知识、写作技巧和经验。用科学的理论，武装通讯员头脑，用先进的理念，指导通讯员开展工作，用灵活的技巧，提高通讯员写作质量。三是作品交流机制。为了加大老区宣传工作力度，提升宣传工作质量，搭建了通讯员作品交流大平台，组织乡镇老促会会长和通讯员，召开了"我为老区发展献计策"研讨会，研究探索发展老区的新途径、新举措，为老区人民致富兴家，献计献策，谋划发展新蓝图。通过研讨，提出了发展老区建议22条。将这些建议进行了整理，反馈给老区乡镇党委、政府，多数建议被采纳，得到了县委宣传部领导和老区乡村的肯定和好评。四是指导引带机制。为了提高稿件质量，老促会与通讯员，肩并肩，手拉手，密切配合，撰写文章，宣传老区。同时，还采取"教、带、推"的办法，来培训通讯员。教，就是给通讯员出题目，写稿件；带，就是带头撰稿，并积极为通讯员修改稿件，提高稿件质量。推，就是把有分量的文章，向市、省老促会进行推荐。还及时把省市稿件采用情况，通报给通讯员。另外，王翠霞会长还把优秀的通讯员，向组织部门进行积极推荐。这样一来，老区通讯员干劲倍增，热情空前高涨。尤其是正阳山乡通讯员王殿收，几年来撰稿134篇，被《孙吴老区建设》用稿86篇。他写的文章，贴近实际，贴近生活，贴近群众，反映了老区日新月异的发展变化，赞颂了老区人民的幸福生活。老区辰清镇通讯员孟欣，几年的时间，撰写信息485篇，在人民网发表1篇，新华网发表55篇，东北网刊登2篇，黑龙江日报刊登9篇，黑龙江经济报刊登1篇，黑龙江省农村报上刊登1篇，省《黑龙江革命老区》刊登14篇，黑河日报刊登98篇，市老促会《黑河老区建设》转发20多篇，被县老促会《老区建设》刊用35篇。由于工作出色，王殿收被提拔为副乡长。

（三）突出重点，弘扬老区

通讯员队伍的扩大，通讯员机制的建立，发挥了老区通讯员的工作热情，从不同方面，不同层次，利用多种形式，对老区进行了广泛宣传。一是宣传新理念，促进快发展。老促会组织老区通讯员，针对党在新时期的发展理念，在老区乡村进行广泛宣传，如：对创新、协调、绿色、开发、共享等5大发展理念的宣传，让老区人民适应新常态，再创新优势，抢抓新机遇，致富奔小康，有了前进方向。二是宣传党的关怀，激发正能量。抓住市委书记3次到孙吴县老区进行调研的机会，利用通讯员之笔，把党委、政府对老区人民的关怀，进行了报道，受到了社会各界的好评，《黑龙江革命老区》进行了转刊，《黑河老区建设》也进行了刊发。特别是老区人民亲身目睹了党对他们的亲切关爱，万分高兴，干劲倍增，广辟门路，致富兴家。三是宣传新变化，引资建企业。老促会组织老区通讯员，用他们的聪明智慧，书写老区的发展变化，宣传老区的引资优惠，让社会了解老区，支持老区。有耕耘，就有收获。鑫宇牛业有限公司落户清溪，投资1.2亿元，建设了标准牛舍14栋，养牛3 000头、3处青贮窖、糖化饲料厂、有机肥厂、屠宰厂、办公楼等，项目建设得热火朝天，如火如荼。建设项目，规模庞大，十分雄伟，像一盏光芒四射的导航灯，引领农民致富兴家。雅格尔麻业落户辰清镇，建设了3个汉麻加工厂，安装了6条加工生产线，给农民带来了巨大的经济利益。老区农民种植汉麻热情高涨，2016年达到8万亩，成为全国最大的汉麻之乡。四是宣传新创举，加快奔小康。老区通讯员勤奋耕耘，对老区人民的致富举措，进行了广泛深入的宣传，尤其是对奋斗小架子农机合作社、哈达彦农机合作社、岩峰村牧业养殖场，带领农民共同致富的典型宣传报道，在社会上引起强烈反响，激励了老区人民的致富热情。积极调结构、上项目、兴产业、建麻厂、提效益、增收入，日子越过越红火，老区哈达彦村农民人均收入超2万元。

三、"达紫香之花"在辰清绽放

孙吴县老区辰清镇位于县城西南35公里处，北黑铁路与202国道贯穿全境，交通便利，经济发达，是孙吴县唯一的建制镇，全镇辖5个行政村，10个自然屯，有1 274户，7 306口人。

春季闲暇季节，每当夜幕来临时，在辰清镇各村屯的文化广场上，锣鼓喧天，歌声飞扬，达紫香——映山红农民艺术文化演出活动，在一片欢快、愉悦的气氛中紧张地进行着。这里的文化生活不输给城市文化生活，形成了一道靓丽的风景线。

随着农村改革的不断深入，农民生产积极性空前高涨，极大推进了生产力的加快发展，人们积极转变经济发展方式，调整经济结构，使农民物质生活得到极大改善。人们的生活水平提高

后，随之对文化生活有了新的向往与追求。辰清镇党委、政府，为了满足本镇农民对文化生活日益发展的需求，结合本镇实际，在农民文化生活上大做文章，加强了农村文化建设，创出了具有辰清特色的文化品牌，凸显明显效果。

（一）领导重视

近年来，镇党委、政府对农民文化生活高度重视，把文化工作纳入全镇的重要工作之中，成立了文化领导小组，党委书记任组长，党委副书记和文化站长主抓全镇文化工作，确保文化工作的顺利开展。同时，加大了对全镇文化建设的资金投入。筹资60万元，对全镇文化事业的硬件设施进行了建设。一是建了文化广场。新建了5个村的文化广场，面积达2 600平方米。二是建了村级文化活动室。5个村建了文化活动室，室内有图书室、阅览室、娱乐室。室外建有夏季电影放映场地和健身器材。三是配齐了文化学习设备。各村配有书柜，图书1 000册，电脑1台，电视机1台。四是配置了文艺演出器材。镇文化站购买了鼓、锣、欶、唢呐和音响设备。镇政府还为春清村秧歌队购置了20套服装。全镇5个村安装了"农牧远程教育系统"。领导的重视，资金的投入，为农民开展文化艺术活动，打下了坚实的基础。

（二）创出作品

为了深入开展农民文化活动，丰富农民文化生活，镇党委、政府，就在原有的文艺演出队的基础上，扩大吸收镇农民精英文艺骨干，共同组建了"达紫香——映山红文艺队"，人员达30人。同时，各村也相应组建了"映山红文艺小分队"，成立了农民乐队、秧歌队等10多个文艺团体，共有300多人，演艺在农村第一线，为农民们增添了丰富的文化生活色彩。

全镇文艺队伍组建后，开始紧锣密鼓地全力营造多元文化生活氛围，组织编创自己的文艺节目，农村艺术小分队创新思维，敢于试验，围绕着镇农民靠科技致富的典型事例，编创文艺节目，如：春清村编创的《刘百岁换脑筋》《四大妈夸科技能手》《土地流转好处多》，辰清村的《靠棚室赚钱就是顺！》等50多个表演节目，在辰清镇群众中引起强烈反响。在革命传统教育中，老区村文艺队根据抗日英雄白福厚、姚世同的英雄事迹，编创了《抗日英雄赞》，以京东大鼓的表演形式进行演唱，事迹感人，唱腔优美，深受教育。

"达紫香——映山红文艺小分队"在演出形式上不拘一格，创出特色，逐步形成了"一村一品"的演出风格。农民们茶余饭后，模仿、品评、学唱所喜爱的节目唱段，成为农民文化生活中不可缺少的主要的内容。在表演形式上，各有千秋，能人众多。如：辰清村的地方戏，宝泉村的小品表演，核心村的京东大鼓，曙光村的快板书、数来宝，春清村的乐器合奏、独奏等表演，都各有专长，很具有观赏性。

（三）坚持活动

镇党委、政府，为了把农村文化活动搞得有声有色，更具有活力，研究决定：从2005起，把每年4月20日，定为"达紫香——映山红文化艺术节"。节日确定后，各村农民纷纷参与，演唱排练，登台演出。如2009年，镇政府组织举办的"达紫香——映山红文化艺术节"上，农民们纷沓而至，兴高采烈，表演了唱歌、跳舞、杂技、快板、数来宝、三句半、相声、男女独唱等节目。镇政府对演出节目进行审评，评出了一、二、三等奖，并给予物质奖励，从而进一步调动了农民参与文化活动的积极性。在县政府2009年组织的文化会演中，辰清镇达紫香——映山红文艺队演出的《赞辰清》，荣获一等奖。

几年来，"达紫香——映山红艺术小分队"，在"元旦""三八""五一""五四""七一""十一""春节"等传统节日中，都坚持开展活动，为农民进行演出，增添了农民的节日氛围。特别是四川汶川地震发生后，镇党委、政府，积极组织举办了"情系灾区，爱心无限"的赈灾义演活动，当场农民捐款2 800多元。

（四）宣传政策

几年来，镇达紫香——映山红文化艺术队，坚持以为农民服务为宗旨，用农民喜闻乐见的形式，编创节目，向农民宣传新文化、新思想、新政策。用先进的理论武装农民，用科学发展观引导农民经营生产；向农民宣传党的优惠政策，宣传粮食直补，综合补贴给农民带来的好处；向农民宣传新农村建设，给农村带来的新机遇；向农民宣传科学种田主要经验和农民致富的典型事例；向农民宣传社会各界支持辰清带来的新发展、新面貌。用强大的文化宣传武器，对农民产生巨大的感染力、熏陶力、凝聚力、激发力。倾听党的大力宣传以后，农民对党的优惠政策更加理解，致富的心情更加迫切，都纷纷行动，利用政策，捷足先登，组建了农机合作社、马铃薯协会、养猪协会等，搞起了大鹅、獭兔、梅花鹿等特色养殖，进行致富兴家。

文化的助推，使农民的精神建设有了长足发展，人们的精神得到了陶冶，助人为乐的事情屡见不鲜，全镇出现了和谐相处、携手致富的新局面。在镇达紫香——映山红文化艺术队的不懈努力下，社会主义文化占领了农村阵地，农村社会主义文化犹如达紫香——映山红，在辰清镇的大地上，绽放得更加绚丽多姿，姹紫嫣红！

四、文艺之花在老区绽放

（一）老区正阳山乡举办第二届农民艺术节

为丰富群众文化生活，全面展示老区正阳山乡民族民风，推动全乡的文化事业繁荣发展，进一步促进农村文化建设，展示农民新风貌，在乡党委政府的精心组织下，举办了正阳山乡第二届农民文化艺术节。

会演紧扣"喜迎十八大、放歌新生活"的主题，充分体现了正阳山的乡特色文化。这届文化艺术节，有7个村组织了代表队，参演节目24个。

此次艺术节全部由正阳山乡各村农民自编、自导、自演，真正做到了"农民演、农民乐、乡干部表演的诗歌《我骄傲——我选择了正阳》，将近年来正阳山乡日新月异的变化编成诗篇，

将正阳山乡的新形势、新面貌展现给大家，博得了观众热烈的掌声，经过两个多小时的演出，高山村选送的歌曲《好运来》被评为一等奖；向阳村和椅山村选送的歌曲《今天》和《心云》被评为二等奖；向阳村、林河村和阳山村选送的歌曲《我和草原有个约定》《心雨》《涛声依旧》和电子琴弹唱《神技》分别被评为三等奖。

农民当主角，演出洋溢着奔放的激情、朴素的美感和浓郁的乡土文化气息，极大地丰富了人民群众的精神文化生活，提升了农民群众的生活品位。

（二）辰清镇举办喜迎十八大歌咏会演

辰清镇为迎接庆祝党的十八大胜利召开，营造和谐的社会环境，举办了喜迎十八大放歌新生活农民歌咏汇演。

演唱会以独唱《党啊！我亲爱的母亲》拉开序幕，会演选取了中国共产党成九十一年来，各个历史时期最具有代表性而又广为流传的红色歌曲、舞蹈等，生动地再现了我党九十一年的光辉历程，歌颂了党的丰功伟绩。《我爱你中国》《爱国奉献》《学习雷锋好榜样》等歌曲和舞蹈热情讴歌了中国共产党为了祖国和人民浴血奋战、开拓进取、甘于奉献的崇高品质。一首首悦耳动听的歌曲、一段段欢腾奔放的舞蹈，抒发了村民热爱党、歌颂党、祝福党的真挚情感。最后以大合唱《明天会更好》结束了"喜迎十八大，放歌新生活"农民歌咏会演。

（三）清溪乡"喜迎十八大，放歌新生活"文艺演出

7月30日，清溪乡为迎接庆祝党的十八大胜利召开，举办了主题为"喜迎十八大，放歌新生活"的农民歌咏会演。

演出由村民自编、自导、自演。节目内容深情歌颂了中国共产党领导全国各族人民建设中国特色社会主义伟大祖国的丰功伟绩，抒发了爱党、爱国、爱社会主义的真挚情感，表达了

对美好未来的憧憬。整场演出节目形式多样，内容丰富，有合唱、独唱、诗朗诵、萨克斯独奏等。演出精彩纷呈，高潮迭起，声情并茂、慷慨激昂的诗朗诵，和谐欢快的爱党赞歌，掀起一浪高过一浪的欢呼喝彩声，演出现场洋溢着灿烂的笑脸。表达了对党对祖国的讴歌赞美的真情。

一首首悦耳动听的歌曲、一段段欢腾奔放的舞蹈，抒发了村民热爱党、歌颂党、祝福党的真挚情感。

最后以大合唱《明天会更好》结束了"喜迎十八大，放歌新生活"农民歌咏会演。

第七节　绿叶培育篇

一、县领导助力老区脱贫致富

（一）心系老区，精准帮扶

这几年，老区辰清，山青了，水绿了，村新了，产业多了，农民富了。的确，辰清变了，美了。老区人民都说："辰清的发展，蕴含、凝聚、倾注着县委副书记张明的心血与汗水。"不错，张明书记，精明、干练、多思、善谋，想事、干事，心里装着百姓，想着辰清的发展，为辰清建设，百姓富裕，殚精竭虑，废寝忘食。

（二）精心谋划，制定蓝图

孙吴县老区辰清，距县城40公里，地处山区，第六积温带。前些年，由于受历史、区位、资源、环境等因素制约，经济发展滞后，农民生活较为贫困。县委、县政府安排张明书记包扶辰清镇，他到辰清后，听汇报，走村、入户，了解情况，当他看到辰清村屯破旧，农民贫困时，心急如焚，如何包扶，怎样让农民致富呢？这一课题，摆在了张明书记面前，面对贫穷，张书记没有回避，没有退缩，而是雷厉风行，再次和镇领导一起，深入村屯，召开座谈会，入户倾听意见，征求致富良策。在此基础上，他和镇领导共同反复商讨，认真研究，精心策划，制订了"招商引资发展新产业；发挥资源优势大搞养殖业；抢抓机遇，利用政策，建设新农村"的致富脱贫发展目标。让辰清尽快富起来，美起来，农民过上更加殷实的幸福生活。

（三）培育产业，加快致富

发展蓝图确定后，说干就干，张明书记和镇党委、政府一班人，撸起袖子，带领全镇人民，唱响了"致富三部曲"：一是招商引资，发展汉麻产业。为了让农民摆脱贫困，尽快致富，张明书记带领镇主要领导，走出"家门"，寻找商机，经过不懈努力和多次洽商，终于用诚心、耐心、信心，感动了客商，雅格尔麻业落户辰清。至此，辰清拉开了汉麻种植、加工、销售为一体的经营序幕，由500亩发展到30 000亩，由1个厂发展到6个厂，由1条生产加工线催生出7条生产线，发展炭窑5个，制炭设备2套，麻屑细粉加工设备1套，年加工能力2.1万吨。真可谓是：星星之火，燃遍辰清大地，致富的火焰冉冉升起，成为农民增收的支柱产业。仅2016年，就加工麻纤维3 000吨，生产炭粉2 200吨，销售收入4 750万元，实现效益2 900万元，人均增收8 000元，带动485户，1 010人脱贫。二是利用资源，发展养殖业。为了充分发挥林草资源优势，变废为宝，张明书记带领辰清宝泉村，唱响了林下养殖畜牧歌。2016年，张明书记带头并组织县纪委干部捐资4万元，引进北京盖圃科技公司资金3万元，购入鸡雏10 500只，建立了宝泉村林下养鸡合作社，占地总面积10万平方米，建有3个厂房，面积为700平方米，采取"企业+合作社"的形式与北京盖圃公司进行合作，当年盈利8万元，带动本村贫困户20户，42人增收。为了把合作社做大、做强，张明书记又帮助引进了安徽天长召来家禽孵化厂，投资48.5万元，建设占地面积1 000平方米的厂房，投入孵化器6台（套），育雏器2台（套）。建成后投产，年孵化鹅10万只，还可以孵化鸡、鸭、珍禽等。鹅品种为霍尔多巴吉和三花鹅，鹅雏价格为每只17元和每只12元，由厂家先期赊购给合作社，该厂负责给养殖户建7栋鹅棚，每栋210平方米，每栋价格在18 000元左右，鹅养殖周期在90天左右，养殖合作社与该厂家签订了回收合同，保底价格每斤7元。8 000只大鹅，在宝泉村的小河两岸，犹如白天鹅，这动人的景象展现在村民面前，激励、鼓励着人民致富兴家。在此同时，张明书记还支持帮助辰清村村民吴国文，牵头创办了牧兴奶牛养殖场，建设了榨乳车间，购入了榨乳设备。奶牛实行统一配种，统一饲养，统一防疫，统一榨乳，统一销售的管理机制。张明书记善于发现人才，鼓励大学生自主创业，建设了悦然绿色养猪场，实行绿色标准化、经营集约化、环境优美化饲养，生产人们喜爱、放心、绿色的一流肉食品。张明书记，用辛勤汗水，培植出一朵朵芳香怡人的致富奇葩，在辰清大地上，竞相绽放。三是抢抓机遇，建设新农村。改善辰清农民的居住环境，提高农民的生活质量，一直是张明书记心中关注的一件大事。为了给农民创造一个舒适、温雅、优美的生活环境，张明书记主动和镇领导一起，积极向上争取新农村建设资金，加快美化辰清。一分耕耘，一分收获，仅2016年至2017年，就争取建设新农村资金2 054万元，建设了村级活动室、硬化了文化广场和镇村道路，改造了泥草房、安装了自来水和铁栅栏，建了带状公园，安装了路灯，栽植了云杉、唐槭、榆树和花卉，使村屯面貌焕然一新，村庄亮了，美了，农民笑了。

　　（四）精准发力，排忧解难

　　在精准扶贫，脱贫攻坚工作中，张明书记，靠前指挥，率先垂范，真帮实扶。他认真组织，参加会议，亲自部署，认真安排，把扶贫政策落到了实处。按照县委、县政府的工作要求，县纪委监察局与宝泉村建立了包扶对子，张明书记把包扶宝泉村精准扶贫工作作为重中之重，扛在肩上、抓在手上。扶贫是一项长期工程，需要激发村民的内生动力，夯实贫困村发展根基，才能保障扶贫的长久成效。因此，张明书记把强化村党组织建设，完善村屯基础，作为扶贫工作的长远之计、固本之策。他利用脱贫攻坚的有利契机，着力理顺了宝泉村两委班子的关系，健全完善了村党支部"三会一课"、村委会"四议两公开"等工作机制，制定完善了村屯发展三年规划和年度计划，增强了班子带领村民攻坚克难、脱贫致富的战斗力。同时，落实了泥草房改造、自来水入户、街巷道硬化和村屯绿化、亮化等项目，切实改变村屯面貌。张明书记还亲自包扶宝泉村最困难的、有病的2户贫困户。农民有病，是最痛苦、最苦恼、最忧愁、最困难的事情，也是致贫、返贫的主要原因，会长期阻碍他们致富脱贫。因此，张明书记从解贫困户疾病入手，进行排忧解困。张书记包扶的贫困户曾广存，由于腰间盘病，不能从事体力劳动，家庭生活十分困难，没有条件进行治疗，常年靠吃止痛药维持。他了解这一情况后，立即安排他们到县人民医院进行诊治，为进一步巩固治疗效果，张明书记还借出差之机，专程把其CT片拿到哈尔滨第五医院专家和北京航天医院专家处进行问询诊疗，还买了治疗腰间盘的药物。这些药品，是国航空航天指定医疗专家处根据其病情配制而成，对曾广存腰间盘治疗恢复有了极好的效果。张书记还帮助贫困户马秀荣的儿子周明宇，协调到北京进行务工；同时帮助马秀荣在养殖合作社入了股，解决了低保和看病资金，无偿送去了米面油等生活用品。马秀荣深为感动，逢人便说："多亏张书记的帮忙，我的病好了，我儿子也在北京找到了可心的工作，党的干部可真好啊！"

张明书记为老区辰清的村庄能够更美丽，百姓能够更幸福，忘我地奉献着，攀登着。

二、心系老区建设，力促老区发展

在孙吴县老区乡村，当人们谈论起老区的巨大变化时，都会一致夸赞县老促会王翠霞会长，都说她心里想着老区、装着老区，为老区干实事。这几年，老区路通了，村新了，

民富了，老区变了，这无不凝聚着王会长的心血和汗水。

深入基层，调查研究。王翠霞会长上任伊始，就风尘仆仆，深入老区乡村，进行调研，掌握老区基本情况。在调查时，她与班子座谈，征求村民意见，看老区人民，盼什么，想什么，要什么，干什么。在详细走访调查的基础上，她认真撰写了分量较重的10多份调研报告。这些调查，受到县委、县政府的高度重视，如她写的《关于沙棘园林化建设的调查》，上报县委、县政府后，由于内容全面翔实，反映的问题具体可靠，建议可行，引起了县委书记的重视，并亲自要求有关部门进行落实，尽快整改，从而推进了沙棘园林化的健康发展。她撰写的多篇调查报告，被省市刊物刊登，为领导科学决策和促进老区经济发展起到了积极作用。

争取项目，建设老区。王翠霞会长深深认识到，老区要加快发展，农民要加快致富，就必须有建设项目，才能支撑老区人民致富兴家。因此，王会长把争取项目资金工作摆在了重要位置，紧紧抓住不放。她协调有关单位，多次进省去市，向省市有关部门领导进行汇报，反映老区的实际困难和老区人民的热切期盼与渴望，引起领导对老区的重视、关怀与支持。在她的不懈努力下，几年来，仅修路就向老区投建设资金8 503万元，为老区修水泥路118公里、沙石路99.2公里、桥梁3座，极大地改善了老区的交通条件，解决了老区行路难问题，为老区人民致富增收创造了条件。特别是王会长，积极协调扶贫办、民委，到省市进行汇报，得到了大力支持，给哈达彦俄罗斯民族村拨款148万元，为少数民族村修建了水泥路、自来水、文化活动室和休闲广场，使哈达彦村焕然一新，少数民族村的村民们欢声雀跃，拍手称赞：党的政策好，老促会好，王会长好！

为了尽快改变老区贫困面貌，她协调县有关部门，在老区乡村实施了富民工程，并针对老区村水草资源丰富的特点和优势，投放优质可繁肉牛262头和肉羊635只，獭兔1 800只，大鹅11 100只，10个养鱼网箱，栽沙棘林3 000亩，还建了11个畜牧服务室，经过滚动发展，肉牛已达650头，肉羊1 460只，仅此一项，经营户就人均增收1 500元。

开展活动，激发动力。几年来，王翠霞会长带领着老促会一班人，紧紧围绕着老区乡村的发展建设，积极践行科学发展观，组织开展工作活动，为老区经济建设、社会发展，献计献策，咨询服务。在"富民行动"活动中，她协调县畜牧局、农业技术中心、亚麻厂、茂田牧业有限公司等单位，到老区乡村传经送宝，引导农民按市场经济规律经营项目。同时，让本乡的种植、养殖专业户介绍经验；让龙头企业介绍他们为农民提供的优惠条件和本厂的经营效益、发展前景等。这次活动，在农民中引起强烈反响，都争前恐后，纷纷行动，做起了致富项目。如在2007年，正阳山乡农民种植大麻10 000亩，马铃薯15 000亩，水飞蓟3 000亩，黄芪1 000亩，紫草450亩，紫苏150亩，当年收到了好效益。

2009年，王翠霞会长又组织了"致富兴家"活动，把老区乡的"致富诸葛亮"们请到一起，为老区发展献计献策，研究"致富兴家"新举措，开辟致富新门路。在"致富兴家"活动的推动下，老区经济得到长足发展，人均收入有明显增长。如老区奋斗乡2009年牧业收入达到3 185万元，占乡总收入的35%，这个乡的小架子村人均收入达到7 500元。

2010年，王翠霞会长组织了"总结工作到村屯，交流经验看典型，研究发展谈举措，推进建设上水平"的经验交流活动。参会人员，看到了村老促会抓新农村建设的工作体会；看到了"潘式协会"用大西瓜'滚出'致富路的做法；看到了朝益马齿苋协会经营的马齿苋新产业；看到了老区人民致富的聪明与智慧。在"经验交流"活动的助推下，2010年，有3个老区乡受到县委、县政府的表彰奖励。

弘扬精神，唱响老区。宣传老区，唱响老区，让社会了解老区，支持老区加快发展，是老促会的重要工作。因此，王翠霞会长牢牢抓住宣传工作不放，实实在在地在宣传工作上作起了大文章。王会长认真组织有关人员，编撰了《孙吴抗战时期历史》《枪声回荡辰清河》等书籍，向学生发了1 500册，教育学生们以史为鉴，珍惜和平。编制了《血火辰清》《北黑线上辰清镇》大型画册，以珍贵史料，揭露日军入侵孙吴的滔天罪行和抗联在老区乡村的抗日活动。为加大对老区的宣传力度，王会长协调县广播电视局，与他们一起，编排了《老区新貌》《回眸老区三十年》等电视纪录片，在县电视台进行连续播放，详细报道了老区在党的英明领导下，发生的翻天覆地的重大变化，引起了全县人民的极大关注，增强了关心老区，帮扶老区，建设老区的向心力和凝聚力。在宣传舆论的助推下，老区新农村建设进一步加快，村屯建水泥路63.3公里，基本保证了人畜安全饮水，自来水入户2 200户，新建住房16 700平方米，新建村级活动室19个，合作医疗参保率达100%。为了让社会了解老区的发展动态，在王会长的组织下，孙吴老促会创办了《孙吴老区建设》，大力宣传老区人民的伟大创举，反映老区乡的致富典型、新农村建设的主要做法等。几年来，发刊202期，市老促会转发文章102篇，省《开发研究与老区建设》刊登文章28篇。老区干部群众把《孙吴老区建设》比喻为："老区的宣传员，信息的传递员，政策的讲解员，经验的推介员。"为了让人们牢记历史，让社会知道孙吴，了解老区，王会长积极向省有关部门汇报，反映老区人民的迫切愿望，反复说明建陈列馆的重要性。经过王会长的不懈努力，争取资金220万元，建设了县爱国主义教育陈列馆，同时，建了四季屯村史馆。用事实教育人民，鼓舞人民，不忘历史，珍惜幸福，抢抓机遇，发展老区。

强化队伍，提高质量。强有力的队伍，是工作中攻必克、战必胜的重要基础。因此，王翠霞会长十分注重队伍建设，特别是省、市委对老区组织建设提出新的要求后，她及时向县委、县政府做了汇报，得到了县委、县政府的高度重视，成立了老区工作领导小组。并按要求，选了一位有农村经验的干部，到县老促会担任副会长，充实了县老促会的领导力量。同时，她还组织对乡村老促会人员，进行培训，确保工作质量。由于县乡老促会工作人员素质好，工作任务完成质量高，多次受到省市老促会的表扬和奖励。

王会长十分重视老区通讯员队伍建设，她把通讯员扩大到每个老区村、县直老促会成员单位，形成了以县老促会为中心，横向到县直帮扶单位，纵向到老区乡村的老区通讯员网络。她对通讯员成长十分关心，进行积极推荐。如通讯员王殿收担任了正阳山乡副乡长，孟欣担任了辰清镇党委宣传委员。由于老区通讯员队伍的不断壮大，孙吴县老促会连续9年，在全市老促会采用稿件上名列前茅。

充电强身，竭诚服务。为提高工作质量，更好地为老区人民服务，王翠霞会长注重了自身修养，开始了"充电强身"。她刻苦地进行自学，用先进的理论武装头脑、统领工作，用新的农业技术指导致富，用娴熟的业务知识为民服务。她十分注重为民办实事、办好事。她深入老区乡村，有针对性地为民解决问题，受到农民欢迎。仅2008年，她就下基层指导工作16次，实地解决问题12件。她在下乡时，发现农民养鹅资金有困难时，就积极协调茂田牧业公司，扶持老区农民养殖大鹅，茂田牧业向老区投资220万元，赊给农民鹅雏和饲料，支持农民发家致富，促进老区经济加快发展。

王翠霞会长带领一班人，为老区人民竭诚服务，得到了组织的肯定，孙吴县老促会2007年，被省老促会授予"先进集体"荣誉称号，2010年，被省老促会授予"先进单位"荣誉称号；2012年，被省老促会授予"先进单位"荣誉称号。2009年，王翠霞光荣出席了中国老区妇女工作经验交流暨褒奖大会，并获感动老区杰出人物奖，2013年被中国老促会妇工委理事会增选为理事。2015 年，受到省委组织部、省老干部局的表彰奖励。2015年荣获中国革命老区减贫贡献奖。2016年荣获全省老促会系统宣传工作先进单位。

三、为老区发展做功的人

有的人说的多做的少，有的人遇到问题绕着跑，有的人见到高山就卧倒。然而，正阳山乡党委书记杨育峰却反其道而行之，他带领全乡人民在新时代、新征程中，攻坚克难、扎实做功，为老区人民干了很多实在事，受到了老区人民的称赞与好评。

（一）谋划在先，科学做功

2016年，杨育峰调到正阳山乡任党委书记，当他来到正阳山时，映入眼帘的是：经济极端滞后，农村极端贫困，村屯极端破旧，一系列老大难问题，摆在了他的面前。这位狮子型领导，面对困难，他没有退缩，一往直前，他和党委一班人，进村入户，召开村委会、座谈会等一系列会议，征求发展良策，并针对正阳山乡自然、经济、社会发展情况，以及农民的所需、所盼、所求，共同商讨，召开党委会，做出了科学研判，制定了正阳山乡3年发展规划：发扬老区精神，抢抓机遇、发展经济、培育产业，打造"村在林中、人在花中"的美丽、宜居新正阳山，让正阳山美起来、富起来、亮起来。

（二）培育产业　扎实做功

目标确定后，党委书记杨育峰带领党委一班人，甩开膀子，说干就干，唱响了培育产业的三部曲。一是发展汉麻产业。正阳山乡地处第六积温带，非常适宜汉麻生长，产量高，效益好。因此，杨育峰针对正阳山乡的气候特点，把汉麻产业作为重点进行推进，把"蛋糕"做大。在他强有力的推动下，汉麻产业在正阳山乡迅速崛起，2018年，种植汉麻2万亩，成立汉麻种植加工合作社4个，建设了4个汉麻加工厂，建汉麻生产线5条，引进了汉麻脱胶厂，建设了汉麻袜子加工厂。同时，他在发展汉麻加工、培育龙头上下了功夫，重点扶持了双山村国海汉麻发展有限公司，共投资500多万元，主要经营汉麻脱胶、汉麻织袜等项目，注册了"保肤特"牌汉麻袜子商标，经过两年多的经营发展，该企业年生产精干麻达到1 200吨，织汉麻袜子10万双，总收益达500多万元，还解决了剩余劳力100多人的打工增收。二是大搞养殖业。杨育峰充分利用老区无污染的林草资源优势，在全乡大力宣传和引导农民发展生态养殖，积极利用县政府发展安格斯肉牛的优惠政策（政府给予养殖户75%的养殖补贴），大力引进安格斯肉牛300余头，现已投资240万元，建设了4 000平方米的标准化牛舍，年收益达150万元。同时，重点并打造了岩峰养殖村，作为全乡养殖典型进行大力推广，并助推了岩峰养猪专业合作社的加快发展，获得"两牛一猪"政策补贴100万元。帮助筹措资金470万元，建成圈舍12栋5 716平方米，办公室84平方米，库房400平方米，青贮窖600平方米，年出栏5 500头。扶持曹务宝养殖肉牛50余头，年收入50余万元。带动20户村民进行肉牛养殖，每户年增收10万多元。支持王忠奎养马40匹，每匹获纯利3 000元，养羊600余只，每只羊获纯利200元。2017年，岩峰村养殖业收入占村总收入的50%以上，占农业收入的半壁江山。三是建设光能产业。光伏发电项目是精准扶贫的一项创新举措，有着一次投入，收益稳定、无劳动力要求的特点。因此，杨育峰书记抓住这一千载难逢的发展良机，积极向上争取，并采取财政奖补、帮扶支持、银行贷款、村级自筹等办法，在英河村、林河村建设了两个大型光伏项目，在其他村建设了3个小型光伏项目，共计占地2.48万平方米，年可发电1 107.4千瓦，项目效益分红实现贫困村贫困户全覆盖。

（三）聚力攻坚，敢于做功

群众的所思所想，就是杨育峰书记的行动指南；群众的所思所盼，就是杨育峰书记的工作"指挥棒"。在扶贫工作中，他为正阳山乡脱贫致富，扎扎实实重点做了3件事：一是优化结构，延伸产业链。根据正阳山乡的气候特点，他积极组织引导农民种植马铃薯和小麦，延伸产业链条。通过电商、展会平台强化产品营销公关，打造正阳品牌，建设了马铃薯、小麦加工厂2个，规模种植马铃薯2 000亩、小麦区域种植3万亩。投资30万元，改造了马铃薯加工厂。2017年，马铃薯加工厂加工马铃薯300多吨，生产粉条、淀粉30吨，实现效益40余万元；正阳山乡正阳村葛维春种植马铃薯15公顷，每公顷年纯收入1万元；环山现代农机合作社种植马铃薯60公顷，总收入达40万元。2018年，他积极向上争取50万元，建设了石磨加工厂，采购加工设备1套，打造正阳山面粉特色品牌，主推正阳山面粉1号、2号，小麦石墨加工面粉供不应求。2017年，获得效益240余万元，带动贫困户107户171人，年底效益分红5.98万元。蓬勃发展的马铃薯和小麦，不但增加了农民的经济效益，而且为作物换茬打下了坚实基础，为农业丰收奠定了良好条件。二是发展合作经济，壮大农机合作社。他重点扶持了环山千万元现代农机合作社、东岗现代农机合作社。2018年，环山现代农机合作社种植土地面积3万亩，连片种植1.3万亩，总收入实现1 500多万元；东岗现代农机合作社种植土地面积0.6万亩，连片种植0.4万亩，总收入实现300余万元。村内59户（贫困户30户）农户，平均每户年获得产业入股分红1 000元。三是整村搬迁，建设新农村。杨育峰书记审时度势、全面规划，用向中心村聚集的办法，先后对英河村、林河村、双山村门山屯等3个村125户进行了搬迁，根据不同农户需求，因户制宜，采取政策性搬迁、商业化搬迁、置换式搬迁、具体情况机动性处理等4种方式，做好了搬迁工作，并用宅基地换产业，引进了养殖产业，搬迁的农户不但享受政府补助，还可以用自家宅基地入股合作社，获得合作社分红。如英河村34户，13户盖房户按原宅基地每平方米补助500元，21户享受了政府补助1万元，共补助金额75万元，34户共置换宅基地面积5.3万平方米，分红收益5.3万元。同时，他抓住新农村建设机遇，争取资金1 376万元，实施了贫困村基础设施建设，完成泥草房改造新建房屋74户，安装铁栅栏 1.1万米、安装铁大门99个，新建晒场9 000平方米，硬化街道6.71公里，硬化边沟6.5公里，硬化路肩3 250平方米，安装路灯70盏。特别是中心村岩峰村，2017年砖瓦化率达到95%，新修村内水泥路3.485公里，建设村级卫生所1个，活动场所96平方米，文化广场1 000平方米，"三通三有"全部达标。在杨育峰书记的积极工作下，2018年，正阳山乡农民人均纯收入达到9 890元，村屯面貌焕然一新，正阳山乡美了起来、富了起来、亮了起来。

四、头羊知领路，花明又一村

崔久田是正阳山乡岩锋村的党支部书记。为了发展特色产业，他带领岩峰村村民，于2012年3月，成立了孙吴县岩峰牧业专业合作社，在合作社运行期间，市老促会、县老促会、团县委等部门给予了大力扶持，市县老促会帮助扶持资金6万元，团县委连续2年帮助协调创业贷款40万元，为合作社的发展注入了正能量。同时，通过三年多的努力创业，他带领全县12名青年走上了致富的道路。

岩峰村是孙吴县西部山区的一个偏僻的小山村，距县城50公里，112户，324人，耕地7 465亩，草原1 235亩，地处于第六低积温带，农作物产量低、费用高、效益差，农民生活十分贫困，部分村民因农业种植难以维持生活举家搬迁。他看着村里房屋空的越来越多，暗下决心，一定要改变岩峰村现状。他满怀激情地开始寻找脱贫的项目，可终因群众思想观念守旧而无法实施。他不由地静静思考起来，要想彻底改变群众这种"常年种植大豆"发展观念，就必须要以实际行动来带动群众转变思想意识，改变种植结构，找到一个适合本地发展的项目。有了方向，他就从报纸和电视上搜集致富信息，并到大连、哈尔滨、齐齐哈尔等地考察，不断寻找着适合岩峰村发展的产业。根据多年来的探索经验、岩峰的地理气候条件和村民的实际情况，他将目标锁在村民熟悉的养猪业上。在2012年3月，他带头与5户村民投资联合，成立了岩峰村牧业专业合作社，注册资金300万元，规划建设了占地面积47 000平方米，建设面积3 324平方米的标准化生猪养殖基地，解决劳动力34人，为青年提供了11个就业岗位。为了掌握养殖技术，他从县里的书店买回了10多本养殖书籍进行学习，并主动到齐齐哈尔鑫港养殖场学习了一个多月，在学习期间他积极帮助场内工人清猪舍、拌饲料，通过亲自实践细致掌握了技术。

多年来，在市老促会、县老促会、团县委及省兽医畜牧研究所和农垦畜牧研究所等部门的大力扶持下，由最初养殖生猪500头发展现在年出栏生猪10 000头，效益逐年增加，带领全县12名青年致富。2013年和2014年市老促会和县老促会帮扶资金6万元，更新种母猪20头。2014年和2015年团县委帮助协调创业贷款40万元，改善了场房设施，购进种母猪40头和西门达尔黄牛30头，为引进优质品种提供了资金保证。由于岩峰村地理位置偏僻，没有专业的兽医，生猪患病问题很是棘手。在省兽医畜牧研究所和农垦畜牧研究所的帮助下，每年为合作社免费培训2次，并无偿提供生猪养殖、科学配方饲料和防疫等方面的技术，加强了生猪防疫管理，提高了养殖水平，规模不断扩大。销售范围由县内逐渐辐射到绥化、克山、嫩江等地，并与雨润等企业建立了订单合作关系，逐渐形成了自己的养猪体系。目前，牧业专业合作社拥有种猪269头，年出栏生猪10 000头，年纯收入达200万元。

他作为市级致富带头人协会副会长、县级致富带头人协会会长，深知肩上的责任重大，"一家富，不算富；大家富，才是真富"这是他常挂在嘴边的话。在他担任会长后，先后带领正阳山乡青年代表参观考察了桦林现代农机合作社，带领青年代表远赴内蒙古考察当地的畜牧业和种植业的结构发展，带领代表赴吉林、辽宁等地考察畜禽加工、饲料加工、农作物市场等，打造了王宝成等一批先进的青年致富带头人。同时，为了帮助广大青年创业，迅速发展，他不辞劳苦，一方面积极向青年传授养殖、种植和加工等方面技术，一方面帮助解决品种、技术和销售等问题。在他的帮助下，清溪乡的何海军、曹铁彪，正阳山乡的曹务宝、王长锁，孙吴镇的李洪明，腰屯乡的庚明等很多青年在养殖、种植和加工方面，都学有所成！技术过硬效益也逐步增加。因为他是黑河市致富带头人协会副会长，也是孙吴县致富带头人协会会长，养殖技术过硬，广大青年养殖户都向他咨询养殖技术，每年有五六百次之多，他从来不嫌麻烦。凡是感到问题比较严重的，他都亲自上门进行指导。

2015年，正阳山乡岩峰村村农民曹务宝想要发展养牛产业。他考虑曹务宝养殖经验少，如果技术上不去，不仅影响收入，发生问题也可能赔本。因此，他经常到曹务宝的牛场去看一看，在他的精心指导和帮助下，曹务宝2014年取得经济效益达15万元，目前养殖黄牛250多头，年经济效益达100万元。只有付出辛勤耕耘，才能结出丰硕果实，他从2012年到2014年，连续三年被评为正阳山乡"致富带头人"，2014年被县政府评为"农业生产带头人"。

合作社与江苏三仪集团联合养殖，运用三仪的技术，用稻糠作为主要饲料养殖母猪，可提高母猪产仔率和仔猪成活率。2016年底存栏母猪400头，用三仪的技术改造保育室2栋，选择建设野外牧场2处，一处实现生态养殖部分育肥猪，猪体重在50公斤以下的采取室内养殖，体重在50公斤以上的采取室外散养；另一处实现生态养殖黄牛，发展养殖黄牛500头以上，年底可出栏生猪10 000头，黄牛出栏300头，年利润500万元。同时，投资110万元，新建无害化处理设备一套，建成标准化绿色养殖小区。

五、国庆观礼台上的庄稼汉——王跃龙

孙吴县沿江乡哈达彦村农机合作社董事长王跃龙，作为一名

农民代表，同党和国家领导人，一起登上国庆观礼台观看国庆盛典，王跃龙心情万分激动，这是他人生最大的荣誉，值得骄傲与自豪，但他也深知，这是党和政府对他的最大鼓励与鞭策。

2019年10月1日，是中华人民共和国建国70周年纪念日，北京举行了盛大的阅兵式和隆重的群众游行等一系列庆祝活动。那壮观隆重的场景，那热烈激情的氛围，那异彩纷呈的画面，无不燃爆眼球，震撼心灵，至今令人回味不已。孙吴县沿江乡哈达彦村村民王跃龙收到国庆庆典组委会邀请，到北京参加了国庆盛典，在观礼台上亲眼看见了这一切。

王跃龙今年40岁，中等个头，黝黑的皮肤，憨厚的笑容，一看就知道是个历经风霜，有农耕历练的庄稼汉。

哈达彦村坐落在黑龙江畔，依山傍水，地势相对开阔，生活在这里的农民以农耕为主，辅以下江捕鱼，日出而作，日落而息，也代沿袭，日子虽过得去，但离富裕还有距离。王跃龙就在这里出生、成长，随着年龄的增长，对这种说穷不穷，说富不富的状况，越来越感到不满，总想着应干出几件事情来，改变家乡的面貌。

2011年，王跃龙联合村里5户农民，成立了农机专业合作社。成立时仅有注册资金50万元，5台拖拉机，10套农具。至今有机车和农机具79台105套，入社农民214户，入社土地24 541亩，年作业面积64 000多亩。合作社固定资产达4 250万元，入社农民人均年纯收入1.8万元，比入社前翻了将近一番。

发展养殖业，助力扶贫攻坚。王跃龙父亲是一个养鱼能手，王跃龙从小就受到父亲的熏陶，有一手养鱼的技术。在他家的鱼塘里，鲤鱼，鲫鱼，鲶鱼，河蟹应有尽有，规模也不断扩大，收入连年增加。在自己家富起来之后，王跃龙不忘众乡亲。对有愿望发展养殖业的贫困户，王跃龙都积极扶持，没有钱的王跃龙帮助购买鱼苗，没有技术的王跃龙手把手地辅导。为了带动更多贫困户脱贫致富，2016年，王跃龙把16户贫困户纳入自己的养殖合作社，经过两年的努力，到2018年，养鱼的每户年增收15 000元，养牛的每户分红30 000元，加上种植业的收入，使贫困户的面貌迅速得到了改变，全村46户贫困户全部脱贫。

发展特色经济，增加农民收入。在发展传统农业，搞好养殖业的同时，王跃龙又把眼睛瞄上了特色经济。2016年，县委县政府把汉麻种植作为孙吴县发展特色经济的突破口，王跃龙积极响应。为了把握起见，他先在自家的地里做了种植试验，看效益，摸经验。初战告捷后，王跃龙组织合作社社员积极参加各类培训班，让社员系统学习汉麻种植技术，掌握汉麻生长习性。在种植上推行统一连片耕作，统一栽培方式，统一测土配方施肥，统一优良品种，统一防治病虫害，分户田间管理的"五统一法"。为确保丰产丰收，王跃龙经多方考察，与县天马彩钢厂强强联合，成立了孙吴县哈屯天马农产品加工专业合作社，投资70万元建成了汉麻种植加工基地，确保收获的汉麻都能卖上个好价。目前入社农户达214户，年增收入639万元。

丰富文化生活，加快奔小康步伐。这些年，在王跃龙的带领下，哈达彦村一步步富起来了，村容村貌发生了翻天覆地的变化，农民们的生活方式也悄然发生着变化。来到哈达彦村，映入眼帘的是一幢幢俄罗斯风情院落排列有序，宽敞笔直的水泥路纵横交错，高高的路灯成排成行，茂盛的景观树随风摇曳，簇簇鲜花静侍路旁，浓郁的芳香飘满大街小巷，家家门口的小轿车耀眼夺目，灯光文化广场、文化活动室、图书室、村史馆、卫生室、篮球场、羽毛球场，各种健身器材散布村中，如果不是那一排排的农机具，或许你还以为误入了某处别墅庄园。其实这些年来，哈达彦村变化最大的应该是村民的精神面貌。一是村里成立了自己的乐队，每逢"三八"妇女节，五四青年节，农民丰收节，端午节、中秋节、国庆节、春节等都举办各类演出和联谊活动，极大地丰富了村民们的文化生活。二是村民们不再是日出而作，日落而息的生活模式，农闲时游省城逛北京三亚猫冬，出国游出境游已不新鲜，超过200人有了自己的护照。三是居住方式发生了变化。超过100户在黑河、孙吴有了自己的楼房，把孩子送到县里上小学，市里上中学。冬季在城里住楼房享清闲，游大川名山，农忙时在乡下住别墅尝田园风光。

村里变了、富了的同时，王跃龙也有了自己的收获：他先后被评为孙吴县拔尖人才，孙吴县创新农业主体带头人，孙吴县土地规模化经营带头人，黑河市劳动模范，共青团黑河市农村青年致富带头人，黑龙江省劳动模范等。他创建的合作社也先后被授予省、国家级示范社。

第十章　脱贫攻坚 老区巨变

第一节　县领导关心老区脱贫致富

一、县委书记代树奇深入正阳山乡调研

　　孙吴县县委书记代树奇、副县长郁帮华、农业局局长李建伟、林业局局长魏建义、扶贫办主任付军等一行人，分别到正阳山乡英河村、林河村调研扶贫、土地确权、备春耕生产等工作情况，与村党支部书记和村委会主任及村民代表进行座谈，详细了解了上述三项工作的进展以及贫困户生产生活情况。

　　在听取了各村负责人关于扶贫、土地确权、备春耕生产等工作的汇报后，代书记认真帮助村屯研究脱贫致富的产业项目，以及今后村屯发展思路。同时，要求乡党委政府以及各村认真谋划，统筹研究，精准扶贫，发展好产业项目。在土地确权工作中指出，大家要按照国家政策法律法规为老百姓解释好土地确权的

目的及意义，确保使老百姓达到满意。

在英河村，代书记与贫困户田江亲切交谈，详细询问了田江的生产生活情况，并询问了他的帮扶人和具体得到哪些帮扶措施，生活上是否得到有效改善，并帮助他算了一笔收入明细账。最后代树奇要求，正阳山乡党委政府要认真把扶贫工作当成一件大事抓好，以践行党的群众路线来抓好扶贫工作，及时准确掌握群众所思、所想、所盼、所急，切实解决群众的实际困难，努力帮助群众解决实际生产生活问题。代树奇要求各村"两委"班子成员要共同做好村级发展文章，认真落实各项政策，多为群众办实事、办好事；要在土地确权、扶贫、备春耕生产等工作中，理清工作思路，起好带头作用，以产业促发展，带领全村群众脱贫致富。

二、徐钢县长深入老区进行扶贫调研

孙吴县县长徐钢深入清溪乡检查指导脱贫攻坚工作。针对当前扶贫进展情况，徐钢县长指出：当前，脱贫攻坚已经到了关键时期，时间紧、任务重、难度大，必须要进一步统一思想、坚定信心、精准施策、全力推进。

徐钢县长要求：一要继续因户施策，落实精准脱贫措施，激发贫困群众的内生动力，引导帮助困难群众大力发展优势产业，为实现脱贫奠定坚实基础；二要充分发挥龙头企业、社团带动作用，加大对合作社、企业的帮扶力度，进一步助力企业做大做强，增强企业辐射带动作用，拓宽贫困户增收渠道。三要按照县委、县

政府的工作要求，把当前开展的基层党建等各项工作与扶贫工作紧密结合，充分发挥基层党组织的战斗堡垒和党员的模范带头作用，真正带动群众增收致富。

检查结束后，徐钢县长深入2户包扶贫困户进行深切慰问，并结合贫困户意愿，分别为贫困户购买了2 000袋木耳菌和200只鸡雏。徐钢县长表示，党和政府会时刻关注贫困群众的生产生活，有困难可以直接联系乡政府和县政府相关领导，各级政府将全力以赴帮助贫困群众实现脱贫致富。

第二节　党委重视，加大力度，推进老区脱贫致富

孙吴县委、县政府认真落实中办发〔2015〕64号文件精神，把老区脱贫作为重中之重，认真推进，采取精准识别，重点包扶，培育产业，整村推进，基础建设、加大投入等举措，进行克难攻坚，带领老区人民脱贫致富，取得了阶段性新成效。

一、党委重视，把老区脱贫作为重点推进

县委、县政府对老区脱贫，高度重视，科学谋划，精细落实。一是高站位，细安排。在工作部署上，相继组织召开县委常委会、政府常务会、专题推进会，制发了《打赢脱贫攻坚战实施方案》《包乡联村联户扶贫开发实施方案》和《向阳区域连片脱贫开发实施方案》等文件，建立完善了精准识别、结对帮扶、资金监管、工作督查、贫困户退出、考核问责等机制。在责任落实上，将老区脱贫攻坚作为头等大事、"一把手"工程，县、乡、村之间层层签订军令状，结合换届调整了工作不力的乡镇班子。在人员安排上，配齐配强组织机构及相关人员，并将优势干

部资源向贫困村倾斜，建立了由县处级、乡科级主要负责同志牵头，共210人组成的专项扶贫工作队伍，驻乡包村，定职责，定奖惩，定时限。同时，在省市派驻16名村第一书记的基础上，又选派34名副科级以上干部任第一书记，驻村指导落实扶贫任务。二是接地气，解难题。四大班子全员落实主体责任，保证时间，进村入户，宣传中办发〔2015〕64号文件精神，开展贫困调研，现场督察，帮助协调解决各类问题。包村工作队长、第一书记、包村干部和村"两委"班子成员，联户包保，因户制宜，帮助贫困户分析致贫原因，制订脱贫计划，引进脱贫项目，开展技术培训，实施"一对一"滴灌式帮扶。三是聚合力，强效果。充分发挥党建引领作用，群团组织、社会组织、经济组织等各类帮扶资源与扶贫对象有效对接，为社会参与脱贫攻坚提供产业发展、项目建设、医疗救助和就学资助等精准信息。由工商联牵头，组织有实力的企业开展驻乡联村帮扶行动；由妇联牵头，组织贫困妇女开展了农村巾帼创业活动；由团县委牵头，组织开展志愿者助教扶贫行动；由工会牵头，组织开展"一帮一"帮扶，印发了务工人员实用手册；由科协牵头，组织中职校、各涉农部门开展技术培训扶贫，培训农村劳动力2 246人。

二、精准识别，把脱贫攻坚向"准"定位

在脱贫攻坚中，县委、县政府坚持把精准识贫作为一项关键性的基础工作来抓，把握政策，注重公平，稳妥推进。一是深入宣传引导。充分利用入户走访、新闻媒体等手段，不间断、全覆盖向农村群众宣传扶贫政策及相关文件，并印制发放宣传单14 000张，确保了村民知晓率达100%，为脱贫攻坚营造了良好的舆论氛围。二是严格身份认定。打破贫困村和非贫困村界限，对申报农户逐户核查，"两委"把关、民主评议、公示公告，严格

筛除11种人后，确定国标贫困人口5 761人，并将其全部纳入县、乡、村、户四级管理系统，逐村逐人建立精准扶贫档案和台账。三是精准致贫原因。通过入户走访、问卷调查等形式，解剖麻雀，从主客观两方面对贫困原因进一步查摆认定，除在基础设施落后、生产条件差、缺少致富门路等普遍因素外，归纳了因病、因学、缺地、缺劳力等9方面致贫因素，为具体"扶什么""怎么扶"提供了科学依据。

三、培育产业，找准脱贫攻坚破题的"新"路径

县委、县政府坚持把脱贫攻坚与县域产业发育紧密结合，将提高"造血"功能作为打赢脱贫攻坚战的根本出发点，分类研究，精准施策，强力推进。一是发展汉麻产业。面对90%以上老区贫困村地处五六积温带，有效积温少、粮食产量低、村民增收难这一现实，经多方调研，县委、县政府将发展汉麻产业作为促进贫困群众增收的重要渠道。目前，有11个老区村建了汉麻加工厂，占老区村的32%，有15条生产加工线，精梳麻生产线1条，发展炭窑 9个；种植汉麻由500亩发展到7.5万亩，公顷纯效益12 000元，人均增收3 700元。特别是老区辰清镇，在县委副书记，纪委书记张明书记的带领下，走出"家门"，寻找商机，经过不懈努力和多次洽商，终于用诚心、耐心、信心，感动了客商，雅格尔麻业落户辰清。至此，辰清拉开了汉麻种植、加工、销售为一体的经营序幕，由500亩发展到30 000亩，由1个厂发展到6个厂，由1条生产加工线催生出7条生产线，发展炭窑5个，制炭设备2套，麻屑细粉加工设备1套，年加工能力2.1万吨。真可谓是：星星之火，燃遍辰清大地，致富的火焰冉冉升起，成为农民增收的支柱产业。仅2016年，就加工麻纤维3 000吨，生产炭粉2 200吨，销售收入4 750万元，实现效益2 900万元，人均增收8 000元，带动

485户，1 010人脱贫。二是发展特色农业。沿江乡充分利用江水资源，进行旱改水，种植水稻1.8万亩，注册了北昊牌商标，稻米每斤3.5元，供不应求，为农民调优结构致富增收辟宽了新路。尤其是供给侧改革和玉米收储政策的调整，为老区脱贫提出了新课题，如何经营，如何调整，上什么项目，一度成为老区人民关注的重点。老区奋斗乡未雨绸缪，带领全乡人民，主动适应农业供给侧结构性改革和国家玉米收储制度改革的新形势，把突出特色、打造精品作为推动农业提质增效的着力点，立足生态、区位和资源基础，积极调减玉米，大力发展大豆、芸豆、小麦等传统优势作物和汉麻、油葵等经济作物，强力发展牛羊经济，走出了一条多元化增收、精品化增效、链条化扩张的寒地特色农业发展道路。仅经营芽豆一项，就给农民增收165万元。三是发展养殖业。县委、县政府充分利用老区乡资源优势，引导村民大搞养殖业，实施了"6动战略"，进行推进：（1）干部带头，发动。正阳山乡岩峰村党支部书记崔久田，带头办了牧业养殖合作社，发展生猪5 000头，解决15户贫困的打工问题，年工资3万元。辰清镇宝泉村党支部书记吴国臣，带头搞了林下鸡养殖，养鸡5 000只，大鹅8 000只，带动20户贫困户脱贫。（2）招商引资，推动。成功引进了北京鑫茂华商公司、海尔融资租赁公司，与孙吴县合作发展安格斯牛产业。贫困户将采取合作社抵押担保、贷款买牛入社托管等方式，发展安格斯牛养殖。另外，清溪鑫宇牛业吸纳了98户贫困户托牛入企，净利润五五分成，每年可带动贫困户增收50多万元。（3）能人引领，带动。奋斗乡阿象山村谢珠龙养猪330头，带动8户村民脱贫；正阳山乡岩峰村农民曹务宝养牛240头，带动15户农民脱贫。苏贵臣养蜂300箱，成立了养蜂协会，建立了党支部，带领10户农民脱贫。（4）整村搬迁，拉动。正阳山乡双山屯通过搬迁，引进朱旺养殖合作社，投入资金

2 000万元，养猪3万头，带动25户脱贫。辰清镇核心村团结屯整村搬迁，引进了椿蕾畜牧养殖专业合作社，计划投资2 600万元，养殖安格斯肉牛1 200头，安格斯肉牛，骨骼粗壮、体力强大、产肉性能高、胴体质量好、适应能力强、抗病耐寒、品种纯、易饲养、周期短、出栏快，经济效益高。目前，合作社承包村民耕地350公顷，占全村耕地的87.5%以上。合作社投入宅基地动迁款130余万元，每年承包耕地160万元，解决了村民脱贫增收问题。（5）自主创业，牵动。辰清镇3名大学生，组建了悦然绿色养猪场，实行绿色标准化，经营集约化，环境优美化饲养，生产人们喜爱、放心、绿色的肉食品，为村民科学养殖树立了典范。（6）特色养殖，引动。清溪乡平顶村养殖了鸵鸟，带动4户贫困户饲养了鸵鸟。沿江乡哈达彦村养河蟹200亩，每斤出售30~40元，用江水养河蟹，又肥又鲜，成为农民餐桌上的一道美味的菜肴。四是发展合作社。沿江乡哈达彦农机合作社，入社农户214户，机车发展到94台105套，规模经营耕地4.5万亩，社员人均纯收入达到1.8万元，是全县农民人均纯收入的1.7倍。尤为可贵的是，他们致富不忘穷乡亲，帮助红旗乡进行整村搬迁，承包村民土地高于当地土地租金每公顷500元，还率先饲养安格斯牛300头，为农民趟出了一条崭新的致富之路。沿江乡桦林农机合作社，经过发展已走上集种植、养殖、仓储、加工、销售为一体的农业产业化发展之路。2016年合作社总资产达9 600万元，入社农户345户，自主经营土地6.73万亩，实现总收入5 453万元，户均纯收入4.88万元，是当地农民纯收入的1.68倍。全村50%以上的家庭拥有小轿车，80%农户都到县城购买了楼房，桦林村已成为远近闻名的富裕村、文明村。合作社先后被评为"国家级示范社""全国农产品加工示范单位"和"全国种粮售粮大户"等多项荣誉，成为拉动农民脱贫致富的成功典范。五是发展板块经济。进行土地规模经营，是农民实现双赢的最佳选择。奋斗乡现代农机合作社与北纬50度生态农业公司、恒大制油公司等企业合作，开展订单种植高蛋白豆。合作社采取租赁、入股土地等形式，实现土地规模经营4.3万亩，建成高蛋白专用大豆生产基地2.8万亩，增收12%以上。奋斗乡杨木山屯把4 500亩土地全部进行了流转，土地租金每公顷4 500元，村民都进城打工，人均年收入2.5万元。六是发展劳务经济。农业现代化、农业机械化和党的优惠宽松政策，为农民进城务工创造了条件，老区富裕劳力纷纷走出家门，外出"淘金"。目前，进城务工2 650人，人均收入2.6万元。辰清镇贫困农民王忠孝，在江苏某建筑工地打工，月收入4 000元；春清贫困村民宋志臣等5人，到北京打工，月收入3 500元。正阳山乡贫困村民陈鸿洲等8名农民，跨出国门，到俄罗斯打工，年收入6万元。七是发展林产经济。老区乡地处山区，林产资源丰富，为变废为宝，村民积极行动，利用资源致富创收。清溪乡清溪村食用菌合作社，在市老促会的扶持下，发展食用菌35万袋，带动20户农民致富。特别是老区村民利用农闲季节，进山采药、采蕨菜，每天人均收入在240元左右。据统计，老区有1 200人左右在从事采集业。八是整村推进披新装。改善老区农民的居住环境，提高农民的生活质量，一直是县委、县政府关注的一件大事。为了给农民创造一个舒适、温雅、优美的生活环境，县委、县政府加大了向老区的倾斜支持力度，2016年至2017年，向老区投入资金6 687万元，建设了村级活动室，硬化了文化广场和乡村道路，改造了泥草房，安装了自来水和铁栅栏，安了路灯，栽植了花卉，使村屯面貌焕然一新，村洁了，庄亮了，农民笑了。

四、合力攻坚，把精准扶贫汇聚成强大的工作动能

各乡镇党委、政府，认真落实县委、县政府的总体部署，

紧锣密鼓，召开会议，精心安排，落实举措，吹响了脱贫号角，打响了攻坚战。特别是正阳山乡党委、政府，积极作为，认真落实《向阳区域扶贫开发实施方案》，进行了整村搬迁，搞了中心村的新农村建设，培育了7个新产业，让老区农民真正看到了致富新希望。省市包扶老区领导，远离家人，来到老区，在艰苦的工作环境下，不畏艰辛，积极工作，认真帮扶，献计献策，指导脱贫。省司法厅干部包村第一书记王欣淳，一心蹲在英河村，为了百姓脱贫，千方百计争项目，科学谋划求发展，带领村民辟门路，给农民建淋浴间、买水泵，保饮水，为村购电视、桌椅、打印机等。向上争取了榨油项目，慷慨解囊，慰问贫困生，被村民称为"百姓贴心的好书记。"市公安局对帮扶工作十分重视，投入6万元，为辰清镇辰清村安装了监控系统，为17户贫困户送去了大米和豆油，驻村第一书记王峰为贫困户买了鹅雏及疫苗，用真心、用行动，践行着帮扶的责任与感情。让老区人民尤为感动的是，市老促会也积极为孙吴老区排忧解难，献计出力，支持正阳山乡岩峰牧业老区发展资金4万元，发展养猪；支持宝泉村3万元，发展林下鸡养殖，受到老区人民的称赞与好评。县乡村干部也主动和贫困户对接，用真心、用真情，奉献爱心，捐款捐物，扶贫解困。特别是县委书记代树奇，不但多次深入老区进行指导，还为贫困户买蜂10箱，发展特色养殖，进行产业扶贫。县长徐钢也多次到老区进行扶贫调研，检查指导，还为贫困户买了鸡雏、地栽木耳、喷灌等，进行扶贫助推。分管老区工作的县委副书记、纪委书记张明，亲自上阵，靠前指挥，还千方百计，为老区招商引资，引进了汉麻加工企业、大鹅养殖孵化企业等，为农民脱贫夯实了增收的产业支撑。在县领导的垂范下，老区出现了为贫困户脱贫，有钱帮钱、有物捐物、有车助耕的喜人局面。目前，在孙吴老区的大地上，社会各界支持老区精准扶贫正形成一股强大的工作动能，有力地推动着扶贫工作向纵深开展，扶贫花朵，在老区乡村竞相绽放！

第三节 精准扶贫，彰显亮点

孙吴县老区深入学习落实《关于加大脱贫攻坚力度支持革命老区开发建设的指导意见》的文件精神，采取多种举措，进行精准扶贫，克难攻坚，收到明显成效。

孙吴县有5个老区乡，34个老区村，其中20个贫困村，1 489户贫困户，贫困人口2 552人。县扶贫办2016年整村推进投入资金1 288.36万元，市县定点帮扶村34个，投入资金55.4万元。贫困户包扶责任人210人，驻村工作队34个，选派第一书记23人，结对帮扶1 726对，社会公益慈善组织捐赠物品折合资金0.122万元。县各行业投入扶贫资金2 108.85万元。老区泥草房改造1 122户，占28.88％，老区自来水入户20村，占54.5％。

2016年，老区乡镇在县委、县政府的正确领导下，认真贯彻落实中办〔2015〕64号文件精神，全面实施了脱贫攻坚行动，突出精准扶贫、产业支撑、基础保障、合力攻坚，做到脱贫项目到人，扶贫精准到户，在2019年底，贫困户全部脱贫。在工作推进中，主要采取了以下办法：

一是领导重视。中办[2015]64号文件下发后，县委、县政府高度重视，在县委常委会上进行了传达贯彻，集体学习了《关于加大脱贫攻坚力度支持革命老区开发建设的指导意见》，增强了一班人对老区精准扶贫工作的关心与重视。县委把落实中办〔2015〕64号文件精神，抓好老区精准扶贫工作当作大事，放在工作首位，要求帮扶单位加大帮扶力度，县直各单位要在政策、资金、项目、人才、技术方面对老区乡进行倾斜。县成立了精准扶贫工作领导小组，组长由县委书记担任。抽调人员，加强了县扶贫办的工作力量。同时，制定下发了扶贫工作方案，落实了精准扶贫工作任务、保障举措、扶贫单位、扶贫责任等。特别是县委书记张崇义，多次到正阳山乡进行扶贫调研，指导扶贫，科学谋划，耐心疏导，把精准扶贫工作抓到实处。县委副书记、县长代树奇，也深入到老区乡，详细安排扶贫工作，面对面地进行指导，要求抓实、抓靠、抓出成效。各老区乡镇也紧锣密鼓，召开会议，认真落实，组建了精准扶贫驻村工作队，明确了分包领导，落实了主抓人员，确保精准扶贫工作顺利开展，吹响了脱贫号角，打响了脱贫攻坚战，力争2019年老区乡人民实现全部脱贫。

二是广泛宣传。县委、县政府对宣传落实中办〔2015〕64号文件精神，十分重视，由县委宣传部牵头，在全县范围内，特别是在老区进行广泛宣传，达到家喻户晓。县老促会会长王翠霞，认真组织县乡老促会人员，深入学习中办[2015]64号文件精神，深刻领会《指导意见》的时代精神、重大意义，并对"13 865"即：一个总体要求，三大工作重点，八项主要任务，六大政策支持，五项保证措施进行反复研究，提出了宣传落实的具体意见。在此基础上，县老促会将中办〔2015〕64号文件进行了复印，下发到老区乡镇。老区乡老促会也积极组织乡老促会人员，细致学习中办〔2015〕64号文件精神，深刻体会党中央、国务院对老区人民的脱贫致富高度关心与关怀，并认真研究文件条文，进行宣传落实。同时，组织乡村干部，学深学透，把优惠政策用足用活，让老区人民得到最大实惠。乡村干部还深入村屯，利用会议、广播、入户讲解等方式，向老区农民进行宣传讲解，让农民知道党中央、国务院对老区人民的深切关怀，对老区建设的大力支持，更加激发老区人民脱贫主体的内在动力，自身发力，加快脱贫。强大的舆论宣传，中办〔2015〕64号文件精神更加深入人心，在全县老区乡村引起强烈反响，都一致反映说：中办〔2015〕64号文件，是指导老区新时期精准脱贫的纲领性文件，高度体现了党中央、国务院对老区人民的幸福生活的关心与关爱，体现了对老区建设的极大重视。中办〔2015〕64号文件，含金量高，实惠多，将会对老区加快脱贫致富起到巨大地推动作用。特别是省、市、县帮扶部门，纷纷行动，主动为老区排忧解难，争取项目，加大投入，推动建设，形成了助推老区加快脱贫致富的工作氛围。

三是精准识别。乡镇成立了以县包扶工作人员、乡机关干部、村两委班子成员的精准识别工作队，深入到村屯，开展扶贫对象识别，将绝对贫困户和一般贫困户录入国家扶贫信息数据库。如奋斗乡确定国家标准贫困户530户、1 281人。

四是一户一策。扶贫工作队员，深入到户，帮助贫困户研究致富项目，制订小康家庭致富规划，让扶贫户清楚自己的致富目标，致富项目、致富方略。同时，引导农民在种植上发展汉麻、玉米、水稻等高效产业；在养殖上发展大鹅、牛、养、兔等；在加工上发展以本地原料为依托的产业项目，用项目做脱贫致富的可靠支撑。特别是辰清镇依托资源优势，针对每户不同贫困情况，搞产业开发，积极发展汉麻加工业、生猪、奶牛和肉牛养殖业，带动农民增收脱贫。目前，汉麻企业带动全镇75户贫困户种植汉麻，宝泉村贫困户韩宝龙种植汉麻7公顷；贫困户刘峰种植汉麻10公顷。生猪养殖户徐永华养殖生猪200多头，带动20多户贫困户发展生猪养殖。辰清村贫困户李玉祥养殖生猪10多头。奶牛养殖户吴国利养殖奶牛120头，带动10户贫困户养殖奶牛。

五是科技扶贫。县、乡采取多种方式，组织对农民进行科技培训，培训的内容有互联网、市场经济、结构调整、汉麻栽培、特色养殖、劳务输出、法律维权等知识。培训人员达4 316人，为农民送去了可口的、丰盛的科技大餐，提高了农民致富素质，增强了致富本领。辰清镇政府组织技术人员，深入贫困户，进行技术指导，发展经济作物，增加收入。2016年，全镇发展汉麻种植3万亩。核心村贫困户高山，种植汉麻15公顷；核心村贫困村民高慎芝养蜂10箱。同时，组织农民跨出家门，外出"淘金"。目前，全镇劳务输出达350多人。辰清村贫困农民王忠孝，在江苏某建筑工地务工，每月收入3 000元；春清村贫困村民宋志臣等5人，到北京从事环卫工作，月收入达2 000元。

六是能人引带。各村落实了扶贫对子，实行党员包、大户包、干部包；村还与合作社协调，做贫困户的坚强后盾，优先贫困户到合作社进行打工，增加收入。如清溪乡食用菌厂、汉麻加工厂和鑫宇牛业，带动68人脱贫致富，年增收1.5~2.5万元。沿江乡哈达彦农机合作社，带动24人脱贫致富，年增收2万元.

七是众人添柴。各包扶单位和社会慈善机构，纷纷行动，落实中办［2015］64号文件精神，用真心，用真情，奉献爱心，捐款捐物，扶贫解困，收到明显效果。一是第一书记为民情怀。正阳山乡环山村第一书记王锦成，是县城建处主任，自他包扶正阳山乡环山村以来，始终把精准扶贫作为重点工作，积极为农民解决实际困难，他先后组织召开座谈会八次，走访了全村的农户，了解了致贫原因，制定了脱贫措施。2016年，他积极向上争取和协调，亲自跑项目，争取资金17.85万元，改造泥草房21户，共整修面积1 230平方米，采用苯板胶加混合水泥挂网，对墙体加固，统一更换彩钢房盖。同时争取新政策，更换塑钢窗235平方米，解决了村民的老大难问题，让村屯面貌焕然一新。定点包扶单位市公安局，帮扶13户贫困户，每户大米、面和豆油各一份。定点包扶单位县纪检委出资8 700元，为宝泉村购买18节涵管，对农田路易过水路段进行修复，保障了群众春耕生产道路畅通；计划投资150万元，采取"企业+合作社"的形式与盖圃公司进行合作，养殖山林鸡2万只；定点包扶单位县政务服务中心为春清村出资5 000元购买涵管；定点包扶单位定点包扶单位县住建局为核心村出资10 000元，用于基础设施建设。二是孝行天下相助推。县义工协会一行8人到正阳山乡向阳村6户贫困老人家中扶贫慰问，给他们带来了豆油、奶粉、蛋糕和捐助的衣物。同时，确定6户扶助对象，每一户都有一组包扶人员，志愿按月出资，用自己的真心，温暖老人，帮助解困。三是慷慨解囊见行动。县财政局包扶正阳山乡岩峰村以来，把精准扶贫作为重点，把为农民解决实际问题放在首位，财政局局长孙太祥，为贫困户刘国忠送去了扶贫金1 000元。同时，帮助贫困户刘友联系到猪厂务工，年收入可达2万元。还为该村贫困户协调了春耕贷款问题，解决了他们的燃眉之急。辰清镇组织动员种植、养殖、加工、运输等致富典型，帮助年老体弱贫困农户发展种植、养殖业，脱贫致富。核心村种植大户姜兴权，帮助贫困户辛福山等8人，到自己的汉麻加工厂务工，辛福山等人月收入达3 000元。宝泉村种植大户胡宗刚，帮助贫困户董文等5人种植大豆24公顷。辰清村青年带头人丁广臣，帮助李维生代耕3公顷。四是结对帮扶有真情。向阳村结对包扶单位，县住房建设局集资统一购买了1 500只鸡雏，鸡饲料，防疫疫苗，带着给每一个贫困户增收的愿望，将小鸡雏发给30户贫困户，希望通过他们的精心饲养，到年末，每一家增加3 000元以上收入。辰清镇政府组织党员干部和包扶单位，结对帮扶重病致贫户，对贫困户帮解放思想、帮耕地、帮助安排劳力、帮助选择落实项目、使重病户走出困境。如镇政府干部韩增鍙与辰清村贫困户郭守芹结对子，购买鸡雏50只帮助脱贫。干部孟欣与核心贫困户许瑞芝结对子，购买鸡雏50只帮助致富。县社保局干部关晓峰为贫困户吴长山结对子，购买猪仔1头。县建设局尹起为核心村贫困户郭玉山购买鸡雏50只，饲料1袋。县行政服务苗志刚为春清村贫困户迟令双购买地栽木耳500袋。五是整村推进在加快。县扶贫办和农业局，加大了整村推进力度，投入资金进行基础建设。主要推进了奋斗乡的靠山村、新河村，正阳山乡的向阳村、林河村、岩峰村，清溪乡的腰岭村、永青村的基础建设。村屯美了起来、绿了起来、亮了起来。

一、实现了脱贫目标，巩固加强再提高

孙吴县正阳山乡党委、政府，在精准扶贫工作中，坚持标准，聚焦攻坚，因户施策，产业带动，项目推动，贷款拉动，多措联动，实现了脱贫目标。为了巩固脱贫成果，对脱贫户的帮扶举措进行了再落实，产业扶持进行了再加强，致富项目进行了再拓宽，持续增收进行了再夯实，与脱贫户携手并肩，共同建设小康社会，绘就美好的生活新画卷。

（一）聚焦攻坚，实现脱贫

正阳山乡党委、政府，在精准扶贫工作中，主要采取了以下办法：一是加强领导，健全组织。乡党委、政府成立了以乡党委书记、政府乡长为组长，乡人大主席、副书记、副乡长为副组长，包村干部为成员的扶贫攻坚领导小组。同时，层层签订了责任状。二是严格程序，精准识别。按照"五清"和"六个精准"的要求，驻村工作队人员，严格扶贫工作流程，"白加黑"和"五加二"的进村入户开展工作。做到不漏一户，不拉一人，采集内容翔实、准确，将采集信息录入国家扶贫开发电子系统。三是多措并举，全力推进。乡党委、政府制定了《正阳山乡扶贫攻坚工作实施方案》，明确了任务目标，落实了工作责任。在帮扶措施上采取多包一，一户多策方式，具体实施上采取了生产脱

贫、搬迁扶贫、产业脱贫、教育医疗、基础设施等7项措施。在一对一帮扶上领导带头，以上带下，取得了良好效果。县委书记代树奇为英河村贫困户米连生购买5箱蜜蜂，发展特色养殖，年增收6 000多元。县林业局局长魏建义，为英河村三户贫困户购买15 000袋地栽木耳。县城建处主任王锦成，向上争取穿衣戴帽项目，申请资金18万元，为环山村24户房屋进行整修。县财政局局长孙太祥、农业中心主任于国海为岩峰村贫困户安装铁栅栏项目，每米补助5元，补助17 295元。县联通公司经理谷景武为高山村贫困学生捐款3 000元等。四是加强建设，夯实基础。全乡共投入基础设施扶贫资金1 172.32万元。对岩峰村基础设施，投资505.07万元，泥草房改造新建房屋补助45户，安装铁栅栏3 459米，安装铁大门36个，新建晒场2 000平方米，新建地衡120吨，硬化卫生所地面700平方米，修农田路（涵）10公里，硬化街道0.5公里，硬化边沟2公里，硬化路肩2 000平方米，安装路灯45盏。对向阳村金阳屯基础设施，投资267.05万元，新建铁栅栏3 000米，安装铁大门30个，安装路灯45盏，硬化街道1.6公里。对向阳村基础设施，投资182.2万元，硬化路面1.3公里，安装路灯25盏，改造危房2户。对英河村基础设施，投资64.5万元，硬化路面1.3公里，修农田路过水涵23米。对向阳区现代农业基础建设，投资153.5万元，在溪春屯和林河村分别建设晒场2 000平方米，在东岗村硬化晒场2 000平方米，东岗村农机合作社场库棚，资产属于东岗村集体。完成向阳区通村水泥路备料3 500立方米，新修向阳村至林河村通村路3.5公里。五是整村推进，开发项目。贫困村环山村投入资金92.3万元，安装铁栅栏3 850米，安装铁大门18个，新建晒场3 500平方米，硬化路肩570平方米，安装路灯30盏，扶贫项目的建设，美化了村屯，亮化了街道。在产业项目扶贫上，共投入产业扶贫资金1 797.1万元，带动农户200户，人均增收实现1 000多元。建设了大豆榨油厂。投资47.1万元，建设大豆榨油厂，产权归属村集体，引进加工设备，带动贫困户15户实现脱贫。建设了双山村永强汉麻加工厂。投资350多万元，引进一条加工生产线，建设制炭车间和储屑库，带动贫困户35户实现脱贫。建设了阳山村汉麻加工厂。投资200万元，建设一条加工生产线，建设制炭车间，带动贫困户20户实现脱贫。建设了向阳村汉麻加工厂。投资350万元，建设加工车间，引进一条加工生产线，带动贫困户25户实现脱贫。建设了东岗村汉麻加工厂。投资200万元，建设加工车间，引进一条加工生产线，带动贫困户15户实现脱贫。组建了东岗村现代农机合作社。投资500万元，东岗村村民周德福组建农机装备价值500万元规模的现代农机合作社，辐射经营向阳区域耕地1万亩以上，推动土地规模经营，提升产出比较效益，带动贫困户35户实现脱贫。建设了环山现代农机合作社。投资150多万元，建设标准化办公设施，硬化地面3 500平方米，申报省级规范社，带动贫困户55户实现脱贫。六是制定政策，整村搬迁。乡出台相关政策，对英河村、林河村、溪春屯和东岗村4个村屯，鼓励搬迁至岩峰村、金阳屯或县城区，并集中人力、财力攻坚，共投入扶贫专项资金35万元，完成搬迁户51户，异地新建14户，整理出建设用地6.3万平方米。七是贷款扶持，分红脱贫。对贫困户进行小额贷款扶持，每户5万元。贷款入股企业，年分红3 000元。

（二）再落举措，巩固提高

为了夯实脱贫成果，乡党委、政府对已脱贫户，采取帮扶政策不变，帮扶人员不撤，帮扶力度不减，帮扶门路拓宽，帮扶持续增收，实现真正脱贫致富。推进的主要办法：一是优化结构增收。组织引导脱贫户种植汉麻、马铃薯、白瓜子等高效作物，每公顷收入10 000元。二是发展养殖增收。利用县发展安格斯肉牛贷款贴息的优惠政策，给脱贫户统一购买安格斯肉牛，进行规模饲养，增加收入。在高山村，组织脱贫户饲养大鹅2万只，进行致富示范。利用林草资源，脱贫户每户养蜂5箱，年收入5 000元。三是培育"亮点"增收。做大汉麻加工、石磨面粉加工、马铃薯淀粉加工、安格斯牛养殖、汉麻织袜厂、国海汉麻脱胶厂、猪旺苋香猪养殖专业合作社、富凯养猪专业合作社、大地牧草养殖专业合作社、贵恒大鹅养殖专业合作社、光伏发电等项目，涵养财源，确保脱贫户持续增收。四是林下采集增收。组织脱贫户抓住农时季节，搞好蕨菜、蘑菇、食用菌、药材等采集，户均增收2 000元。五是农机带动增收。组织脱贫户把土地入股合作社，进行土地流转，并在合作社打工增收，实现双赢。六是外出务工增收。有序组织脱贫户，跨出家门，外出"淘金"。七是帮扶助力增收。结对帮扶的干部、单位，在帮扶项目、技术、信息、资金上进行联手助推，帮助脱贫户排忧解难，辟宽增收门路。八是科技武装增收。对脱贫户进行科技培训，提高素质，让每户有一人，掌握一技之长，作为增收本领，进行致富兴家。

（三）携手并肩，绘就蓝图

党的十九大为精准扶贫指明了方向，乡党委、政府认真贯彻落实十九大精神，用新理论统领，用新思想武装，在新时代，新征程中，积极作为，带领脱贫户，内生动力，自身发力，独辟蹊径，靠勤劳，靠科学，调结构，上项目，兴产业，增收入，甩开膀子，大干一场，跻身于小康行列，建设更加富裕，更加美好，更加甜蜜的新生活。

二、积极探索老区产业扶贫新路，光伏促进贫困农民稳定增收

孙吴县老区奋斗乡立足本地实际，坚持探索持续稳定增收

渠道和致富路径，扎实推进老区乡扶贫产业发展，促进贫困农民持续稳定增收。2017年8月份，经过精准识别、精准退出"回头看"程序，确定全乡有贫困人口408户713人。如何让贫困农民尽早脱贫，尤其是让无劳动能力的贫困农民早日脱贫、持续增收是摆在我们面前的重要课题。乡党委政府一班人，认真研究贫困的深层原因，具体分析村情民意，因地制宜，努力探索"造血式"产业扶贫新路子，确定了能有效规避市场风险，收益持续、稳定的项目—发展光伏产业扶贫，促进了贫困农民持续稳定增收。

目前，全乡已建成了光伏发电扶贫电站3座，总装机容量为488KW，占地面积为9 760平方米，以上项目预计可带动贫困人口人年均增收近500元，且连续20年收益。

（一）调研学习，统一思想，坚定发展光伏产业扶贫的信心

2017年8月份，在精准识别、精准退出"回头看"后，奋斗乡确定的贫困人口中，因病、因残疾、因缺劳动力致贫的贫困人口占75%。以上贫困人口脱贫内生动力不足，扶贫任务重，是脱贫攻坚工作难啃的硬骨头。针对以上问题，乡党委政府对脱贫攻坚路径进行了积极探索。一是深入调研乡情。如果只是沿袭以前的传统思维，单凭以往的"输血"模式，很难让贫困户根本脱贫，必须找到"造血"产业扶贫新路子。对此，乡党委、政府认真分析了发展光伏产业的有利条件，全乡地处深山区，受城镇化影响，每年青壮年人口大量外流，导致村级闲置建设用地较多；全年太阳光照辐射量1 952千瓦时/平方米，在全国属于光资源二类地区，仅次于新疆、甘肃等一类地区，适合发展光伏发电产业增收。二是认真研究政策。组织全乡上下认真学习国家的扶贫政策，尤其是认真学习了国家发改委、国务院扶贫领导小组办公室、国家能源局、国家开发行等部门下发的《关于实施光伏发电扶贫工作意见》《关于印发光伏扶贫实施方案编制大纲的通知》

两个文件，以及省政府办公厅下发的《关于加快推进村级（含户用）光伏扶贫电站建设的通知》，并传达了县委、县政府对光伏产业扶贫的要求，全乡上下对发展光伏产业扶贫达成了共识，统一了思想，坚定了发展光伏产业"造血式"扶贫的信心。三是决策争取项目。发展光伏产业是精准扶贫、精准脱贫的重要手段，因地制宜开展光伏产业扶贫，既符合精准扶贫、精准脱贫战略，又符合国家清洁低碳能源发展战略，不需要贫困户投入劳动并能维持至少20年的稳定收益，发展光伏产业是促进贫困农民稳定吃增收的好路子，同时也是壮大村集体经济的有效手段之一，由此决定争取建设光伏发电扶贫项目，推动全乡脱贫事业和脱贫产业发展。

（二）加强领导，稳步实施，推动光伏产业建成并网

按照县委、县政府的统一部署，结合乡里实际情况，采取有效措施，加快光伏产业项目在奋斗乡建设步伐。一是加强组织领导。为保障光伏产业项目的顺利实施，成立了以乡党委书记、乡长为组长的光伏产业项目推进领导小组，制订了工作方案，落实了各项具体工作的责任人，强力推进。跟随县政府考察组，赴黑河、克东、明水考察，了解当地光伏产业发展情况，从中找出与奋斗乡发展光伏产业的切入点。二是加强项目争取。我乡积极与县扶贫办对接政策，争取项目资金，得到了扶贫办的大力支持。共争取到两批光伏项目落户奋斗乡，争取到资金439.2万元。三是强化项目落地。乡里积极与县发改局、国土局、扶贫办、供电局等部门沟通协调，做好项目立项、审批手续等相关事宜，规范项目运作。做好宣传引导，深入贫困户家中，向他们宣传讲解国家的光伏产业扶贫政策，使他们对光伏产业扶贫的可行性和稳定收益有一个全面的了解，提高了贫困群众关心、参与项目建设的积极性。做好项目选址，主要考虑生态环保要求，为了节约集约利

用土地资源，使土地资源科学利用和有效优化配置，场址选在了村闲置的集体用地，实行有偿使用。项目选址落在了阿象山村、奋斗村两个贫困村，项目受益惠及全乡贫困户。同时又加强项目运营管理，通过县里有关部门统一公开招标方式选择符合资质条件、具有社会责任心的企业组织实施，中标实施企业认真履行合同约定，提供基本培训以及使用手册，建立售后服务网点，负责光伏电站维护和设备维修。四是加快施工进度。第一批项目实施村屯为奋斗村和阿象山村，装机容量共计116千瓦。第二批光伏项目涉及全乡各村，总装机容量为372KW。目前，一二期项目已经建成，实现并网发电增收。

（三）明确收益，分类占比，让贫困村、户持续稳定增收

乡里按照上级政策，严格测算了光伏发电站的预期收益，出台了光伏发电扶贫资金分配方案，确保推动全乡脱贫事业和脱贫产业发展。一是发电受益更加明晰。以上三个电站预计年发电量78.1万度，预计年发电总收入58.6万元。其中：全乡集中式光伏电站装机容量372千瓦，预计年发电量59.5千瓦，预计年发电总收入44.6万元；奋斗村光伏电站装机容量58千瓦，预计年发电量9.3万度，预计年发电总收入7万元；阿象山村光伏电站装机容量58千瓦，预计年发电量9.3万度，预计年发电总收入7万元。二是各方利益分成比例更加科学。按照全县光伏发电扶贫资金方案总体要求，村级光伏发电总收入中提取7%资金，用于黑河英大公司进行运营维护工作；33%用于贫困村村级积累；60%用于贫困户增收收入。鉴于上述情况，我乡光伏发电总收入中，运营维护费需要提取4.1万元；四个贫困村集体积累19.3万元；用于全乡贫困人口分红资金35.1万元，人年均增近500元，促进了贫困人口长期稳定可持续脱贫。三是资金使用质量更加优良。英大公司提取的运营管理费，优先雇用贫困村贫困人口和边缘户人口务工，直

接增加了弱势群众的收入。村集体提取的积累资金,进行开发扶贫公益性岗位和贫困村基础设施建设,直接带动了贫困人口务工增收、贫困村环境改善。用于贫困户增收的资金,无劳动能力和丧失劳动能力的贫困人口人年均分红600元;有劳动能力的贫困户,在确认有产业收入后,按照产业收入20%资金给予奖补,每名贫困人口年均最高奖励资金400元,确保了光伏产业扶贫对贫困人口覆盖率100%。同时,乡里还充分利用光伏电站下的空地,发展蔬菜种植、北药种植等项目,实现了农光互补增收,拓宽了贫困人口增收渠道。

三、突出产业项目带动,确保脱贫攻坚决胜

孙吴县沿江乡在抓好扶贫常规工作的基础上,采取社会力量扶、合作社带、能人引、项目推等方式,完成融资700余万元,坚持不懈地以项目建设为切入点,集聚多方力量,用心用力用情,实施产业扶贫,取得了明显的成效。2017年,全乡贫困人口人均纯收入突破8 000元。

(一)多方注资,发展扶贫产业项目

脱贫攻坚工作是全社会都参与的工作,"众人拾柴火焰高",通过驻村工作队、市县乡三级包村干部和贫困户共同入股的方式,发展产业项目,既让贫困户获得收益,成功脱贫,也提升了他们经营产业项目的积极性。如,哈达彦村河蟹养殖项目,由县工会出资入股1.5万元、哈屯合作社出资入股2万元及所带动的贫困户12户每户出资入股600元,作为项目资金入社,另包村市领导入股资金2万元,市驻村工作队、乡包村干部、村两委班子成员入股资金1万元,共计7.2万元,用于购买蟹苗1 000斤和支付饲料及人工等养殖费用。10月份上市,成蟹达5 000斤,共计收入12.5万元。偿还市、乡、村干部、贫困户入股资金及合作社费

用后，每户贫困户分红1 500元。同时，组织两个有劳动能力的贫困户到河蟹池打工增加收入，年人均增收1 500元。哈达彦村冷水鱼养殖项目。7户贫困户每户入股1 000元，市驻村工作队、乡包村干部、村两委班子成员垫付资金1万元。购买了鲤鱼、草鱼、鲢鱼等鱼苗1 500斤，10月末成鱼上市，产量达6 500斤左右，共计收入约13万元。扣除鱼塘租金、人工费、饲料、防疫药品等成本费用8万元，剩余5万元用于贫困户分红及下年生产投资基金。户均收益1 500元。哈达彦村卫疆屯池塘养鱼项目。项目总投资15万元，资金由市、县、乡、村及贫困户入股构成。其中，贫困户户均出资500元，开挖池塘5个，占地面积2 000平方米。投放鲤鱼、鲫鱼、嘎牙子等鱼苗5 000斤。上市后，产成鱼10 000斤，净收益约5万元，带动了16户26人脱贫解困，户均增收1 000元。

（二）合作社带动，发展扶贫产业项目

沿江满达乡的新型农业经济组织发展较早，群众思想相对解放，通过组建合作组织或发挥原有的合作组织的带动作用，号召贫困群众加入合作组织，再由合作组织实施产业项目进行帮扶，为贫困群众找到了一条长久脱贫的有效途径。如安格斯牛养殖项目。依托妇女创业贷款，9户贫困户组建兴牧养牛合作社参与安格斯牛养殖项目，采取入社打工和股金收益两种形式，实现贫困户户均收益2 000元。大桦树林子村蜜蜂养殖项目。由县帮扶领导、驻村工作队及贫困户共同出资组建养蜂合作社，统一管理经营，养殖蜜蜂120箱，年收益4万元左右，贫困户人均可获得收益100元。小桦树林子村地栽黑木耳项目。由房产处出资2万元及养殖主体顺发农产品专业合作社出资1万元，贫困户户均出资500元，共计4.3万元，购买菌种15 000袋。收入约6万元。扣除4.3万元成本，净利润1.7万元。带动贫困户26户43人，户均收益400元左右。马铃薯种植耕地轮作及仓储项目。小桦树林子村顺发农产

品专业合作社种植马铃薯300亩，纳入全乡作物轮作体系，建设完成500吨的马铃薯仓储库一座。通过贫困户到合作社务工并出租土地参加耕地轮作，带动贫困户5户7人增收，户均增收2 250元。水稻育秧棚建设项目。建设育秧大棚4栋，在水稻插秧后，利用大棚种植蔬菜及瓜果，采取种植蔬菜大棚和务工两种方式，帮扶贫困户16户，户均收益500元。耕地轮作项目。由西霍尔漠津村80后农业种植合作社对39户带地入社的贫困户土地进行三三轮作，轮作面积达861亩，年每亩可获得补贴150元。

（三）能人带动，发展扶贫产业项目

扶贫要与扶志、扶智相结合，通过宣传先进典型，激发贫困群众自主脱贫的勇气和决心，发动有经验的种养殖大户带动贫困户一起创业脱贫。如，四季屯村东北白鹅养殖项目。由贫困户每人出资500元，驻村工作队、县包村单位及村委会暂借一部分资金，合计3.5万元，购买鹅雏3 000只。由禾晟养殖专业合作社负责统一养殖、统一管理。成鹅销售收入（扣除成本）达3.75万元，养殖主体与投资主体按6：4分成，贫困户收益分红达1.5万元，带动贫困户9户24人，人均收益600元。东霍尔漠津村网箱养鱼项目。由县包村单位财政局及村委会共同垫资2万元，15户贫困户户均出资500元，购买网箱鱼苗1 300斤，由养殖主体巴音网箱专业合作社负责养殖及管理，纯收入1.5万元左右。部分贫困户还可在合作社务工增加收入，户均年收入1 500元。东霍尔漠津村地栽木耳项目。由贫困户、帮扶责任人、包村单位及驻村工作队共同出资，购买5 000袋木耳菌包，贫困户每袋入股0.5元，每袋木耳纯收益2元左右，带动贫困户6户，每户年增收1 700元。

（四）对上争取，发展扶贫产业项目

在主动研究脱贫产业项目的基础上，还利用上级惠农政策，积极争取民宗局、扶贫办等部门扶持资金，投入到产业项

目上，带动贫困户脱贫解困。如，胜利屯村吉盛源蛋鸡养殖基地建设项目。由民宗局及扶贫办共同出资500万元，建成自动化鸡舍、自动化育雏舍、饲料房、办公室等设施，总占地面积1.17万平方米。目前存栏蛋鸡3万只，每天产蛋量达3 000斤，年产蛋量可达500余吨，年产值350余万元。吸纳贫困户5户8人到养殖场务工，年人均纯收入增加2 000元。西霍尔漠津村鑫源生态养猪场建设项目，由县民宗局出资130万元及合作社自筹150万元，共计280万元。新建猪舍5栋，隔离舍1栋，硬化道路1 200平方米，安装围栏500延长米，并建有兽医室、饲料库、消毒室、消毒池、沉淀井及沉淀池等附属设施。带动贫困户15户，户均出资1 000元入股，收益不低于500元。东光村地栽木耳项目。由包扶单位出资5 800元、帮扶责任人与贫困户共出资5 000元购置菌种6 000袋，收入2.7万元，扣除1.2万元成本，获利1.5万元，带动贫困户12户19人脱贫，年人均增收500元。

第四节　扶贫荟萃

一、精准扶贫，帮扶对接

孙吴县清溪乡包乡领导，副县长王宏伟与清溪村贫困户李星泉和陈树清进行了扶贫对接。对接过程中，王副县长亲切的态度，给贫困户留下了深刻的印象及温暖的形象。在王副县长的引导下，他们二人决定种植地栽木耳脱贫致富，为了帮助他们解决实际困难，王县长个人拿出5 000元作为滚动资金，帮助他们购买地栽木耳菌袋5 000袋。并且积极联系清溪交警中队，通过沟通帮助李星泉为在清溪交警中队找到更夫的工作，每月增加了固定收入，为这两户贫困户脱贫致富做出了有成效地帮助。

二、心系群众，为民解忧

孙吴县清溪乡党委书记苏福来，率先垂范，积极作为，狠抓扶贫推进，保证了精准扶贫工作的顺利开展。同时，苏书记也为清溪村村民王亚华家送去了温暖，苏书记拿出1 000元作为滚动资金，帮助王亚华种植地栽木耳。还协调帮助她在清溪乡派出所食堂从事厨师工作，每月工资1 000元，并帮助其丈夫在鑫宇牛业找到工作，每月工资3 000元。从根本上解决了他们家贫困的现状，为王亚华一家尽快脱贫提供了有力保障。

三、多措并举，排忧解难

孙吴县清溪乡清溪村和金沟村包扶单位县发改局，在包扶工作中，通过完善基础设施、产业带动、引导外出务工、发展家庭养殖业、争取大病救助、政策兜底、协调企业支持等一系列强有力措施，推进精准扶贫。发改局局长徐永新高度重视，狠抓落实，他所帮扶的贫困户郭满会的家庭条件较差，其妻子身患癌症，有外债20多万元，生活的压力使其生活苦不堪言。徐永新局长深入了解情况后，精心研究，制定多项脱贫措施。根据郭满会有多年养牛经验，鼓励其继续发展养牛。通过联系大东建材有限公司，协助完成新建牛舍的地面硬化255平方米。下一步，陆续推进帮助完成105平方米彩钢牛舍的建设，进一步提高贫困户的自我发展能力，增加贫困农户的收入，改善贫困户的生活条件，加快脱贫致富步伐。

四、精准扶贫，狠抓落实

孙吴县县发改局包扶清溪乡以来，认真落实县委、县政府精准扶贫工作要求，务实推进扶贫攻坚工作，精准识别、精准发力，真正帮助贫困家庭实现稳定脱贫。发改局为所包扶清溪乡清溪村、金沟村四户贫困户购买了鹅雏300只，以增加家庭收入。近日，发改局继续推进精准扶贫，通过联系鑫农经贸有限公司，再次为四户贫困户解决价值11 300元的鹅雏饲料22 800斤。发改局用实际行动，综合施策，真心为困难家庭解决了实际问题，得到了困难群众的赞扬。

第五节　落实《指导意见》精准扶贫施策

正阳山乡是孙吴县的一个偏远山区乡，有14个村，其中9个贫困村，总户数2 241户，6 640人，其中贫困户1 723户，贫困人口3 442人。近年来，正阳山乡认真学习落实习近平总书记关于老区建设的系列讲话精神，以中办发《关于加大脱贫攻坚力度 支持革命老区开发建设的指导意见》为指针，积极探索创新老区产业扶贫新模式，因乡施策，实施三大产业扶贫带动，推进脱贫致富步伐，2017年全部实现脱贫目标。

一、提高认识，把老区精准扶贫抓在手上

正阳山乡，距县城60公里，属第六积温带，由于受历史、区位、资源、气候、经济等多种因素制约，经济发展滞后，人民

生活较为贫困。为摆脱贫困的严重束缚，老促会积极为乡党委、政府当参谋，认真学习习近平总书记关于老区建设的系列讲话精神，深入学习中办发《关于加大脱贫攻坚力度 支持革命老区开发建设的指导意见》，用新思想、新理论、新政策武装头脑，在政策中找出路，在理论上找答案。学习认识，使我们一班人感悟到，党中央、国务院对老区人民十分关心，对老区人民脱贫致富奔小康特别支持，给予政策优惠，大力倾斜，老区应抢抓机遇，自发用力，带领老区人民摆脱贫困，走上致富路。在此基础上，制定了《正阳山精准扶贫实施方案》，成立了精准扶贫领导小组，组建了扶贫驻村队伍，拉开了精准扶贫攻坚的序幕。

二、因乡施策，用产业扶贫作致富支撑

老促会认真和党委、政府配合，详细分析乡情，找准脱贫致富的突破口，做到有的放矢，事半功倍。经过上下反复座谈讨论，确定从三大产业入手，集中力量、集中技术、集中资金，把产业做大、做强、做成产业化，成为老区乡人民致富兴家的重要支撑。趁热打铁，说干就干，老促会带领全乡人民在三大产业上下了功夫，作起了脱贫致富大文章。一是马铃薯产业。正阳山乡气温低，昼夜温差大，便于干物质积累，尤其是种植马铃薯，不仅品质佳，且产量高，效益好，是脱贫致富的好产业。因此，老促会用算账对比的方式，加大了引导贫困户经营马铃薯的宣传力度。强有力的宣传导向，使贫困农民对经营马铃薯产业有了新的进一步认识，都纷纷行动，跃跃欲试，捷足先登。在农民的积极经营下，全乡种植马铃薯2万亩，户均9亩，纯收入9 000元，成为农民致富增收的支柱产业。为了保障马铃薯产业的持续发展，与克山国家马铃薯改良中心达成"院乡合作"协议，建立了2万平方米脱毒种薯示范园区，建设了钢架结构防虫网棚6个，3 500

平方米，每年引进试管苗3万株，吊喷设备6套，遮阳网6套，为农民选育出一批优良脱毒马铃薯品种：有克新18号、延薯4号、兴佳2号、克新13、尤金885，淀粉含量均在20%以上。脱毒种薯的产量提高了20%～40%。为提高马铃薯的附加值，我们投入资金350万元，建设了马铃薯加工厂和种薯仓储库，总贮量达到300吨。同时，引进了生产加工设备：有旋叶、脱水机、粉碎机、上料机等，日加工鲜薯100吨。随着马铃薯种植面积的不断增加，成立了马铃薯专业合作社，注册了"正阳河"牌商标。合作社吸纳薯农73户，入股土地9 200亩。特别是贫困户葛维春，不仅种植马铃薯150亩，自己还建了马铃薯加工厂，年加工马铃薯500吨，加工干淀粉和粉条，年纯收入达30万元；莲山村贫困户张永吉，种植马铃薯150亩，承包正阳马铃薯加工厂，与农户签订单2 000亩，年纯收入达50多万元，一举摘掉贫困帽，跻身于小康行列。二是汉麻产业。随着国家产业政策的调整，不断适应新常态，创造新优势，带领全乡人民，紧盯市场，调优结构，经营汉麻新产业，种植汉麻3万亩，成为中国汉麻之乡。汉麻大户宋卫国，种植汉麻1.35万亩，2015年纯收入150万元。正阳山乡的土壤条件、地理环境，非常适宜汉麻的生长习性，产量高，品质好，公顷原茎产量在8~10吨，每公顷麻茎纯收入13 950元。为了增加汉麻效益，建立了汉麻加工厂，加工麻茎10吨，可出短麻1.5吨，长麻1吨。出售长麻每吨17 500~18 000元，短麻7 500~8 000元。4吨麻屑制炭1吨，每吨出售1 400元。汉麻产业的发展，解决了贫困户的打工问题，每人年收入在3万元，成为农民致富增收的新渠道。三是养殖产业。正阳山乡地处山区，花草资源十分丰富，有发展养殖业得天独厚的条件。为了加快农民脱贫致富步伐，利用山区资源优势，带领农民搞起了养殖业，主要采取了三项举措：第一，干部带动。村支部书记崔久田，带领5户贫困户，组建了养殖合作社，注册资金300万元，建猪舍3 500平方米，养猪1 200头，年产值超过300万元。第二，大户推动。"牛魔王"曹务宝与3户贫困户合资，引进86头西门达尔肉牛，搞起了养牛业；有20户贫困户效仿，也紧锣密鼓，购买了肉牛，进行经营。2015年，曹务宝建牛舍1 000平方米，种植了14公顷青贮玉米，西门达尔肉牛饲养量达到160头，盈利70万元。第三，特色拉动。王中奎是特色养殖户，人称"弼马温"，他现已养马发展到70多匹。年养马收入达到36万元。在他的影响拉动下，吸引了村民的眼球，贫困户赵国军，养马22匹，年收入8万多元。还充分利用山区的林木、花草，带领贫困户搞起了养蜂业，投资兴建了蜂蜜加工厂，注册了蜂蜜绿色商标，为农民致富兴家辟宽了新门路。特别是贫困户苏贵臣，从几箱蜂，发展到300多箱，年收入达30多万元，成为远近闻名的养蜂大王。三项举措的大力推进，正阳山乡养殖业彰显出方兴未艾的发展趋向，尤其是岩峰村，出现了六畜兴旺的好势头：总量扩增。全村养猪从过去的30头，发展到现在的2 100多头，是三年前的70倍；黄牛从过去的20头，发展到现在的310多头，是三年前的15倍；黑头羊存栏700多头；肉马由三年前的17匹，增加到现在的130多匹，增长了近8倍。比重增长。2015年，岩峰村总收入达到1 050万元，牧业总收入达到550万元，占村总收入的52%。打破了靠种植业收入的经济格局。收入增加。2015年，岩峰村人均收入达到9 500元，比2012年的4 600元，增加了一倍多。村民吴娟养羊320头，年收入8万多元。

三、众人添柴，加快引领老区人民走上致富路

县委、县政府对正阳山乡产业扶贫高度重视，县委书记张崇义亲自到正阳山乡进行产业扶贫调研指导，并帮助引进了桦林

农机合作社，进行规模养牛产业扶贫带动。县长代树奇为贫困户买蜂10箱，发展特色养殖，进行产业扶贫。县领导率先垂范进行产业扶贫助推，在群众中引起强烈反响，都纷纷表示，要自强自立，内生动力，发展三大产业，加快脱贫致富。各包扶单位在县领导的影响带动下，也纷纷伸出关爱之手，奉献爱心，进行产业扶贫。县林业局局长魏建义，为英河村3户贫困户购买15 000袋地栽木耳。县住建局集资统一购买了1 500只鸡雏、鸡饲料、防疫疫苗，为30户贫困户脱贫致富助力。县义工协会确定了6户扶助对象。每一户都有一组包扶人员，志愿按月出资，资助贫困户脱贫致富。正阳山乡的党员干部与贫困户结成了帮扶对子，更是慷慨解囊，有钱出钱，有物给物，有车的助耕，有技术的指导，助推贫困户走出困境，一时期，形成了众人添柴，火焰旺的浓厚的扶贫氛围。

正阳山乡因乡施策，实施产业扶贫带动，借助外力助推，贫困主体内因发力，加快推进了全乡人民脱贫致富奔小康进程，让老区人民过上了更加殷实、甜蜜、幸福的新生活。

孙吴县辰清镇宝泉村是典型的山区贫困村，土地贫瘠，粮食产量少，农民收入低，全村188户502人，贫困人口占到了10%以上。为帮助该村尽早脱贫，乡党委、政府和宝泉村"第一书记"，想方设法寻找致富门路，招商引进了安徽天长召来家禽孵化厂，发展大鹅养殖项目。

安徽天长召来家禽孵化厂，2017年四月到孙吴考察后，感觉各方面资源非常适合三花鹅养殖，各级领导很支持也很重视，于是投了1.4万只鹅雏，其中宝泉村8 000只、奋斗乡6 000只。

宝泉村在脱贫攻坚工作中，聚焦"精准"二字，审慎选择产业项目，注重因村、因人、因户施策，把扶持农村经济发展与帮助贫困户脱贫有机结合，助力百姓脱贫。2016年，辰清镇宝泉村村民依托资源优势，开始发展前景较好、周期短、见效快的家禽养殖，注册成立了宝泉林下养殖专业合作社，当年养殖天露黑云鸡1.05万只，带动24户贫困群众增收。经过一年的摸索和实践，合作社又成功与安徽天长召来家禽孵化厂签订了订单养殖回收合同，养殖三花鹅。

按照前期与安徽厂家签订的回收合同，厂家按期来回收大鹅。大鹅最重的可达12斤，按照市场的回收价格，大鹅的利润能在15块钱左右，经济效益较为可观。

该养殖项目总投资58.5万元，建设厂区占地面积1 000平方米，厂房占地面积350平方米，建了4栋鹅棚，每栋210平方米，投入孵化器6台套，育雏器两台套，年孵化鹅雏可达10万只，还可以孵化鸡鸭、珍禽等。2017年先期从安徽厂家引进鹅雏1.4万只。引进的鹅雏品种为三花鹅，养殖周期短，在90天左右，耐成活，由该厂家先期赊购给合作社，厂家派技术顾问负责全程技术指导，养殖过程中厂家全程负责防疫和提供药品。为最大让利贫困农民，经协商，厂家负责鹅雏前20天的成活率。

2017年宝泉林下养殖专业合作社共带动9户贫困户，以现金、粮食饲料和务工方式入股，入股资金1.9万元。共养殖三花鹅8 000只，成活率达到90%，总利润可达十余万元，9户贫困户分红8 000多元，务工增收9 000多元，实现了入社贫困户的双收益。合作社社员董滨高兴地说："我不仅可以拿红利，还有工资领，2017年就可以脱贫了。"

第六节　实施整村搬迁，加快脱贫致富

孙吴县正阳山乡党委、政府，认真落实县委、县政府关于《向阳区域连片脱贫开发实施方案》，立足搬迁脱贫、产业扶贫，创新举措，大胆实践，用空闲宅基地换产业，引进项目投资主体，整合资金，大力推进贫困村整村搬迁脱贫，发展畜牧业和特色产业，取得了阶段性新成效。

一、利用政策，科学搬迁

为使砖瓦化率低、闲置率高的贫困村尽快脱贫，乡党委、乡政府在搬迁脱贫上，大胆创新，采取宅基地换产业、资金入股、招商引资开发、依托合作社合作经营等方式，先后对英河、林河、门山屯等3个村125户（英河34户、林河36户、门山屯35户），依据《土地管理法》《黑龙江省土地管理法》、省国土资源厅《关于农民集体建设用地使用权流转试点方案的通知》（黑土资发[2 002]80号），召开村民大会通过，全力实施了搬迁脱贫发展新模式。主要采取了以下办法：

第一，政策性搬迁。一是搬迁不建房户，由县政府财政补助每户1万元，宅基地入股合作社。二是搬迁异地建房的盖房户，按原宅基地每平方米补助500元，宅基地入股合作社。如林河村36户搬迁户享受了政府补助1万元，共补助金额36万元。英河村34户中，有13户盖房户按原宅基地每平方米补助500元，其中在岩峰村安置11户，向阳村安置2户，其他21户享受了政府补助1万元，共补助金额75万元。其闲置宅基地全部入股合作社搞养殖。

第二，商业化式搬迁。招商引资为主体，政府指导，农民自愿，市场化运作。搬迁户由投资主体和农户协商实施搬迁。按房屋及附属设施保值程度议价。如双山村门山屯，由孙吴猪旺养殖专业合作社，采取一次性买断宅基地使用权方式，一期共投入资金75万元，搬迁农户35户。其余30户二期搬迁意向已协商完成。闲置宅基地全部置换，用于养殖建设用地。

第三，置换式搬迁。依据村屯规划，通过以旧房换新房等面积置换，重建新区。在本村建设新型小区，生活区和养殖区分离，农户可以入社，由合作社提供圈舍，为合作社代养牲畜，按增重比例获取收益。目前，英河村、东岗村、林河村养殖牛、马和羊的农户，已有26户同意置换搬迁集中居住。

第四，政策性和商业性共享搬迁。对于房屋建筑质量好，要价较高的房主，采取政策补贴，其余高出补偿款部分由企业（合作社）一次性垫付，买断其房屋使用权。一次性买断搬迁户，其分红收益一次性结清，不再享受其他任何政策。如英河村和林河村4户砖房和彩钢房的农户，由投资主体和政府共同出资一次性买断，农户分红收益一次性结清，有的收益10万元左右，不再享受其他任何政策。

二、多种方式，增加收入

实施搬迁的农户收益主要有以下几个方面：

一是政策补偿收益。每个搬迁户搬迁不盖房的每户1万元政府补偿金；搬迁异地盖房的，每户每平方米按原有房屋面积，每平方米补偿500元。

二是宅基地入股分红收益。搬迁户置换出来的宅基地用于合作社发展建设用地后，每年分红利每平方米1元钱（占地面积计），收益期为15年，此收益由用地合作社出资。如英河村搬迁34户，置换宅基地面积5.3万平方米，分红收益共计5.3万元，每年每户平均收益1 558元。

三是宅基地使用权一次性买断收益。搬迁户宅基地置换给合作社用于设施农业用地，不参与分红，获得一次买断性收益。如门山屯商业性搬迁共投入75万元，搬迁35户，每户平均收益2.14万元。同时，搬迁置换产业，也盘活了闲置的公共建设用地资源。

四是村集体资产增值收益。截至目前，9个贫困村集体资产净增值325万元。英河、林河等4个村共盘活闲置公共建设用地3.5万平方米，按每平方米收益1元，其集体经济每年增收3.5万元，15年红利期，共收益52.5万元。

五是贫困户劳务收益。目前这些龙头企业、合作社，可安置就业人员160余人，高峰期可安置就业200余人，占贫困人口有效劳动力一半以上。年人均增收1万余元。

三、整村搬迁，促进发展

实施整村搬迁，招引企业，大型合作组织采取合作、入股、托管、租赁等方式，发展"小、精、特"产业项目，"一村一业"的产业格局基本形成。目前，全乡已新建龙头企业，有国海汉麻有限公司、凯盛汉麻织袜厂、猪旺苋香猪养殖专业合作社、富凯养猪专业合作社、大地牧草养殖专业合作社、高山满族养蜂专业合作社、贵恒北纬49度大鹅养殖专业合作社等农业龙头企业7家，带动贫困户200多人就业，一期项目固定资产总投入资金约4 000万元，新建猪、牛标准化圈舍30栋，4万平方米，为加快产业发展，增加农民收入，打下了坚实基础。

第七节　展望明天，更加辉煌

在党的十八大精神的统领下，在县委、县政府的带领下，孙吴县老区人民自强不息，奋力拼搏，顽强打拼，抢抓机遇，创新发展，聚焦攻坚，取得了经济社会长足发展：

一是耕地面积不断扩增，粮豆产量再创新高。2017年，耕地面积达到46 220公顷，粮豆总产实现115 550吨。二是农业总收入不断增长，人均收入大幅度提升。总收入达到96.726亿元，人均收入10 028元。三是产业建设项目遍地开花，汉麻产业链不断延伸。产业建设项目达到42个，汉麻加工实现系列化。四是经济合作组织蓬勃发展，积极引领农民开辟增收新路径，经合组织达到124个。五是农业机械不断更新，农业生产实现机械化。老区乡村组建了5个大型农机合作社，加快促进了土地规模经营，提高了耕种质量和产出率，增加了经济效益。六是畜牧养殖初具规模，安格斯肉牛养殖向中国之乡冲刺。黄牛养殖达到 32 869头，其中安格斯母牛2 000头，马450匹，羊95 202只，猪10 989头，蜂1 500箱，鱼150 亩，家禽12万只。七是基础建设不断加快，道路通达十分顺畅。修建乡村公路220公里。八是新农村建设彰显亮点，农民居住环境明显改观。2016至2017年，向老区投入资金6 687万元，建设了村级活动室，硬化了文化广场和村屯道路，改造了泥草房，安装了自来水和铁栅栏，安了路灯，栽了花卉，为农民创造了舒适、温雅、优美的生活环境，老区面貌焕然一新，试与城市比高低，农民笑了，农民乐了。九是精准扶贫聚焦攻坚力度加大，老区村实现脱贫致富目标。老区乡村1 489户，2 552人全部脱贫，走上了致富道路。十是党的建设不断加强，党员作用充分发挥，党支部的战斗力、凝聚力、号召了有了明显提升，党员积极带领农民，适应新常态，辟宽新门路，发展新产业，致富奔小康，把老区建设得更加繁荣富强！

孙吴县革命老区，在党的十九大精神的指引下，在县委、县政府的英明领导下，老区人民在新时代、新征程中，正聚精会神、一心一意、认真贯彻落实习近平总书记关于老区发展的系列讲话精神，积极实施"十三五"规划，发扬老区精神，大胆创新，锐意改革，抢抓机遇，大搞建设，把结构不断调优，产业不断做大，经济不断搞活，用现代科技，武装农业，广辟门路，增加收入；抓住新农村建设契机，加强基础建设，美化庭园，绿化村屯；大搞文化建设，丰富文化生活，陶冶情操；老区人民，越过越好，老区的明天，会更加灿烂辉煌、繁荣、富强！